中国产业转移年度报告

（2019—2020）

国家工业信息安全发展研究中心　主编

電子工業出版社
Publishing House of Electronics Industry
北京·BEIJING

内 容 简 介

为贯彻落实国家区域发展战略，推动和引导区域产业有序转移，优化制造业发展布局，推动制造业高质量发展，国家工业信息安全发展研究中心在工业和信息化部产业政策与法规司的指导下，编写了《中国产业转移年度报告（2019—2020）》。

本报告跟踪当前全球及我国产业转移与合作的特点和趋势，对 2019—2020 年度京津冀地区、长江经济带、泛珠三角区域、东北地区及“一带一路”沿线省区市等我国重点区域开展产业转移的情况进行了分析和研究。报告还从企业和园区两个维度，总结典型企业开展全球和国内业务布局及转移的有关情况，展示典型园区产业转移合作开展的做法与园区服务保障经验。

本报告为企业、政府、研究机构等有关各方制定产业转移方略、了解产业转移趋势等提供借鉴和参考。

图书在版编目（CIP）数据

中国产业转移年度报告. 2019—2020 / 国家工业信息安全发展研究中心主编. —北京：电子工业出版社，2020.7
ISBN 978-7-121-39713-4

Ⅰ. ①中… Ⅱ. ①国… Ⅲ. ①产业转移－研究报告－中国－2019-2020 Ⅳ. ①F269.24

中国版本图书馆 CIP 数据核字（2020）第 189282 号

责任编辑：张瑞喜
印　　刷：中国电影出版社印刷厂
装　　订：中国电影出版社印刷厂
出版发行：电子工业出版社
　　　　　北京市海淀区万寿路 173 信箱　邮编：100036
开　　本：787×1092　1/16　印张：14.75　字数：234 千字
版　　次：2020 年 7 月第 1 版
印　　次：2020 年 7 月第 1 次印刷
定　　价：198.00 元

凡所购买电子工业出版社图书有缺损问题，请向购买书店调换。若书店售缺，请与本社发行部联系，联系及邮购电话：（010）88254888，88258888。
质量投诉请发邮件至 zlts@phei.com.cn，盗版侵权举报请发邮件至 dbqq@phei.com.cn。
本书咨询联系方式：zhangruixi@phei.com.cn。

《中国产业转移年度报告（2019—2020）》

编　委　会

前　言

近年来全球地缘政治紧张局势升级，经济全球化进程日益艰难，贸易保护主义、单边主义涌动，金融动荡风险提高，这对世界经济持续复苏以及国际产业转移有序推进带来诸多不利。2019 年中美贸易摩擦波折不断，2020 年初开始新冠疫情在全球蔓延，3 月美国股市大幅度波动，2020 年世界经济增长预期进一步下调。经济形势进一步恶化、贸易保护主义抬头、全球价值链重新组合都将对全球经贸格局、价值链体系产生更为广泛、长期和深刻的影响，也将影响未来我国在全球经济国际分工中的角色，影响我国在全球产业链和价值链中的作用及效果。

一直以来，我国高度重视国内区域协调发展，重点区域合作的深度广度不断拓展，产业转移水平和层次稳步提升。各地区已经纷纷从依托低成本要素红利转向依托人才、技术等高级要素红利和创新红利，主动融入新一轮科技和产业革命，加快数字化、网络化、智能化技术在各领域的应用，推动制造业高质量发展。东部地区加快“腾笼换鸟”，实施“疏解促提升”，科技创新为产业发展提供新动能，不断培育新的经济增长点，积极承接全球价值链高端环节，实现产业“凤凰涅槃、浴火重生”；中部地区、西部地区和东北地区随着国家区域发展战略有利政策不断推出，各省区市立足既有产业、优势资源和区位条件，聚焦细分领域，注重抓重点、补短板、强弱项，有序承接东部地区和国际产业转移，促进产业转型升级，东北地区经济已开始恢复性增长；中部地区已成为我国新的发展加速地带，中部地区崛起工作正更上一层楼。西部地区快速发展，随着“陆海新通道”的建设，开发将呈现新的格局。

自党的十九大报告提出实施区域协调发展战略以来，京津冀地区、长江经济带和粤港澳大湾区等重点区域产业转移进入新的发展阶段。自京津冀协同发展战略实施以来，京津冀三地之间产业定位与产业分工日益明晰，三地之间产业融合水平逐步提高，产业协同发展成效显著。长江经济带发展、粤港澳大湾区建设陆续出台新举措，区域协调发展将形成新的格局。2019 年 2 月发布的《粤港澳大湾区发展规划纲要》明确，到 2022 年，粤港澳大湾区综合实力显著增强，粤港澳合作更加深入广泛，区域内生发展动力进一步提升，发展活力充沛、创新能力突出、专业结构优化、要素流动顺畅、生态环境优美的国际一流湾区和世界级城市群框架基本形成。2019 年 12 月《长江三角洲区域一体化发展规划纲要》发布，明确着力推动形成区域协调发展新格局。

我国幅员辽阔，生产力发展不平衡，一些地区才刚刚“脱贫”，经济发展的任务仍然十分艰巨。中西部地区和东北地区加快经济发展的需求仍然非常迫切，承接东部地区产业转移是一条重要的发展路径。然而，新兴工业化国家劳动密集型产业的快速发展、发达国家制造业回流、与欧美国家的贸易摩擦等都使得我国国内产业梯度转移受到一定程度的影响，须引导产业有序转移、促进不同产业梯度地区协调发展实现产业空间接续。中西部地区通过承接劳动密集型产业和地方优势资源型产业，对于巩固我国制造业传统成本优势，保持完整的国内产业链条，实现制造业持续平稳健康发展具有重要意义。但在实际工作中，各地往往各自为政，产业转移协调工作难度大、利益共享机制难实现，区域协同发展实施不易。仅仅依靠市场实现产业转移难度非常大，需要政府这只“有力的手”，保障基础设施的互联互通、公共服务的便利共享、市场的统一开放、要素的自由流动、人才和科研资源的畅通流动、各类规则标准的相互认可，等等。我国区域间协调发展这盘大棋还需要整体规划，自上而下统一部署、统一协调、有序开展。

本书编委会

2020 年 5 月

目录

第一篇　总 体 篇

第一章　国际产业转移的特点与趋势……3

一、世界经济显著恶化，贸易争端和政策不确定性拖累全球投资……3

二、贸易保护主义全球蔓延，我国向发达国家产业转移难度加大……5

三、发达经济体吸收投资差距明显，对美国投资大量流向制造业……7

四、发展中经济体引资稳定，不同国家吸引外资流入不同行业……9

五、营商环境不断优化，东南亚低劳动力和税收成本更具吸引力……10

六、国际投资偏好资源型和技术型，数字信息类是未来投资热点……13

第二章　国内产业转移合作现状与特点……17

一、东部地区转型升级效果显著，其他地区承接转移进入新阶段……18

二、外商投资偏好高技术产业，外资企业集聚东部地区……26

三、重点区域转移成效显著，京津冀、长三角、粤港澳大湾区区域发展进入新格局……28

四、以创新驱动高质量发展成为重点，发挥优势突出特色承接转移……34

五、部分地区承接能力水平差距较大，承接发展面临内忧外困……38

六、优化营商环境促进产业转移，加强顶层设计引导保障转移……43

第二篇　重点区域篇

第三章　京津冀地区产业转移的现状与趋势……………………53

一、京津冀地区产业发展总体情况……………………………………53

二、京津冀区域产业转移的现状和特点………………………………56

三、京津冀地区产业转移的趋势分析…………………………………70

第四章　长江经济带产业转移的现状与趋势……………………73

一、长江经济带产业发展总体情况……………………………………73

二、长江经济带产业转移的现状和特点………………………………81

三、长江经济带产业转移的趋势分析…………………………………87

第五章　泛珠三角区域产业转移的现状与趋势…………………89

一、泛珠三角区域产业发展总体情况…………………………………90

二、泛珠三角区域产业转移的现状和特点……………………………101

三、泛珠三角区域产业转移的趋势分析………………………………116

第六章　东北地区产业转移的现状与趋势………………………119

一、东北地区产业发展总体情况………………………………………120

二、东北地区产业转移的现状和特点…………………………………123

三、东北地区产业转移的趋势分析……………………………………136

第七章　“一带一路”倡议下的区域产业合作与转移…………141

一、我国“一带一路”总体建设进展……………………………………141

二、我国各区域“一带一路”产业合作与转移现状……………………147

三、当前“一带一路”倡议下产业转移面临的形势分析………………153

第三篇 实践创新篇

第八章 东方国际产业布局概况 …… 159

一、企业概况 …… 159

二、全球布局概况 …… 160

三、国内布局概况 …… 163

第九章 吉利控股集团全球化发展概况 …… 165

一、企业概况 …… 165

二、全球布局概况 …… 166

三、国内布局概况 …… 168

第十章 富士康科技集团产业布局概况 …… 171

一、企业概况 …… 171

二、全球布局概况 …… 172

三、国内布局概况 …… 173

第十一章 三一集团全球化发展概况 …… 175

一、企业概况 …… 175

二、全球布局概况 …… 176

三、国内布局概况 …… 178

第四篇 园 区 篇

第十二章 济宁国家高新技术产业开发区 ……183

一、园区基本概况 ……183
二、园区产业发展 ……184
三、园区建设发展经验 ……187
四、园区产业转移合作开展情况 ……190
五、园区服务保障能力情况 ……191
六、园区产业发展规划和产业转移合作需求 ……193

第十三章 宁夏石嘴山经济技术开发区 ……195

一、园区基本概况 ……195
二、园区产业发展 ……196
三、园区建设发展经验 ……199
四、园区产业转移合作开展情况 ……201
五、园区服务保障能力情况 ……203
六、园区产业发展规划和产业转移合作需求 ……204

第十四章 四川南部县经济技术开发区 ……207

一、园区基本概况 ……207
二、园区产业发展 ……208
三、园区建设发展经验 ……210
四、园区产业转移合作开展情况 ……211
五、园区服务保障能力情况 ……213
六、园区产业发展规划和产业转移合作需求 ……215

附录 A 相关地名全称与简称一览表 ……217

主要参考文献 ……221

第一篇

总　体　篇

第一章 国际产业转移的特点与趋势

国际产业转移是指发生在国家之间的产业转移，它作为经济全球化和区域经济一体化的重要内容，对促进各国和地区的经济协作起着非常重要的作用，也是转出地和承接地产业优化升级的重要途径。然而近年来经济全球化进程遇到困难，全球地缘政治紧张局势升级，贸易保护主义、单边主义潮流涌动，全球金融动荡风险提高，这对全球经济持续复苏及国际产业转移有序推进带来诸多不利。

一、世界经济显著恶化，贸易争端和政策不确定性拖累全球投资

2019 年全球经济增速下降。联合国发布的《世界经济形势与展望 2020》表示，在旷日持久的贸易争端和内容广泛的政策不确定性中，在金融动荡

和地缘政治紧张局势升级的影响下，全球经济增速 2019 年降至 2.3%，除非洲外，所有主要经济体增速都大幅放缓。2019 年成为自 2008 年金融危机以来全球经济增速增长最慢的一年。

2019 年全球外国直接投资流动略有下降。外国直接投资，英文简称 FDI，是衡量各国承接国际产业转移的重要指标。联合国贸易和发展会议（UNCTAD）2020 年 1 月发布《全球投资趋势监测报告》。报告指出，2019 年在宏观经济疲弱、投资政策存在不确定性和贸易紧张局势加剧的环境下，全球 FDI 流动总体稳定，总额为 1.39 万亿美元，比 2018 年的 1.41 万亿美元下降 1%。2019 年，关税上升和全球贸易紧张局势在数月时间里忽急忽缓，加剧了政策的不确定性，导致投资大幅削减，全球贸易增长率降至十年来最低的 0.3%。美国与中国的双边贸易额直线下降，国际供应链中断。贸易争端还导致全球大宗商品价格下降、外部需求疲软。

亚洲发展中国家和发达国家全球外国流入量持续走低。据《全球投资趋势监测报告》初步预测，2018—2019 年全球外国直接投资流入量见表 1-1。

表 1-1　2018—2019 年全球外国直接投资流入量

地　区	外国直接投资			跨境并购			绿地投资		
	价值（亿美元）		变动率（%）	价值（亿美元）		变动率（%）	价值（亿美元）		变动率（%）
	2018 年	2019 年*		2018 年	2019 年*		2018 年	2019 年*	
全球	14130	13940	-1	8160	4900	-40	9990	7840	-22
发达经济体	6830	6430	-6	6890	4110	-40	3750	3290	-12
欧盟	3750	3050	-15	3620	1580	-56	2030	1820	-10
北美	2970	2980	0	2240	1800	-19	1230	1090	-11
发展中经济体	6960	6950	0	1240	770	-38	5730	4110	-28
非洲	470	490	3	20	50	238	760	620	-19
拉美和加勒比地区	1460	1700	16	390	220	-44	780	1030	32
亚洲	5010	4730	-6	840	490	-41	4180	2460	-41
转型经济体	340	570	65	30	10	-46	510	440	-14

数据来源：UNCTAD。*为初步估测值（全书同）。

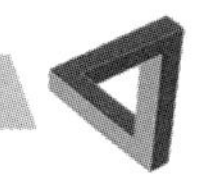

从外国直接投资流入地区看，2019 年，亚洲发展中国家虽下降 6%，但仍占全球总量近 1/3；发达国家外资流入下降 6%，约为 6430 亿美元，处于历史最低水平；欧盟下降 15%，为 3050 亿美元。发展中国家的外国直接投资流入保持不变，约为 6950 亿美元；拉美和加勒比地区增加 16%；非洲增加 3%；转型经济体增加近 2/3，达到 570 亿美元。从具体国家看，在排名前十的外国直接投资接收国中，一半国家出现外资流入下降，吸引外国直接投资前三名的分别是美国（2510 亿美元）、中国（1400 亿美元）、新加坡（1100 亿美元）。从外国直接投资类型看，2019 年跨境并购和绿地投资金额均大幅减少，分别比 2018 年下降 40%和 22%。但是，不同类型经济体的外国直接投资流入方式存在明显差别。在发展中经济体中，有增长的地区包括非洲跨境并购有 30 亿美元的增长；拉美和加勒比地区发展中经济体的绿地投资增长，增长了 32%；其余地区无论跨境并购还是绿地投资都在下降，亚洲无论跨境并购还是绿地投资都下降了约 41%。

二、贸易保护主义全球蔓延，我国向发达国家产业转移难度加大

最近几年，以美国为首的西方国家为了扭转贸易逆差、促进产业与经济发展、保持在全球贸易格局中的优势地位，纷纷实施贸易保护主义政策。特别是 2019 年，贸易保护主义在实施方式、政策数量和扩散范围等方面的动作增多，国际贸易争端的发生频次增加，且解决难度加大[①]。贸易保护主义的“病毒”已经在全球蔓延开来。贸易保护主义新态势对全球经贸格局、价值链体系的影响比以往更为深刻，对全球经济发展和国际关系造成的冲击更加广泛和长期。这种针对性的贸易保护严重影响了我国参与国际分工。

---

① 内容引自《人民论坛》2019 年 12 月中《贸易保护主义新态势与中国的策略选择》。原文作者：山东大学东北亚学院副院长、山东大学国际问题研究院副院长张景全教授（山东大学东北亚学院博士研究生吴昊对本文亦有贡献）。

贸易保护主义的实施方式更为多样。关税、进口配额、外汇管制、补贴、烦琐的进出口手续、歧视性的政府采购政策、行政壁垒等，都是国际贸易保护的传统手段。而在2019年，绿色壁垒、技术壁垒、反倾销、知识产权保护等非关税壁垒措施，成为贸易保护主义比较突出的形式。当前，非关税措施在现代贸易政策工具中所占的份额越来越大。根据联合国贸易和发展会议与世界银行联合发布的数据，2018年非关税措施的总交易成本约为3250亿美元，大量的非关税措施逐渐成为贸易保护主义的主要手段。其中，技术性贸易壁垒（TBT）使用得最多，占所有非关税措施的41%，技术性贸易壁垒影响了超过30%的产品线和近70%的世界贸易。卫生和植物检疫措施（SPS）居次，占所有非关税措施的35%。近几年来，西方国家针对中国产品发起的“双反调查”（反倾销和反补贴）范围向知识产权领域、服务领域延伸，向新兴通信设备、汽车、钢铁等行业转变。

贸易保护主义的政策数量多于以往。美国政府在2017年12月发布的《国家安全战略报告》中，明确将中国视为其首要的战略竞争对手。通过一系列措施，意图迫使中国削减对美出口，增加从美进口；迫使中国放宽金融和其他领域的市场准入；迫使中国放弃在高新技术领域的竞争；阻止中国的科技发展、技术引进与产业升级。2017年8月，美国宣布启动“301调查”，指责中国存在不公平贸易行为。2019年5月10日，美国宣布对2000亿美元中国输入美国商品加征的关税从10%上调至25%。2019年8月15日，美国贸易代表办公室曾宣布要对约3000亿美元自华进口商品加征10%关税。由此可知，美国针对中国的贸易保护主义措施强度甚于以往。

贸易保护主义呈全球蔓延态势。博鳌亚洲论坛2019年年会发布的《新兴经济体报告》显示，2009—2018年，二十国集团中的11个新兴经济体（简称E11）实施的贸易保护主义措施总计达4766项，平均每个经济体为433.3项；二十国集团中的8个发达国家实施的贸易保护主义措施总计达5310项，平均每个经济体为663.8项，比前者多出230.5项。分国别来看，美国和德国出台的贸易保护主义措施的数量最多。根据全球贸易预警数据库统计资料，2009—2018年，美国实施的贸易保护主义措施高达1693项，

居全球首位，平均每年出台 169.3 项贸易保护主义措施，其中 2018 年出台 197 项贸易保护主义措施，较 2017 年增长 28.8%；排在第二位的德国同期累计出台 1225 项贸易保护主义措施，其中 2018 年新增 115 项，较 2017 年增长 113.0%。在发达经济体中，加拿大在 2018 年加大了贸易保护主义力度，新增贸易保护主义措施 152 项，为 2017 年的 4.75 倍。在 E11 中，印度同期累计出台的贸易保护主义措施最多，为 919 项，其中 2018 年新增 107 项，较 2017 年增长 17.6%。由此可见，贸易保护主义的“病毒”已经在全球蔓延开来，对世界经济发展造成了严重影响。

三、发达经济体吸收投资差距明显，对美国投资大量流向制造业

据《全球投资趋势监测报告》初步预测，2019 年流入发达经济体的外国直接投资从 2018 年的 6830 亿美元减少了 6%，估计为 6430 亿美元。外国直接投资仍处于历史低位，为 2007 年高峰的一半。股权投资流动表现出缓慢性，以该地区为目标的跨境并购交易价值为 4110 亿美元，大幅下降 40%。已公布的绿地投资项目价值为 3290 亿美元，下降 12%，跨国企业在这些市场的子公司的计划资本支出疲软。

大部分国家和地区吸收外国直接投资呈下降态势。例如，2019 年流入英国的资金减少了 6%，估计为 610 亿美元，主要原因是，缺乏针对英国的大型投资项目，跨境并购的价值较 2018 年的高水平减半。澳大利亚跨境并购金额下降，导致外国直接投资流入减少 42%，至 390 亿美元。西班牙的流入资金从 450 亿美元减少到 60 亿美元，部分原因是外国子公司的债务重组。荷兰的国外直接投资下降了 98.3%，从 1140 亿美元降至 19 亿美元，部分原因是大规模撤资。

少部分国家吸收外国直接投资有增长。近几年英国、加拿大、法国、德国和日本等国吸收外国直接投资呈波动态势。法国和德国在 2015 年达到一个吸收外国直接投资的峰值，英国和日本在 2016 年达到一个峰值，加拿

大在 2018 年才开始回升。2019 年法国、德国、日本和加拿大吸收外国直接投资有所增加，如流向法国和德国的外国直接投资分别从 2018 年的 370 亿美元和 120 亿美元增加到 2019 年的 520 亿美元和 400 亿美元，主要原因是向外国子公司提供的公司内部贷款增加。流向日本的外国直接投资则增加了 9%，达到 110 亿美元。流向加拿大的外国直接投资增加了 8%，达到 470 亿美元。

流向美国的资金相对稳定。美国实施“全球收缩，美国优先”政策，以降低税收、贸易保护、产业回迁和大兴基建为经济振兴的四个措施。大规模税收减免，改变税制引导美国的跨国企业把海外留存收益汇回本土，吸引国外资本投资美国，刺激美国企业扩大投资。一系列政策组合引导制造业回归，力图将流向海外的制造业就业机会重新带回美国本土，重振美国制造业。2019 年美国吸收外国直接投资比 2018 年仅减少了 1%，估计为 2510 亿美元。从吸收国外资金的投资情况看，加拿大和欧盟对美国的投资分别下降了 24%和 6%，而日本和澳大利亚的投资则有所增加。德国、日本和荷兰是美国最大的投资者。根据美国经济分析局数据，从行业分布看，2018 年制造业吸引投资规模远高于其他行业，占比达到 68.62%，比 2016 年提高了近一倍；而专业科学技术服务业吸引外资规模大幅减少，占全部行业外国直接投资的比重从 2016 年的 16.32%下降为 2018 年的 2.66%，降幅超过 13 个百分点（见表 1-2）。

表 1-2　2014—2018 年美国主要行业吸引外资占比（%）

年　份	制造业	批　发	零　售	信息	金融保险	房地产及租赁	专业科学技术服务	其　他
2014 年	55.24	1.87	6.10	8.81	3.03	7.19	4.04	13.71
2015 年	67.74	0.45	2.50	2.79	10.05	7.26	5.13	4.07
2016 年	34.21	3.66	2.59	11.84	12.71	2.13	16.32	16.54
2017 年	39.70	2.42	3.81	10.06	5.92	6.58	6.04	25.46
2018 年	68.62	1.94	4.96	5.59	2.46	6.79	2.66	6.98

四、发展中经济体引资稳定，不同国家吸引外资流入不同行业

流入发展中经济体的外国直接投资保持稳定，2019 年估计值为 6950 亿美元。流入亚洲发展中国家的外国直接投资虽然略有下降，但总体估计值达到 4730 亿美元。拉美和加勒比地区增长了 16%，增长集中在南美洲。非洲继续小幅增长 3%。总体来看，发展中经济体在全球分布范围广，政治制度不同、发展阶段不同，资源基础和产业发展水平等都差别较大，不同国家吸引的外资也流入了不同的行业。

部分亚洲国家在吸引外国直接投资中仍保持增长，但不同国家吸引的外国投资分别流向了不同的行业。具体分析如下：虽然 2019 年中美贸易摩擦不断，但流入中国的资金仍稳定在 1400 亿美元。新加坡在信息和通信领域的交易推动下，2019 年继续增长 42%至 1100 亿美元。印度流入量增长了 16%，估计达到 490 亿美元，其信息技术服务业吸引了大量外资。印度尼西亚吸收投资增长了 12%，达到 240 亿美元，大量资金流入批发和零售贸易（包括数字经济）以及制造业。沙特阿拉伯吸引投资增长了 9%，估计达到 46 亿美元。

巴西启动国有企业私有化计划，吸引了大量外国直接投资。2019 年，拉美和加勒比地区的外国直接投资增长了 16%，估计值达到 1700 亿美元。巴西增长了 26%，达到 750 亿美元，部分原因是该国在 2019 年 7 月份启动了私有化计划，作为政府推动经济增长的一部分。这是巴西国有企业私有化第一次涉及一家天然气分销公司，该项目由 Engie（法国）领导的一个投资者财团以 87 亿美元收购。预计到 2020 年，巴西国有企业子公司的剥离将加快步伐；拉丁美洲的 Electrobras 和 Telebras 等大型企业的私有化可能会吸引更多的外国直接投资。

经济改革利好和贸易环境改善是墨西哥、埃及等国吸引外资增长的重要原因。2019 年对墨西哥的外国直接投资增长了 3%，估计达到 350 亿美元；新的贸易协定 USMCA 提高了人们对经济关系更为宽松的预期。

流入哥斯达黎加的资金增长到23亿美元，在哥斯达黎加，超过一半的资金流入了自由贸易区。埃及仍然是非洲最大的外国直接投资接受国，2019年外资流入量增加了5%，达到85亿美元。该国实施经济改革的努力增强了投资者的信心。虽然对该国的外国直接投资仍由石油和天然气部门推动，但对非石油经济的投资也出现了增长，特别是电信、房地产和旅游业。

非洲以资源和能源行业吸引外国投资。南非巩固了2018年的复苏状态，2019年外资流入量几乎保持不变，略高于50亿美元。除了现有投资者的公司内部转让外，对该国的投资还由商业服务和炼油业的并购交易带动。由于主要油田和一条国际石油管道的继续开发，2019年流入乌干达的资金增加了近50%，达到20亿美元。对尼日利亚的投资激增了71%，达到34亿美元，包括一座价值6亿美元的钢铁厂的投资和发展。对中非的外国直接投资增长了6%，达到93亿美元，其中以资源为导向的投资持续增长。

转型经济体吸收的外国直接投资开始反弹。在经历了两年的低流入量之后，对"转型经济体"的外国直接投资在2019年开始反弹，增长了65%，估计达到570亿美元。投资回升的部分原因是，预计该地区2020年经济增长会更高，自然资源价格也会更稳定。2019年俄罗斯的外国直接投资流入量翻了一番多，达到330亿美元。随着投资者信心的增强，股权投资和再投资收益都大幅增长。流向东欧和南欧的资金保持不变，为74亿美元。流入塞尔维亚的资金增长了6%，达到44亿美元。与强劲的外国直接投资流入形成鲜明对比的是，转型经济体的跨境并购金额下降了46%，仅为14亿美元，为2015年以来的最低水平。

五、营商环境不断优化，东南亚低劳动力和税收成本更具吸引力

"营商环境就是生产力"，营商环境是吸引国际产业转移的重要因素。近几年，许多国家在持续不断地改善营商环境，以吸引国际产业转移。

2020年世界银行发布了《2019年营商环境报告：改革创造就业》，从开办企业、获得信贷、企业纳税等十个方面对全球190个经济体营商环境进行了评估。总体来看，190个经济体中有115个在2016—2017年间至少实行了一项与营商环境相关的改革。排名进步最快的前十位分别是沙特阿拉伯、约旦、多哥、巴林、塔吉克斯坦、巴基斯坦、科威特、中国、印度和尼日利亚，基本上都是发展中经济体。我国持续不断改善营商环境，排名从2014年的第96位迅速上升至第31位。一些排名较低的经济体也正在积极改革，以寻求更好的商业环境。缅甸在经商创业、办理建筑许可证、登记财产、保护投资者和执行合同等五个方面进行了实质性的改善。

东南亚国家吸收外国投资呈上升态势。尽管全球贸易和投资的政策环境不如出口导向型增长和发展的全盛时期那样温和，但是对于发展中国家、特别是对于最不发达国家而言，吸引投资并促进出口，以支持工业化、经济多样化和结构转型，这种需要一直十分迫切。与我国相邻的东南亚国家近几年不断吸引外商投资，小部分国家呈波动起伏，但大部分国家呈上升趋势。2018年印度尼西亚吸引外商投资超过219.8亿美元，越南超过155亿美元，泰国超过100亿美元，马来西亚超过80亿美元，菲律宾超过64.56亿美元，老挝也超过13亿美元。2019年上半年，印度尼西亚①落实外国直接投资212.8万亿盾（约合141.9亿美元），同比增长4.0%。从投资来源地看，新加坡投资额34.3亿美元，位居首位。从投资领域看，印度尼西亚的外国投资前五大行业依次为：水电气供应（28.8亿美元）、交通仓储电信业（25.9亿美元）、房屋园区建筑业（15.7亿美元）、金属制品业（14.7亿美元）和矿产业（12.9亿美元）。工业领域投资44亿美元，占国内投资的31.1%。越南计划投资部外资局网站1月1日报道②，截至2019年12月20日，当年越南政府新批外资项目协议额167亿美元，同比下降6.8%；在建在营项目增资58亿美元，同比下降23.6%；外资并购额155亿美元，同比增长56.4%。上述三项合计380亿美元，同比增长7.2%；实际利用外资204亿美元，同比增长6.7%，创历史新高。加工制造业获新批外商投资额120.9亿美元，占新批外资总额72.2%。若

---

① 文章来源：商务部《2019年上半年印尼投资情况概述》。

② 文章来源：商务部《2019年越南实际利用外资逾200亿美元》。

计入增资和并购，加工制造业全年共获外商投资 245.6 亿美元，占当年外资总额 64.6%。2009—2018 年东南亚部分国家吸引外国直接投资变化情况如图 1-1 所示。

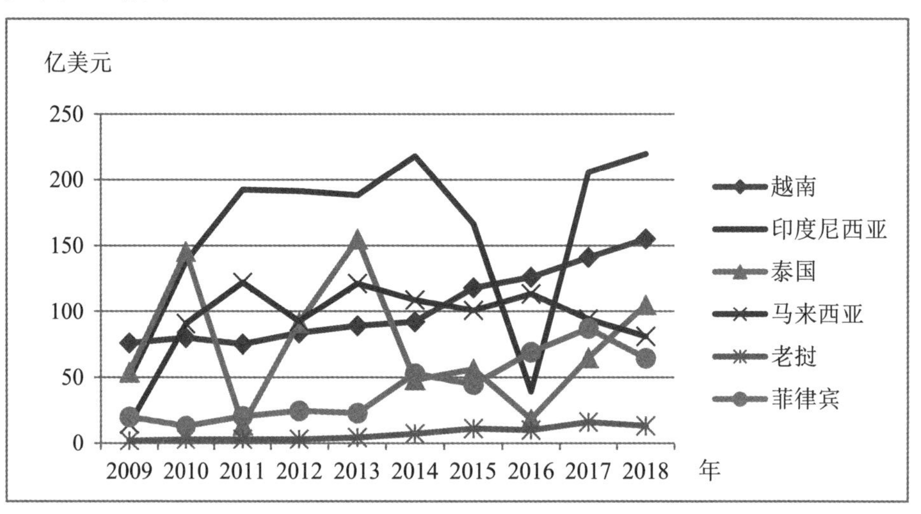

图 1-1　2009—2018 年东南亚部分国家吸引外国直接投资变化情况

低要素成本和税收优惠等政策是东南亚国家吸引外商投资的决定因素。营商环境的改善只是让外商投资的环境优化，在吸引外商投资中低廉的劳动力等要素成本，实惠的税收优惠政策是吸引外商投资的决定因素。

东南亚部分国家劳动力成本相对较低。2019 年马来西亚的人工成本为 594 美元/月，泰国为 484 美元/月，菲律宾和越南分别为 260 美元/月和 249 美元/月，柬埔寨和印度尼西亚分别为 194 美元/月和 185 美元/月，缅甸仅为 112 美元/月。而同期我国工人的人均月收入为 807 美元/月。

外商投资税收优惠力度大。近年来东南亚各国为吸引投资纷纷采取了不同水平的低税率或免税政策，整体看他们的优惠免税时间长，额度大，减免项目类型多，涉及行业要求不高。一是东南亚部分国家对外商投资减免税收给予很长的免税期，例如大部分国家免税期在 9 年左右，而印度尼西亚投资额超过 1 万亿盾的企业可享受为期 10～25 年的减免税 20%～100% 的优惠；越南对特别鼓励投资项目所得税减免期限为 4～15 年。二是免税期后，还能享受低税率政策。如泰国在东部经济走廊的投资促进行业政策

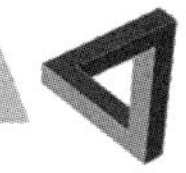

明确，8 年到期之后的 5 年仍可减免 50%的法人所得税；老挝二类地区（指有部分经济基础设施的山区、高原和平原）免征 5 年利润税，之后 3 年按 7.5%征收利润税，再之后按 15%征收利润税。三是除税收优惠外，企业投资经营中许多项目可获得减免。柬埔寨规定经济区内基础设施建设使用设备和建材进口免征进口税和其他赋税，产品出口国外市场的，免征增值税；老挝为鼓励加工贸易产业的发展，规定进口的原材料、半成品和成品在加工后销往国外的，可免征进口和出口关税、消费税和营业税；泰国规定企业保税时，10 年内运输、水电费以两倍折算为企业开支，企业除正常的折旧费外，25%的基建费可用于减税，机器设备进口免关税，5 年内用于出口的原料和材料免关税。

六、国际投资偏好资源型和技术型，数字信息类是未来投资热点

国际资本逐利而行，或抢占资源和能源，或追逐高额利润，或开发新领域，或挖掘大市场。2018 年排在国际投资价值前十位的行业涉及了采掘业、制造业和服务业。无论是跨境并购还是绿地投资，价值大的项目多集中在化学和化工产品，信息通信业，电力和电子设备，机动车和运输设备，采矿、采石和采油业，电力、燃气和水供应等。可见国际投资偏好的多是对技术、资金或资源需求较高的行业（见表 1-3 和表 1-4）。具体项目如道达尔公司（法国）以 74 亿美元收购油气生产商 Maersk Olie og Gas AS（丹麦）；壳牌加拿大公司（为荷兰皇家壳牌公司、马来西亚国家石油公司、中国石油天然气股份有限公司、日本三菱公司和韩国天然气公司联合成立的合资企业）在加拿大建造液化天然气出口设施的项目，该项目计划资本支出总计 300 亿美元；价值 320 亿美元的普莱克斯公司（美国）与工业气体集团林德集团（德国）合并。

表 1-3　国际投资跨境并购价值前十位行业分布

行　业	价值（亿美元）		增长率（%）	数量（家）		增长率（%）
	2017 年	2018 年		2017 年	2018 年	
化学和化工产品	650	1490	129	198	211	7
商务活动	1070	1120	5	1817	1848	2
金融保险业	590	1080	84	617	599	-3
信息通信业	390	900	131	611	612	0.2
食品、饮料和烟草	880	550	-37	227	205	-10
交通运输和仓储业	230	470	109	306	269	-12
电力和电子设备	260	420	65	307	257	-16
采矿、采石和采油业	230	380	70	466	329	-29
电力、燃气和水供应	540	380	-30	171	191	12
贸易	120	350	188	486	501	3

表 1-4　国际投资绿地投资价值前十位行业分布

行　业	价值（亿美元）		增长率（%）	数量（家）		增长率（%）
	2017 年	2018 年		2017 年	2018 年	
建筑业	610	1130	84	279	475	70
电力、燃气和水供应	900	1110	23	302	429	42
焦炭和精炼石油产品	150	860	480	75	87	16
商务活动	610	780	28	4419	4686	6
机动车和运输设备	610	740	20	1123	1131	1
化学和化工产品	540	660	21	588	569	-3
电力和电子设备	600	580	-3	996	1046	5
酒店和餐厅	170	490	189	163	422	159
交通运输和仓储业	390	480	24	936	1018	9
采矿、采石和采油业	200	410	102	79	118	49

目前，新一轮科技革命和产业变革正不断深入推进，数字技术正在加快重塑生产方式和商业模式。各国高度重视发展数字经济，数字经济生态

正成为塑造产业竞争新优势的重要资源，与数字有关的技术、产业和经济也是当下和未来的国际投资热点。

波士顿咨询公司曾发表研究报告指出，作为工业互联网的九大技术支撑——工业机器人、大数据分析、模拟技术、水平和垂直系统整合、工业物联网、网络安全、云计算、增材制造、增强现实等技术不断进步，且这些技术不断融入社会生活和经济生产的各个环节，在未来5～10年间，工业互联网将彻底变革产品和生产系统的设计、制造、运营和服务流程。零部件、机器和人员之间的互联互通性日益加强，由此生产系统的速度和效率分别能提升30%和25%，同时大规模定制也将实现快速发展。目前，工业领域的数字化转型能帮助企业以更少的能源、材料和工时实现更高的产量，由此带来的数字红利将削弱低成本传统生产要素吸引产业转移的竞争力；并且工业领域的数字化让小批量、按需生产、定制服务等需求得以实现。随着商业模式、经济模式和技术需求的转变，全球产业竞争新优势和新要素不断改变，全球公司和地区的竞争格局中迎来巨大的变革。

2020年2月欧盟委员会公布了一系列向数字化转型规划，包括如何使欧洲适应数字化时代的总体规划和《欧洲数据战略》《人工智能白皮书》两份文件。欧盟委员会发布公报说，恰当地使用数字技术将使企业和民众在多方面受益，未来5年在数字化转型方面欧盟委员会将聚焦三个目标：让技术为人服务、公平和有竞争力的经济环境以及开放、民主、可持续发展的社会。从产业层面看，2019年全球信息技术行业并购交易金额超过百亿美元的就有四笔，交易金额高。国际投资促进机构也预测称，对发达经济体的大部分投资将流向信息和通信行业，其次是专业服务、金融和保险业。在发展中经济体和转型经济体中，国际投资促进机构预计将在农业、食品和饮料以及信息和通信方面进行更多投资，越来越多的国家希望吸引对数字技术和创新的投资，作为经济增长的关键驱动力。信息与通信技术部门对外国直接投资前景的高排名也反映了国际投资促进机构在该领域的投资促进的努力。

（本章由张鲁生负责编写）

第二章
国内产业转移合作现状与特点

近年来，我国高度重视区域协调发展，重点区域转移合作的深度及广度不断拓展，产业转移水平和层次稳步提升。各地区注重从依托低成本要素红利转向依托人才、技术等高级要素红利和创新红利，主动融入新一轮科技和产业革命，加快数字化、网络化、智能化技术在各领域的应用，推动制造业高质量发展。东部地区加快“腾笼换鸟”，科技创新为产业发展提供原动力，大力吸引外资投向高端战略产业。中西部地区和东北地区或主动对接东部省区市[①]、或与部委合作、或接受对口支援、或引导在外务工人员返乡创业，大力承接国外和东部产业转移，聚焦主导产业，加快培育新兴产业，改造提升传统产业。东北地区经济已开始恢复性增长，中部地区已成为我国新的发展加速地带，崛起工作正更上层楼。西部地区快速发展，随着“陆海新通道”的建设，西部开发将呈现新的格局。

---

① 书中“省区市”特指省、自治区和直辖市，“省市”特指省和直辖市，“省区”特指省和自治区。

一、东部地区转型升级效果显著，其他地区承接转移进入新阶段

当前，我国经济发展的内外部环境复杂严峻，我国四大板块各省区市坚持新发展理念，按照高质量发展要求，以供给侧结构性改革为主线，不断优化产业结构、调整产业布局，推动经济发展质量变革、效益变革、动力变革。近年来，东部发达地区持续加快产业转型升级步伐，以传统加工制造业的产业转移为重要内容，加快“腾笼换鸟”、实施疏解促提升，积极承接全球价值链高端环节，不断培育新的经济增长点，实现产业“凤凰涅槃、浴火重生”。中西部地区和东北地区在国家区域发展战略有利政策不断的大环境下，各省区市立足既有产业、优势资源和区位条件等，聚焦细分领域，注重抓重点、补短板、强弱项，有序承接东部地区和国际产业转移，促进产业转型升级。

地区生产总值，东部地区仍占据半壁江山，中西部地区占比不断提升。根据国家统计局发布的数据显示，初步核算，2019 年全年国内生产总值 985333 亿元，比上年增长约 7.8%。从地区生产总值占比看，东部地区地区生产总值仍占全国地区生产总值的半壁江山，2019 年为 51.88%（见表 2-1）。中部地区的全国占比持续稳步提升，2019 年达到 22.20%，较 2015 年占比增加约 2 个百分点。近年来，西部地区的地区生产总值在全国所占比重波动起伏，2017 年降至 19.90%，2018 年和 2019 年有所回升，2019 年占比达到 20.82%。东北地区延续了占比下滑走势，2019 年占比降至 5.10%。

表 2-1　我国四大板块的地区生产总值占全国比重（%）

地　区	2015 年	2016 年	2017 年	2018 年	2019 年
东部地区	51.60	52.58	52.86	52.11	51.88
中部地区	20.33	20.59	20.83	21.99	22.20
西部地区	20.06	20.10	19.90	20.69	20.82
东北地区	8.00	6.72	6.40	5.21	5.10

从地区生产总值增长速度看，中西部地区快于东部地区和东北地区。受全球新冠疫情影响，2019 年我国经济增速下降。东部地区的地区生产总值增速在 2016 年达到高点 9.97%，2019 年回落至 7.30%（见表 2-2）。中部地区近些年增长速度较快，地区生产总值增速 2018 年达到 13.87%，2019 年回落至 8.84%。西部地区的地区生产总值增速有波动，2018 年增长速度最快达到 12.22%，2019 年回落至 8.47%。东北地区增速低于其他地区。

表 2-2　我国四大板块的地区生产总值增速（%）

地　区	2015 年	2016 年	2017 年	2018 年	2019 年
东部地区	6.54	9.97	9.18	6.37	7.30
中部地区	5.96	9.32	9.86	13.87	8.84
西部地区	5.01	8.14	7.48	12.22	8.47
东北地区	0.60	−9.35	3.52	−12.25	5.54

从工业增加值看，2019 年全年全国工业增加值 317109 亿元，比上年增长 5.7%。分区域看，东部地区仍占一半，中西部地区占比份额加大。2018 年东部地区的工业增加值占全国比重为 54.01%，比 2017 年略有回落，但占比仍超过全国一半。中部地区工业增加值占比 2018 年继续提升，地区工业经济保持了良好的发展态势。西部地区和东北地区工业增加值占比都略高于 2017 年，占比下滑态势得以缓解。但是东北地区作为老工业基地，工业增加值占全国比重仅为 5.55%（见表 2-3），反映出东北地区在工业经济发展方面与其他地区的差距仍然明显。

表 2-3　我国四大板块的地区工业增加值占全国比重（%）

地　区	2014 年	2015 年	2016 年	2017 年	2018 年
东部地区	50.72	52.04	53.76	54.36	54.01
中部地区	21.39	21.39	21.87	22.50	22.74
西部地区	19.28	18.78	18.58	17.61	17.71
东北地区	8.61	7.79	5.80	5.53	5.55

从固定资产投资来看，根据《2019 年国民经济和社会发展统计公报》的数据，全年全社会固定资产投资 560874 亿元，比上年增长 5.1%。其中，固定资产投资（不含农户）551478 亿元，增长 5.4%。2018 年制造业固定资产投资比上年增长了 9.93%。但是，投资增速的区域分化程度仍然较大。中部地区制造业固定资产投资增速达到 19.05%，远高于其他地区。东北地区增速由负转正，达到 6.05%，高于西部地区。从各板块占比看，中部地区制造业固定资产投资占比持续增长，占比达到 33.88%，其他三个板块略有回落，但东部地区占比仍达 45.44%（见表 2-4 和表 2-5）。

表 2-4　我国四大板块的地区制造业固定资产投资增速（%）

地　区	2014 年	2015 年	2016 年	2017 年	2018 年
东部地区	15.40	12.77	7.69	3.24	6.34
中部地区	14.53	11.27	6.68	4.79	19.05
西部地区	13.35	-0.14	7.15	3.24	4.09
东北地区	0.13	-8.29	-28.97	-8.20	6.05

表 2-5　我国四大板块制造业固定资产投资在全国占比（%）

地　区	2014 年	2015 年	2016 年	2017 年	2018 年
东部地区	43.47	45.39	46.91	46.99	45.44
中部地区	29.16	30.05	30.76	31.27	33.88
西部地区	17.45	16.13	16.59	16.62	15.73
东北地区	9.93	8.43	5.75	5.12	4.94

从货物出口情况看，2019 年全年货物进出口总额 315505 亿元，比上年增长 3.4%。其中，出口 172342 亿元，增长 5.0%；进口 143162 亿元，增长 1.6%。2018 年东部地区货物出口占比略有下降，但占比全国仍超过八成。中西部地区货物出口占比全国近三年不断提高，占比全国都超过 8%（见表 2-6）。

表 2-6 我国四大板块货物出口全国占比（%）

地 区	2014 年	2015 年	2016 年	2017 年	2018 年
东部地区	80.46	81.51	82.89	82.01	81.06
中部地区	6.76	7.27	7.38	7.69	8.08
西部地区	9.28	8.43	7.24	7.90	8.53
东北地区	3.49	2.79	2.49	2.41	2.34

2019 年全年规模以上工业企业研究与试验发展（R&D）经费（简称研发经费）支出 21737 亿元，比上年增长 10.5%，与国内生产总值之比为 2.19%。2018 年，中西部地区规模以上工业企业研发经费支出的全国占比稳步提升。四大板块规模以上工业企业研发经费支出增长速度差异较大，中西部地区研发经费支出增速快于东部地区和东北地区。其中，中部地区规模以上工业企业研发经费支出同比增长最快，达到 13.55%。西部地区增速达到 9.05%。东部地区规模以上工业企业研发经费支出增速低于 2017 年，为 6.72%。东北地区规模以上工业企业研发经费支出增速为负数。从占比看，中西部地区规模以上工业企业研发经费支出全国占比不断提高，中部地区占比接近 20%，西部地区超过 10%，东部地区占比超六成（见表 2-7 和表 2-8）。

表 2-7 我国四大板块规模以上工业企业研发经费支出增速（%）

地 区	2014 年	2015 年	2016 年	2017 年	2018 年
东部地区	11.23	9.53	8.67	8.90	6.72
中部地区	13.86	9.76	11.64	14.55	13.55
西部地区	13.85	10.02	12.91	10.10	9.05
东北地区	0.16	−16.58	1.28	2.64	-3.20

表 2-8　我国四大板块规模以上工业企业研发经费支出全国占比（%）

地　区	2014 年	2015 年	2016 年	2017 年	2018 年
东部地区	67.95	68.78	68.38	67.85	67.14
中部地区	16.73	16.97	17.33	18.09	19.05
西部地区	9.93	10.10	10.43	10.47	10.58
东北地区	5.39	4.15	3.85	3.60	3.23

东部地区“腾笼换鸟”成效凸显，发展规模和质量高于其他地区。从发展规模看，广东省[①]和江苏省的地区生产总值遥遥领先于其他省区市，2018 年地区生产总值均超过 9 万亿元，占比全国均超过 10%，山东省的地区生产总值达到约 7.65 万亿元，占比全国也超过了 8%。从发展质量看，江苏省规模以上工业企业研发经费 2018 年超过 2000 亿元，占比全国为 15.63%。福建省、广东省、浙江省等地的规模以上工业企业研发经费支出同比增长 10%以上。从经济结构看，北京市和上海市三次产业构成中第三产业分别为 80.98%和 69.9%，已经进入后工业化时代。北京市聚焦服务国家重大科技任务，以科技创新全面带动经济向高精尖产业转型发展，促进数字经济发展的新旧动能转换和产业转型升级，加快推进从“在北京制造”向“由北京创造”的转变。广东省大力推动制造业高质量发展，明确实施“强核工程”“立柱工程”“强链工程”“优化布局工程”“品质工程”“培土工程”等六大工程，突破重点领域关键环节，推动制造业高质量发展行稳致远，并发布《广州市先进制造业强市三年行动计划（2019—2021 年）》，提出要打造汽车、超高清视频及新型显示两大世界级先进制造业集群等目标。江苏省 2019 年战略性新兴产业、高新技术产业产值占规模以上工业比重分别达 32.8%和 44.4%。大力实施“百企引航”“千企升级”行动计划，营业收入超百亿元工业企业达 142 家、比上年增加 3 家，省级专精特新“小巨人”企业达 973 家、比上年增加 250 家。山东省全面实施新旧动能转换重大工程，对新旧动能转换形成了 30 多个规划、100 多项具体行动方案的规划体系。2019

① 全国各省区市及部分城市全称与简称一览表参见附录 A。

年 10 月起《山东省新旧动能转换促进条例》正式施行。

中部地区增速快于全国平均水平，成为我国新的发展加速地带，崛起工作更上一层楼。中部地区无论地区生产总值、工业增加值、制造业固定资产投资、出口货物还是规模以上企业研发经费投入等各项指标增速都在全国平均水平以上。安徽省和湖北省表现抢眼，2018 年地区生产总值增速均在 11%左右。2019 年湖北省地区生产总值突破 4 万亿元，人均超过 1.1 万美元。我国首款 64 层三维闪存芯片在武汉量产；汉十（武汉-十堰）高铁通车运营；“华星光电 t4 项目”“京东方 10.5 代线项目”“小米武汉总部项目”“荆州方特东方神画主题乐园项目”等 370 个重大产业项目建成运营。2019 年安徽省利用省外资金逾万亿元；全省亿元以上在建省外投资项目 5295 个，实际到位资金 12537.2 亿元，同比增长 5%；全年新建亿元以上省外投资战略性新兴产业项目 1240 个，实际到位资金 3086.6 亿元，同比增长 19.4%。经济体量排位第一的河南省近几年表现较平淡，2018 年制造业固定资产投资增速低于全国平均水平，仅为 3.4%；2019 年河南省加快关停和淘汰过剩产能，调整产业结构。湖南省在移动互联网、电子商务等新兴服务业飞速增长，分别增长 120%和 105.8%；创新能力不断提升，国家超级计算长沙中心 2014 年 11 月在湖南大学正式运营，南方粮油作物协同创新中心近年来获得多项国家级奖励，产业技术创新战略联盟达 74 个。江西省近几年研发经费投入强度不断加大，2018 年规模以上企业研发经费投入增速达到 20.8%，远超全国平均 13 个百分；2019 年江西省智能制造“万千百十”工程提前完成，工业技改投资增长 45%，高新技术产业、战略性新兴产业增加值占规模以上工业增加值比重分别为 36.1%和 21.2%，高新技术企业突破 5000 家；2019 年江西省加快鄱阳湖国家自主创新示范区建设，推进中药国家大科学装置、中国科学院稀土研究院等创新平台共建。2019 年山西省传统产业改造步伐加快，退出钢铁产能 175 万吨，关停淘汰焦炭产能 1192 万吨，全力实施百项工业转型升级项目。

西部地区大开发形成新格局，地区间承接产业转移差别大，部分地区与东部地区发展差距拉大。2019 年 3 月中央全面深化改革委员会第七次会议，会议审议通过了《中共中央 国务院关于新时代推进西部大开发形成新格局的指导意见》。2019 年 8 月，国家发展和改革委员会印发《西部陆海新通道总体规划》。

整体看，西部地区发展速度快，其中贵州省、四川省、重庆市、陕西省发展表现突出。贵州省 2019 年地区生产总值增长 8.3%，增速连续 9 年位居全国前列。该省大力发展数字经济，贵州省发展和改革委员会透露，2019 年 1—7 月，贵州省重大工业项目完成投资 477.69 亿元，大数据领域完成投资 58.51 亿元。5 月，贵州省与福建省、广东省、江苏省共同探索建立数据合作机制，打造跨省域大数据战略合作示范区。成都市作为四川省发展的核心区域，近几年大力引进国内外优质企业，2019 年上半年，成都高新技术产业开发区（成都）高新区[①]累计实际到位内资 349.51 亿元，利用外资实际到位 15.86 亿美元，新签约引进重大项目 21 个，其中世界 500 强项目 6 个，中国 500 强项目 1 个。截至 2019 年 6 月底，世界 500 强企业在区域内投资或生产的企业数量达 128 家。其中，投资额 1 亿元以上的项目达 72 个。重庆市经济支柱之一的电子信息产业，最初只是代工生产，随着数百家来自世界各地的相关企业陆续落户重庆，笔记本电脑的 42 种零部件已基本实现本地配套，也推动着电子信息产业向“芯、屏、器、核”多终端体系方向发展。重庆市经济和信息化委员会透露，2019 年前 4 个月，重庆市工业招商引资方面新签订正式合同项目 207 个，合同金额总投资 1141.08 亿元。在这 207 个项目中，10 亿元以上项目有 24 个，合同金额 809.9 亿元，同比增长 3.6%。“这些新项目主要分布在电子、汽车和软件等重点行业。”陕西省积极推动新旧动能转换，2019 年 303 个新增产能项目投产达效，新增高新技术企业首次突破 1000 家。百度云计算中心、华为中国区运营商总部等项目落户，与深圳宝德公司合作，在西安高新技术产业开发区建设年产个人计算机 15 万台、服务器 2 万台的生产基地，电子信息领域产业竞争力持续增强。

但是西部地区的内蒙古自治区、甘肃省、广西壮族自治区、青海省和宁夏回族自治区经济增长速度有时低于全国平均增速，这些地区地理位置相对偏远、基础交通设施不畅、原有经济基础薄弱、经济结构单调、产业资源依赖性较重、人力和人才缺乏，许多地区刚刚实现“脱贫”，新的经济动能尚未启动。这些地区正在积极承接产业转移，促进经济社会发展。2019 年内蒙古自治区编制现代能源经济发展战略规划，中国石化

① 高新技术产业开发区，是各级政府批准成立的科技工业园区，本书中简称高新区。

鄂尔多斯煤制烯烃项目开工建设；国家电网投资集团乌兰察布风电基地一期 600 万千瓦示范项目开工建设。甘肃省 2019 年安排产业到户扶持资金 155.6 亿元，带动“牛羊菜果薯药”六大特色产业种养规模迅速扩大，扶持 8.28 万户贫困群众发展“五小”产业。广西壮族自治区 2019 年高技术制造业和电子信息产业投资分别增长 25%、38%。糖、铝等传统产业向精深加工发展，电子信息、新材料等新兴产业加快成长，轻工业振兴取得突破。青海省是我国生态功能区保护最多的省份，该省在保护生态环境的前提下积极打造“生态、循环、数字和飞地”四种经济形态为引领的经济转型发展新格局。宁夏回族自治区 2019 年整治“散乱污”企业 425 家，淘汰落后产能 409 万吨，培育“专精特新”企业 122 家，新能源装机突破 2000 万千瓦，2020 年年初研究出台有关工业经济稳增长的政策文件，涉及降低用电成本、稳住有效投资、保障要素供应、加大资金引导、优化发展环境、稳定发展预期等多个方面。

东北地区经济开始恢复性增长，辽宁省领先于黑龙江省和吉林省。东北地区优化营商环境，全面深化改革，激发创新驱动内生动力。与前几年遭遇“寒冬”相比，东北地区经济已走出了最困难的阶段。近年来，东北地区一批新产业、新动能加速成长。2018 年以来，德国宝马集团增资 30 亿欧元在沈阳新建工厂，大连英特尔二期工程已建成投产，一汽大众奥迪 Q 工厂一期工程在长春建成投产，沙特阿美石油公司携手中国企业共同投资超 100 亿美元在盘锦市建设超千万吨级炼化基地，恒大集团、京东集团、阿里巴巴集团纷纷在东北投资新建或扩建大型项目。辽宁省商务厅公布数据显示，2019 年前 5 个月，辽宁省招商引资实际到位资金 1931.7 亿元，同比增长 10.7%。其中，实际到位内资 1845.1 亿元，同比增长 14.5%；注册资本项下实际利用外资 8.1 亿美元，同比增长 19.3%。在引进外资中，2019 年 1—5 月，辽宁省新设立外商投资企业 230 家，同比增长 28.5%。第三产业实际利用外资 6.3 亿美元，同比增长 47.3%。在实际到位内资中，续建项目成为引资主力。2019 年前 5 个月，辽宁全省引进国内资金项目 1008 个，其中续建项目 667 个，到位资金 1453.7 亿元，占到位内资总额的 78.8%。

二、外商投资偏好高技术产业，外资企业集聚东部地区

改革开放 40 多年来，我国积极致力于营造更加公平、透明、便利、更有吸引力的投资环境，优化区域开放布局，通过利用外资承接国际产业转移，参与国家产业合作，主动融入国际产业分工格局。

根据国家商务部发布的数据显示，在全球跨境投资大幅下降的情况下，2019 年前 11 个月，我国实际使用外资同比增长 6%。前 11 个月，我国吸引 1 亿美元以上外资大项目 722 个，增长 15.5%。从外国直接投资的行业分布看，据国家统计局数据，2018 年制造业实际利用外国直接投资约 411.7 亿美元，比 2017 年新增 76.68 亿美元，同比增加了 22.9%，占全部实际利用外资的比重为 30.5%，流向制造业的外国直接投资占比较 2017 年有较大幅度提升（见表 2-9）。外国直接投资行业结构反映出我国承接发展产业持续转向高技术领域。2019 年我国高技术产业吸收外资保持较高增幅。商务部数据显示，2019 年前 11 个月我国高技术产业实际使用外资 2407 亿元人民币，同比增长 27.6%，占比达 28.5%。高技术制造业实际使用外资 834.3 亿元人民币，同比增长 5.7%。其中，医药制造业、电子及通信设备制造业实际使用外资同比分别增长 43.9%和 10.6%。高技术服务业实际使用外资 1572.7 亿元人民币，同比增长 43.4%。其中，信息服务、研发与设计服务、科技成果转化服务业实际使用外资同比分别增长 28.3%、60.7%和 67.8%。

表 2-9　2009—2018 年我国实际利用外资的产业分布[①]（%）

年　份	制造业	交通运输、仓储和邮政业	信息传输、计算机服务和软件业	批发和零售业	住宿和餐饮业	金融业	房地产业	租赁和商务服务业	科学研究、技术服务和地质勘查业
2009 年	51.95	2.81	2.50	5.99	0.94	0.51	18.66	6.75	1.86
2010 年	46.90	2.12	2.35	6.24	0.88	1.06	22.68	6.74	1.86
2011 年	44.91	2.75	2.33	7.26	0.73	1.65	23.17	7.23	2.12

① 注：仅列出主要行业，同一年份各行业所占比重相加不等于 100%。

（续表）

年　份	制造业	交通运输、仓储和邮政业	信息传输、计算机服务和软件业	批发和零售业	住宿和餐饮业	金融业	房地产业	租赁和商务服务业	科学研究、技术服务和地质勘查业
2012 年	43.74	3.11	3.01	8.47	0.63	1.90	21.59	7.35	2.77
2013 年	38.74	3.59	2.45	9.79	0.66	1.98	24.49	8.81	2.34
2014 年	33.40	3.73	2.30	7.92	0.54	3.50	28.96	10.44	2.72
2015 年	31.32	3.32	3.04	9.52	0.34	11.85	22.96	7.96	3.59
2016 年	28.17	4.04	6.70	12.60	0.29	8.17	15.60	12.80	5.17
2017 年	25.57	4.26	15.96	8.76	0.32	6.05	12.86	12.77	5.22
2018 年	30.51	3.50	8.64	7.24	0.67	6.45	16.65	13.98	5.05

从外资企业在我国各地区的分布看，越来越多的外资企业往东部地区汇集。东部地区外商投资企业数量占比从 2013 年的 77.16%增长至 2018 年的 80.4%，同期其他三大板块外商投资企业数量占比均下降了 1%左右。东部地区的外商投资企业的投资总额占比全国也达到 76.85%，经营单位所在地进出口总额占比同样超过八成。具体到省区市看，广东省 2018 年外商投资企业数占比接近 28.9%，上海市占比接近 15%，然而中西部地区整体占比分别都只有上海市占比的一半左右。2013—2018 年我国四大板块外商投资企业数占比情况见表 2-10，2018 年我国四大板块外商投资企业投资和进出口情况见表 2-11。

表 2-10　2013—2018 年我国四大板块外商投资企业数占比情况（%）

年　份	东部地区	中部地区	西部地区	东北地区
2013 年	77.16	8.37	8.51	5.95
2014 年	77.25	8.43	8.57	5.75
2015 年	78.38	8.02	8.12	5.47
2016 年	79.19	7.89	7.96	4.95
2017 年	79.62	7.82	7.86	4.70
2018 年	80.40	7.57	7.63	4.39

表 2-11　2018 年我国四大板块外商投资企业投资和进出口情况（%）

项　目		东部地区	中部地区	西部地区	东北地区
外商投资企业数	占比	80.40	7.57	7.63	4.39
	增速	11.08	6.55	6.82	2.77
外商投资企业投资总额	占比	76.85	8.93	8.18	6.04
	增速	11.09	15.73	19.36	20.82
经营单位所在地进出口总额	占比	81.73	6.79	7.98	3.50
	增速	11.63	13.90	18.92	17.97

三、重点区域转移成效显著，京津冀、长三角、粤港澳大湾区区域发展进入新格局

（一）京津冀产业分工格局初步形成，三地协同发展成效显著

自京津冀协同发展战略实施以来，京津冀产业分工格局日趋明朗。北京市疏解非首都功能，以创新牵引实现产业高精尖发展。天津市发挥既有产业基础和科研优势，天津市滨海新区与中关村科技园开展合作，带领天津市产业转型升级。河北省各地区市根据自身特点和优势，或选择电子信息产业，或选择纺织服装产业，或选择食品产业等，实现差别化承接产业转移，逐步形成具有地区特色的产业集聚。同时，京津冀协同发展还惠及了河南省、山东省和辽宁省等省份。

北京市聚焦高精尖产业发展，创新能力不断提升，创新资源辐射外溢不断提速。北京市立足高端创新资源和人才集聚优势，聚焦服务国家重大科技任务，打造国家自主创新的重要源头和原始创新的主要策源地，深入推进京津冀协同创新共同体建设，推动北京市创新成果在京津冀区域转化应用。深化京津冀产业政策衔接和园区共建，构建布局合理、梯次发展的产业链条。《北京市推进京津冀协同发展 2019 年工作要点》提出，更好发

挥市场机制作用、推进体制机制创新等“软任务”还需加快步伐。2019年北京市输出到津冀的技术合同成交额累计约780亿元，中关村企业累计在津冀两地设立分支机构达7748家。北京市部署了建设京津冀协同创新共同体16项任务和2个重点项目。

天津市发挥既有产业基础和科研优势，京津产业合作进一步加强。天津市滨海新区紧紧围绕打造京津冀协同发展标志区和世界级城市群先进制造产业基地的目标，加快建设“天津滨海—中关村科技园、中欧先进制造产业园、北方航空物流基地、南港石化产业基地、未来科技城”五大平台，累计引进来自北京市的项目2000多个，协议投资额5458亿元。滨海新区已建成了8个国家新型工业化产业示范基地，形成航空航天、汽车及高端制造、新一代信息技术、生物医药、新能源、新材料等八大优势产业。2019年“京津合作示范区”承接首都产业对接会上，阿里云计算有限公司、京东方科技集团股份有限公司、国家纳米技术与工程研究院、深兰科技（上海）有限公司、北方航空实业集团等14家企业集中签约落户“京津合作示范区”。

河北省各地市围绕北京市需求，差异化承接北京市产业转移。河北省各地市根据自身的基础、特点和优势等或围绕北京市需求提供食品等供给保障，或承担北京市纺织服装等行业的疏解任务等。如霸州市加速构建京津冀食品产业合作生态圈，打造环京食品产业转移首选地。2017年以来，益海嘉里集团、北京稻香村食品有限责任公司等35家北京食品企业陆续签约、入驻霸州市，累计总投资额超过120亿元。为了精准对接北京市场，霸州市确立了以休闲食品、保健食品与功能饮品、航空食品、中央厨房为重点方向，形成食品研发、食品加工、冷链物流、检测认证、工业旅游全链条发展的都市食品产业集群。沧州市明珠（国际）商贸城和明珠国际服饰产业特色小镇，承担起整体承接北京服装全产业链疏解的重任。其中，明珠（国际）商贸城位于沧州高新技术产业开发区，项目总体建成后可承接商户3万余家，年营业额预计可达1000亿元。明珠国际服饰产业特色小镇位于沧县沧东经济开发区，项目规划总占地3万亩，建成后可承接大、中、小、微企业1万余家，年产值预计可达1000亿元。

京津冀外围地区享红利。京津冀的企业迁徙，不仅带动了这一地区的产业结构的更新与重组，其影响力层层传导，形成了产业转移的“雁阵效应”。如 2019 年 7 月，新乡市承接京津冀产业转移项目签约仪式在京举行，38 个项目成功签约，总投资达 394.85 亿元，此次签约项目涵盖工业类、文旅类、服务业类和基础设施类。2019 年 8 月，“2019 山东无棣承接京津冀产业转移推介路演”活动成功举办。活动中共签约 6 个项目，签约资金 33 亿元，包括河北双羊毛纺（集团）有限公司年产 10 万吨新型纤维材料功能性家纺面料项目、北京威尼信门窗有限公司年产整木定制类木制品 2000 套项目、张家口融兴电子设备有限公司年产 120 万件电力器材项目等。近年来，辽宁省朝阳市在喀喇沁左翼蒙古族自治县经济技术开发区建立了京津冀产业承接孵化园，2019 年上半年，朝阳市全口径招商项目 338 个，其中来自京津冀地区的有 211 个，已开工项目 139 个，其中来自京津冀地区有 96 个。

（二）长三角一体化发展和川渝合作深入引领长江经济带产业转移

长江经济带上游地区川渝合作不断深化。四川省(川)和重庆市（渝）作为西部地区的两个重要省市，地处“一带一路”和长江经济带联结点，承担着拓宽中国经济回旋余地等重要使命，两省市持续不断地深化合作，2018 年 6 月，两地就共同签订《深化川渝合作深入推动长江经济带发展行动计划（2018—2022 年）》。2019 年 7 月，两省市又签署了《深化川渝合作推进成渝城市群一体化发展重点工作方案》。根据方案，两地将围绕九大方面 36 项重点任务共同推进成渝城市群一体化发展，包括战略协同和规划衔接、生态环境联防联治、基础设施互联互通、开放通道和平台建设、区域创新能力提升、市场一体化发展、公共服务一体化发展、合作平台优化提升等方面。

长江经济带中游地区积极承接邻近区域产业转移，产业快速发展提升。2019 年安徽省承接上海市、江苏省、浙江省产业转移规模不断扩大。上半年，到安徽省投资资金排名前十的省市分别为江苏省、浙江省、广东省、上海市、北京市、福建省、山东省、河南省、湖北省、湖南省，实际到位资金 5291.4 亿元，同比增长 7.7%，占全省比重 90.8%，其中上海市、江苏省、浙江省到安徽省投资新建 10 亿元以上项目 81 个，较 2018 年同期翻一倍。上海松江 G60 科创走廊在建设中实行产业转移，大量企业外迁。安徽

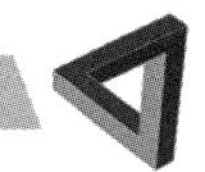

省宣城高新技术产业开发区企业服务中心抢抓机遇、提前谋划，利用规划的400亩[①]工业用地为平台，筹建"松江产业园"，定向承接上海市松江区相关企业。湖北省积极发展以互联网为代表的民营经济，创新型企业加速向中国(湖北)自由贸易试验区集聚。至今已有60多家知名企业总部或"第二总部"落户武汉东湖新技术开发区（别称武汉光谷）。襄阳市已形成整车研发、生产、检测、售后、动力电池生产及回收利用等完整产业链。宜昌市生物医药领域新引进投资5000万元以上项目50多个。湘南湘西承接产业转移示范区通过开展创新创业园区"135"工程、"引老乡、回故乡、建家乡"活动等，促成了一大批湘南湘西籍客商回乡创业项目。2015—2018年，湖南湘西土家族苗族自治州与长三角、珠三角、港澳台、环渤海四大经济圈地区签订承接产业转移合同项目325个,合同引资金额达1210亿元。在2019年湖南—粤港澳大湾区投资贸易洽谈周上,湖南湘西州与美欣达集团、中国建筑国际集团有限公司、复星集团、欧亚达控股集团有限公司、恒大集团等知名企业对接了一批意向合作项目。

长江经济带下游地区以上海市为引领，以国际高端、国内领先的创新性的研发项目和企业为承接对象。2019年8月出台的《中国（上海）自由贸易试验区临港新片区总体方案》明确上海将建立自由贸易试验区临港新片区专项发展资金，实施税收支持，对新片区内符合条件从事集成电路、人工智能、生物医药、民用航空等关键领域核心环节生产研发的企业。10月,总投资达232亿元的16个重大工业项目签约入驻上海先进制造业主要承载区的嘉定工业区。这16个项目涉及新能源新材料、智能制造、航空航天、集成电路等重要产业。其中，投资超过10亿元，具有较强引领性、标杆性和带动性的项目有5个。12月，上海智能传感器产业园启动会举行，32家企业签约入驻产业园，总投资额248亿元。

长江三角洲区域一体化发展上升为国家战略。2019年12月中共中央、国务院印发了《长江三角洲区域一体化发展规划纲要》，明确要求，着力推动形成区域协调发展新格局，着力加强协同创新产业体系建设，着力提升基础设施互联互通水平，着力强化生态环境共保联治，着力加快公共服务便利共享，着力推进更高水平协同开放，着力创新一体化发展体制机制，

① 1亩≈666.67平方米。

建设长三角生态绿色一体化发展示范区和中国（上海）自由贸易试验区新片区，努力提升配置全球资源能力和增强创新策源能力，建成我国发展强劲活跃增长极。

（三）粤港澳大湾区发展规划纲要指引区域发展，提升产业转移水平

2019年2月国务院印发《粤港澳大湾区发展规划纲要》（以下简称《规划纲要》），《规划纲要》提出到2022年，粤港澳大湾区综合实力显著增强，粤港澳合作更加深入广泛，区域内生发展动力进一步提升，发展活力充沛、创新能力突出、产业结构优化、要素流动顺畅、生态环境优美的国际一流大湾区和世界级城市群框架基本形成。2019年7月5日，广东省出台《中共广东省委广东省人民政府关于贯彻落实〈粤港澳大湾区发展规划纲要〉的实施意见》和《广东省推进粤港澳大湾区建设三年行动计划（2018—2020年）》。

粤港澳地区的转型升级促使部分产业向外转移输出。湖南省、江西省和广西壮族自治区等周边省区市积极对接，主动承接产业转移。湖南省永州市地处湖南、广东、广西三省区结合部，近年来，该市充分发挥区位优势，全力打造湖南对接粤港澳大湾区、广西北部湾和东盟产业转移的桥头堡。2019年7月，湖南省邵阳市举行“推进湘南湘西承接产业转移示范区对接粤港澳大湾区产业融合发展”高峰论坛系列活动，活动签约工业制造业项目43个，主要集中在电子信息、新材料、新能源装备等领域。江西省井冈山市推动“飞地园区”建设，与深圳市南山区合作建设南山示范园。通过联合出资、项目合作、资源互补、技术支持等方式，建立完善“飞地园区”税收征管和利益分配制度。抢抓电子信息产业加快转移“窗口期”，全面对接、积极融入粤港澳大湾区产业布局。以LED光源生产企业江西木林森照明科技有限公司为龙头，大力开展补链招商，初步形成上游材料，中游封装测试，下游照明、显示、背光等应用的LED产业集群。广西壮族自治区贺州市引进一批电子及数字新兴产业；玉林市2015年以来承接引进了8家加工贸易企业；梧州市累计承接商贸物流、再生资源等东部产业转移项目3127个，投资额达2340亿元，其中60%以上来自粤港澳大湾区。

（四）各省区市“一带一路”沿线的产业转移合作各具特色

六年多来，“一带一路”倡议正在实践、实施，进展和成果超出预期，合作伙伴越来越多，影响力和号召力日益增强，正在成为中国参与全球开放合作、改善全球经济治理体系、促进全球共同发展繁荣、推动构建人类命运共同体的中国方案，开辟了中国参与和引领全球开放合作的新境界。2019 年全年我国对“一带一路”沿线国家非金融类直接投资 150.4 亿美元，占比进一步提高；完成对外承包工程营业额 979.8 亿美元，增长 9.7%，占对外承包工程总额的 56.7%，超过一半。同时，沿线国家企业也积极来华投资兴业，2019 年在华新设企业 5591 家，增长 24.8%，直接投资 84.2 亿美元，增长 30.6%。我国与“一带一路”沿线国家合作内容不断丰富，涵盖农林开发、能源资源、加工制造、物流运输、基础设施等多个领域；合作方式不断拓展，从传统的商品和劳务输出为主发展到商品、服务、资本输出并重。

各省区市主动参与“一带一路”建设面向沿线地区的产业转移合作有序推进。浙江省发挥国际经贸、跨境电子商务、新金融服务等综合优势，加快形成以“一区、一港、一站、一园、一桥”为框架的“一带一路”建设总体格局。黑龙江省打造我国向北开放的重要窗口，构建以与俄罗斯合作为重点的全方位对外开放新格局。新疆维吾尔自治区以“一港、两区、五大中心、口岸经济带”建设为主要抓手，扎实推进丝绸之路经济带核心区建设。江苏省以“一带一路”交汇点建设为总览，以实施“五大计划”为主线，推动全方位高水平对外开放，加快形成一批示范项目和标志性工程，打造具有全球影响力的“一带一路”交汇点。云南省强化政策统筹，基础设施建设扎实推进，经贸往来不断扩大，金融支撑服务力度得到提升，人文交流不断深化，加快建成面向南亚东南亚辐射中心。山东省以国际产能合作为重点，深度融入“一带一路”建设。

四、以创新驱动高质量发展成为重点，发挥优势突出特色承接转移

我国各省市发展禀赋差别明显，生态资源、能源供给、基础设施、人力保障、产业基础、创新能力等差别都非常大，各地在承接产业转移时都立足自身，客观评估，以不同的方式承接产业转移。经济基础较好、人才资源丰富、研发能力较强的地区以创新为核心承接国际和国内先进产业，转化优秀科研成果为产业发展。各省区市在促进制造业高质量发展中，纷纷聚焦细分领域，通过产业转移促进产业提升。在缺乏较好承接产业的部分中西部地区和东北地区，通过“引老乡、回故乡、建家乡”，引导在外务工人员返乡创业，进而打下承接产业转移的基础和条件。

（一）以创新为核心承接产业促进本地产业升级发展

北京市是我国创新资源最丰富、创新能力最强的地区之一。北京市以创新为核心竞争力，承接和发展一大批产业。中关村科学城坚持以基础研究为先导，努力形成一批具有全球影响力的原创成果、创新型领军企业；怀柔科学城围绕大科学装置和交叉研究平台构建创新链，不断补齐创新要素短板；未来科学城深化与央企合作，布局能源产业，建设中关村生命科学园；北京经济技术开发区超前对接三大科学城科技成果，进一步开展国际产业合作。科技创新不仅引领北京市本地产业迅速向“高精尖”转向，其科技创新成果也惠及全国其他地区。中国科学院自动化所医学影像实验室研发的高端肿瘤分子影像精准手术导航器械及药物产业化项目在珠海落地，实现产业化。该项目投资总额为 10 亿元，获得生产批件后 5 年内，预计总应税销售收入达 10 亿元。

上海市近几年不断吸引国际投资，吸引公司总部、研发中心等。截至 2019 年 10 月底，上海市累计引进跨国公司地区总部 710 家（其中亚太区总部 114 家），研发中心 453 家。

武汉东湖新技术开发区（别称武汉光谷）依托我国自主创新的许多重大成果实现了“芯、屏、端、网”产业的新布局。在光谷左岭大道上，投资240亿美元的国家存储器基地项目开工建设，我国首批拥有完全自主知识产权的32层三维NAND闪存芯片已量产；华星光电技术有限公司的华星光电t4项目稳步推进，中小尺寸面板产品市场份额将快速提升；武汉天马第6代有机发光显示面板生产线二期项目建设正加速推进；长飞光纤的一根光纤可容纳135亿人同时通话。

（二）聚焦细分产业领域承接产业转移为本地产业链补链扩链强链

全国许多地方承接产业转移已不再是来者不拒，许多地区不但开始“选资选优”，更是根据自身产业发展需要，聚焦到某些细分产业领域来承接产业转移，实现产业链缺链补齐、弱链补强，促进地区实现产业特色化发展、优势化发展。如四川省宜宾市通过引进产业链缺失环节的相关企业补足产业链，纺织产业产品涉及化学纤维制造、生物基纤维制造、动植物蛋白纤维（茧丝）制造、纺纱（线）、纱线及面料印染、服饰、服装等产品，初步建成了集纤维、茧丝绸、纺纱、印染为一体的前中端产业链；重庆市出台《重庆市超高清视频产业发展行动计划（2019—2022年）》，提出按照“4K先行、兼顾8K”的总体技术路线，大力推进超高清面板产业转型升级，加快超高清视频产业在数字医疗、消费电子、安防等领域的应用，重点培育和推动超高清视频SoC核心芯片、编解码芯片、存储芯片、驱动芯片、高度集成光学镜头等关键核心器件的本地产业化，发展基于5G的“4K”“8K”高清视频及AR/VR/MR、全息成像、裸眼3D等技术；湖南省围绕优势产业，坚持“链条承接”，围绕轨道交通装备、工程机械产业等20个新兴优势产业，坚持全产业链承接，由14名省领导联系20个产业链，对每个产业链专题研究，制定针对性承接产业链政策，全年分3批发布150个“强链”项目，带动一批产业链发展壮大；山东省出台《山东省新材料产业发展专项规划（2018—2022年）》，明确围绕石墨烯等前沿新材料、高性能纤维及复合材料等关键战略材料和先进有色金属材料等先进基础材料这三大领域提出了发展重点和方向，培育壮大石墨烯、碳化硅半导体产业和光电子产业、高端金属新材料、氟硅新材料、高性能碳纤维、高端化工新材料、稀土等特色产业集群；浙江省发布《关于推进浙江省 5G 产业发展的实施意见》，其中提出到 2022 年，在 5G 关键芯片、器件、模组及终端上突破一批关键技术，培育 10 个特色优势产品、20 家骨干企业，实现 5G 相关产业业务收入 4000 亿元，支撑数字经济核心产业业务收入 25000 亿元。

（三）引导外出就业人员返乡创业“引老乡、回故乡、建家乡”

一直以来，我国中西部地区的大量人员流向了东部地区，造成部分东部城市“大城市病”显现，更严重的是，人员的流失造成中西部地区人才匮乏、人力资源紧张、乡村经济凋敝、留守老人和儿童无人照顾、东部地区和中西部地区间差距越拉越大等一系列经济和社会问题。近几年，中西部地区开展了大量工作，引导在外务工人员返乡创业，让“飞雁”变“归雁”，为家乡发展贡献更大力量，这也成为产业转移中一种颇具特色和简便有效的转移方式。

四川省宜宾市南溪区把广东省佛山市、汕头市作为重点招商引资目标区域，主打“川商返乡”投资牌，已开工建设了“中国西部轻纺科技产业园”。湖南省邵阳市着力“引老乡、回故乡、建家乡”。2012 年以来，邵阳籍客商回乡投资的项目已超过 800 个，投资总额超过 2500 亿元，占全市投资总额的 70%以上。河南省汝州市位于河南省中西部地区，在外务工人员近 30 万人，占据了 1/4 的人口。近年来，该市坚持把支持农民工等人员返乡创业作为推动经济高质量发展的重要抓手，大力实施“筑巢引凤”工程，搭建返乡创业平台，积极优化营商环境，吸引农民工等人员返乡创业，呈现出人才回归、技术回乡、资金回流的“集合效应”，为经济发展注入了新的活力。通过吸引 3.3 万名在外人员回乡发展，创办企业 6200 余家，创造各类就业岗位 9.5 万个，带动 1200 余户贫困户增收脱贫，实现了能人返乡、产业发展、脱贫攻坚的“三赢”效果。2016 年，汝州市成功创建为全国第一批结合新型城镇化开展支持农民工等人员返乡创业试点市（参见专栏 2-1）。

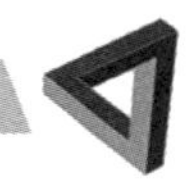

专栏 2-1　河南省汝州市鼓励返乡创业发展机绣纺织产业

引机绣纺织产业返乡。河南省汝州市坚持把机绣纺织产业作为吸引外出务工人员返乡创业的首选产业，科学谋划，亲情招商，大力培育发展归雁经济。浙江省绍兴市柯桥区拥有较大的机绣企业规模。河南省汝州市有 5 万多名外出工人在柯桥区从事机绣纺织产业，创办企业 280 余家，生产线规模 3000 余条，企业产品占柯桥区机绣市场的两成以上，具有较大的规模，为汝州吸引外出人员返乡创业、培育机绣纺织产业提供了良好的条件。

精准承接建好园区、为返乡机绣企业搭台。汝州市聚焦机绣企业返乡创业需求，加快园区载体建设，配套园区采用优惠政策，实现了机绣纺织产业的“无中生有”。一方面，快速建设产业园。考虑到机绣企业返乡数量多、设备搬迁成本高、厂房建设周期长等问题，采取政府主导模式，由市属国有资本经营公司投资，迅速启动产业园建设，实现返乡机绣企业快速入驻、快速生产。另一方面，制定园区使用优惠政策。汝州坚持把招商与安商相结合，聚焦解决返乡农民工创业面临的场地、资金、运输等难题，落实机绣返乡创业“七优惠”：一是对返乡入驻园区的企业，租金实行“三免三减半”（前 3 年免收租金，第 4、5、6 年减半）；二是全额补贴搬迁费用；三是厂房装修每平方米补贴 600 元；四是电价按照工业用电每度 0.7 元缴纳，超出部分由政府补贴；五是对企业引进的设备，旧机器每台补贴 3 万元，鼓励购买新设备，新机器按照每台造价 10%～20%的比例进行奖励；企业购买机器设备所需资金，政府负责协调贷款；六是对企业银行贷款年息超过 6%的部分进行政府补贴；七是园区加强与物流公司的合作，分别开通了汝绣产业园至绍兴、广州的物流专线，并对物流企业亏损部分进行补贴，解决了园区企业产品物流难题。目前，汝绣产业园累计引回 160 余家机绣企业、1300 余条生产线，带回产业工人 8000 余人，2018 年产值突破 25 亿元，产品远销 20 多个国家和地区，呈现出产销两旺的良好形势，达到了引回一批老板、培育一个产业、形成一个园区的“葡萄串”效应。

精准服务优化环境解决返乡创业后顾之忧。汝州市坚持以解决农民工等人员返乡创业难题为导向，不断优化环境，实现返乡创业人员“引得回、落得下、有空间、生活好”。一是搭建服务平台。依托市民之家，成立农民工返乡创业综合服务中心，整合45个市属政府部门1064项行政许可事项集中办理，推行“一号”申请、“一窗”受理、“一网”通办，有效提高了行政效能，被评为全国基层政务公开标准化规范化试点市和河南省“一次办妥”试点市。二是提供资金支持。由市财政列支3000万元设立返乡创业扶持基金，作为贷款担保风险补偿金，重点扶持返乡创业企业，累计提供资金支持3.8亿元。同时，设立企业续贷过桥资金池，先后为70多家创业企业提供周转资金30亿元，为企业节约融资成本近1亿元。三是培训产业工人。按照“产教融合”的理念，在城区北部建成占地5000亩的科教园区，组建汝州市职业技术学院，建立机绣纺织、汝瓷研发、汽车维修等实训基地，市财政拿出专项资金，免费开展订单式、定岗式、定向式培训4.2万人，为企业发展培养急需的技能型人才。四是创优城乡环境。聚焦建设山水宜居绿城的目标，大力实施百城建设提质工程。

五、部分地区承接能力水平差距较大，承接发展面临内忧外困

通过梳理国际和国内产业转移发展的现状与特点，可以看到我国产业转移已经取得了显著成效，产业转移进入了一个新的发展阶段。在社会主义新时代背景下，我国开展产业转移工作所面临的国际经贸环境、国内市场需求和生产供给环境已经发生了巨大的变化，面临着新的问题。

（一）中西部地区要素优势不明显，对企业的吸引力降低

在企业产业转移过程中，生产要素成本是企业考虑的重要因素。在中西部地区考察过程中，以重庆市、四川省、湖南省、安徽省为代表的中西部地

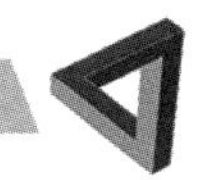

区生产要素成本与东部地区相比并未存在明显优势，甚至部分要素成本还要高于一些东部地区，部分地区要素供应难以满足企业需求。

生产要素价格优势不突出，要素供应难保障。受地理位置和相关政策影响，中西部地区部分地区基本生产要素价格并不比东部地区优惠，给生产性企业尤其是用电、用水、用气大户带来较大成本压力。如重庆市大工业企业到户综合电价约为 0.68 元/千瓦时，湖南省某地平均用电成本更是达到 1 元/千瓦时，而在深圳市电价为 0.5274～0.6724 元/千瓦时。部分地区的高电价对用电较多企业自东向西转移产生一定阻碍。同时，部分地区基本要素供应难以保障，中西部地区很多地区都存在缺水、少电等情况，遇到用电峰值时期，如果断电导致机电流水线上未完工产品作废，精密电器会因为突然断电而损坏，给企业带来很大损失。四川省、安徽省、湖南省等多地企业均反映此情况，令企业叫苦不迭。部分地区土地资源紧张。部分地区土地指标不足，土地资源供应紧张，导致企业用地成本较高，重庆市、四川省等部分地区出现因用地紧张导致项目无法落地的情况。宁夏回族自治区政府出台工业经济稳增长相关政策参见专栏 2-2。

专栏 2-2　宁夏回族自治区政府出台工业经济稳增长相关政策

稳定工业经济运行是保持经济平稳健康发展的重中之重。2020 年 1 月 20 日，宁夏回族自治区政府第 51 次常务会议贯彻落实《2020 年宁夏回族自治区政府工作报告》安排部署，研究出台了《自治区工业经济稳增长二十四条意见》(以下简称《二十四条意见》)。

在降低用电成本方面，《二十四条意见》提出，要扩大优势产业电价补贴范围，预计增加补贴电费 1.3 亿元左右；提高优势产业增量用电补贴标准，支持优势企业满负荷生产，预计增加补贴电费 1500 万元；扩大外送电规模，力争 2020 年外送电量达到 700 亿千瓦时以上；依规核定输配电价，确保工商业平均电价只降不升。

在稳住有效投资方面，《二十四条意见》明确，要推动重点工业项目达产达效，推动技术改造投资快速增长，推动新开工项目建设步伐。保障要素供应方面，提出要全力保障煤炭、天然气供应和铁路运输。

为了解决企业融资难、融资贵等问题，《二十四条意见》提出，要实施稳增长综合奖补政策，激励企业上规入库，对当年建成当年入规工业企业一次性奖励 20 万元，入库当年产值达到 1 亿元以上的再追加奖励 10 万元。要落实政策性纾困基金，用好政策性转贷资金，合理提高信用贷款比重，有力支持实体经济发展。

《二十四条意见》还提出，要切实优化发展环境，推动自治区、各市县（区）、各工业园区建立面向重点企业、重点项目、重点问题的稳增长“三个重点包抓”工作机制等。要切实稳定发展预期，启动“百亿企业千亿产业”梯度培育计划和降本增效三年行动计划等。

（二）产业配套能力不足制约制造业生产和转移

我国中西部地区与东部地区相比，产业的门类、链条、规模、质量和效益都存在巨大差距。与东部相比，中西部地区和东北部地区，龙头企业缺乏、产业集群规模小、产业链条不完整，大部分产业散而弱，未形成有效的产业链条，产业还处于“要素聚集阶段”。一些行业有部分企业开始堆积，但整个产业链条的完整性和加工配套能力上的方便性还欠缺和较弱，而且缺乏带动产业集群形成的核心企业，这样的产业基础和配套保障是转出方与承接方目前所面临的最大障碍。很多从东部地区转移到中西部地区的企业，在配套能力不足的情况下，要么重新回到东部地区，要么靠当地政府的大量的物流补贴、税收减免等优惠政策才留在了中西部地区。

一是多数产业的上下游配套产业缺失。在中西部地区大部分市县，缺乏上下游和关联配套产业，导致产业链配套能力不足，无形中提高了企业生产成本。如四川省宜宾市多个酒业企业反映，酒类包装产品都需要去成都市采购，不但增加企业负担，还对进一步吸引酒类企业入住、壮大产业发展产生不利影响。再例如，湖南省的石化行业，当地主要集中在冶炼和压延加工等环节，而技术含量和附加值高的精细化工发展未能跟上，导致该地石化行业长远发展受到一定影响。

二是由于政策原因致使部分配套机构跨地区转移存在障碍。同一家检测认证机构，在东部地区已经取得的资质，在转移到中西部地区后仍需重新申请认证相关资质，且申请周期长、较烦琐。

三是缺乏转移企业未来发展的融资配套环境。很多地区融资环境受限，非银行类的融资机构较少，缺乏多样化的融资手段，而很多现有的金融机构往往只能“锦上添花”，无法为企业“雪中送炭”。

（三）用工荒招工难劳动力成本高，人才流失严重

一是我国区域间经济发展不平衡导致中西部地区大量强壮劳动力流向了东部。从部分省份的就业人数来看，广东省就业人数从 2008 年的 2468 万人增长至 2018 年的 6579 万人，福建省就业人数从 2008 年的 819 万人增长至 2018 年的 2671 万人，而四川省就业人数从 2008 年的 1218 万人仅增长至 2018 年的 1910 万人，增长的数量和速度都远低于东部地区。中西部地区的精英和大量青壮年流向东部地区，进一步拉开了地区间的发展差距。河南省 2015 年净流出人口约 1000 多万人，江西省 2017 年外出打工人数占全省总人数的 7.25%。每年春运大量人口往返，2019 年我国春运客运量铁路、道路、水路、民航累计发送旅客 29.8 亿人次。

二是隐性人力成本占比高，各类人才难留住。我国中西部地区拥有丰富的劳动力资源，但是多种因素导致隐性人力成本比较高，综合劳动力优势并不突出，资源优势未充分发挥。首先是劳动生产率低。由于中西部地区教育、产业链成熟度、城市人文和工作氛围等的不同，工人劳动生产率要低于东部沿海地区，如四川省泸州市、宜宾市，以及重庆市等多地产业转移企业反映，当地工人生产效率只有广东省等沿海地区的 70%～80%，即使是从沿海回到内地就业的工人，其劳动生产率也会比在东部时降低，这无形中增加了企业的隐性劳动力成本。其次是养老保险缴费费率相对转出地区较高。中西部地区的省份财政不富裕，没有相应补贴政策，一些从广东省、浙江省等东部地区转移过来的企业表示社保负担相对转出地较重。如在 2019 年 5 月 1 日基本养老保险缴费比率统一下调之前，重庆市、四川省等部分地区养老保险缴费费率为 19%，远高

于广东省等东部省区的 13%；即使下调之后，在较长的过渡期内仍将高于广东省和浙江省。再次是城市吸引力弱导致高端人才难以留住。企业管理人员、高级技术人员需要更有竞争性的工资，才能吸引他们到中西部地区，尤其是三四线城市就业；很多年轻人对生产流水线等工作也失去兴趣，四川省泸州市、宜宾市，安徽省芜湖市等地企业均反映招工难问题，"用工荒"在多地频繁出现。

三是中西部地区和东北地区人才流失严重。我国教育资源非常不均衡。广西壮族自治区、云南省、贵州省和内蒙古自治区等西部地区的高等教育院校数量不及东部地区的一半。从院校质量上看，西部地区优质的高校更不多，且主要集中在西安市和成都市两地。其中较有影响力的工程院校只有重庆大学、四川大学、电子科技大学、西安交通大学、西北工业大学、西北农林科技大学、兰州大学等几所高校。优秀高校的匮乏，导致许多西部本地优秀人员在高考跨出中西部地区后少有返回，造成高级人才严重缺乏。人才流失现象在东北地区也非常严重。而人才缺乏对地区承接知识密集型产业，或对现有产业升级创新、提质增效都带来困难。

（四）国际环境不友好，国内产业转移面临双重挤压

正如第一章所分析的，近几年世界经济环境显著恶化，贸易保护主义全球蔓延，贸易争端和政策不确定性拖累全球投资。一方面发达经济体大力推进"制造业回流"，对我国引进高质量外资形成挑战。另一方面，传统制造业，特别是劳动密集型产业，向东南亚等周边国家的转移速度加快，这对我国中西部地区需要承接类似产业的地区影响较大。2019 年中美贸易摩擦波折不断。中美贸易摩擦复杂化和东南亚国家优惠政策吸引，对部分地区工业生产影响开始逐渐显现，主要表现在：

一是部分经济外向度较高的企业尤其是主要产品出口到美国的企业，订单受到较大影响。如安徽省受影响的出口额 43.3 亿美元，占全部对美出口额的 56.4%，主要涉及空调器、电视机、小家电、服装、家具等消费品行业，显示器、逆变器等电子信息行业，也涉及阀门、密封件、叉车等装备制造业，还涉及部分原材料行业。二是随着中美贸易摩擦长期化，可能

对中西部地区产业升级造成影响，如成本上升、技术封锁等，将影响部分企业生存；三是贸易摩擦的不确定性会对相关企业家信心产生较大影响，有的企业订单不愿接、不敢接，有的企业存在等待观望现象，投资意愿下降。虽然部分企业已经开始与美方企业共担关税降低影响，但是仍然会增加 10%～15%的企业成本，在目前企业利润率总体下滑的大环境下，压力仍然很大。四是影响配套协作，集中体现在部分与东部地区出口企业有较强合作关系的企业中，出口一旦受阻，企业生产需要收缩，将直接影响上游配套企业生产。还有部分企业的下游企业主要产品出口到其他国家，虽短期对生产和订单影响不大，但未来仍存在很多不确定性因素。

此外，东南亚国家利用劳动力资源丰富且低廉、环保压力小和政策优惠力度大等优势，对我国部分企业形成较强的吸引力，我国东部地区产业并未出现梯度转移，而是出现“蛙跳”现象，直接向东南亚地区转移。很多中低端产业流向东南亚和南亚地区，其中劳动密集、出口加工类企业是外迁主力。比如纺织、轻工企业境外投资比较大，很多纺织、服装和制鞋企业纷纷在柬埔寨、缅甸、越南、巴基斯坦设厂；环境资源约束型企业外迁也呈上升势头，比如铸造、印染、电镀等产业；还有一些龙头外企外迁带动上下游配套企业外迁，一些电子组装企业及其上游供应商逐步向印度、越南等国家和地区转移。

如果这种“蛙跳”外迁过快，容易引发我国制造业“空心化”危险；国际巨头“出走”，影响区域的产业链，引发局部地区的就业、税收下降；尤其是产业转移到东南亚地区，与我国西部大开发、中部崛起等区域战略形成竞争。同时，因成本压力、市场空间、战略布局等因素，部分中西部地区企业也有向东南亚地区转移的意向，进一步加剧了这一影响。

六、优化营商环境促进产业转移，加强顶层设计引导保障转移

在实际工作中，中西部地区和东北地区营商环境较东部地区仍处于劣

势地位，部分地区破坏公平竞争环境的现象仍然存在。产业转移过程中各地存在各自为政，协调工作难度大、利益共享机制难实现等现象，区域协同发展实施不易。纯靠市场来实现产业转移难度非常大，需要政府这只“有力的手”,保障基础设施的互联互通、公共服务的便利共享、市场的统一开放、要素的自由流动、人才和科研资源的畅通流动、各类规则标准的相互认可等，一盘棋整体谋划，自上而下统一部署、统一协调、有序开展。为此，课题组在优化营商环境和促进区域协同发展方面总结了部分地区好的经验、做法和模式供参考借鉴。

（一）优化营商环境“栽好梧桐树”“引得凤凰来”

近几年来，我国各省区市都在不断优化投资营商环境，以最大诚意坚定企业投资信心，吸引产业入驻园区，“栽好梧桐树”“引得凤凰来”。正如上海市松江区委书记程向民指出的，要秉持新发展理念，“以优化营商环境的确定性对冲外部环境的不确定性，以创新链与产业链融合的完整性对冲全球产业变局的不确定性，以制度供给的精准性对冲市场观望的不确定性。”

河北省廊坊市为切实保障项目工作有序衔接、高效推进，全市围绕项目建设实际需要量身定制“服务包”，提供“管家式”服务。全市每一个重大项目都已确定了一名联系服务的市县领导，成立一套工作专班，以高质量服务保障项目建设中的重点难点问题“第一时间”解决。湖南省永州市东安县深化重点项目建设审批服务“一次性盖章汇”改革，积极探索“零跑腿、零接触、零付费”审批方式和“预审代办制”，全面落实“证照分离”“多证合一”“证照联办”，下放43项县级管理权限到东安经济开发区，基本实现“园区事物、园区办结”。

在广东，惠州产业转移工业园将2019年定为“项目投产见效年”，把推动项目建设作为首要工作，通过园区各项目“首席服务官”认真开展督导服务，坚持一线工作法，真正落实“挂图作战”“代办制”“包办制”等一站式服务方式，有效减轻了企业负担。中国（湖北）自由贸易试验区以制度创新为核心，着力打造一流营商环境，推进投资项目审批改革，试行

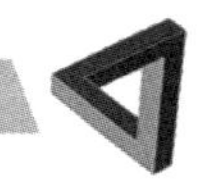

“先建后验”，项目审批时间缩短 70%以上；“马上办、网上办、一次办”政务改革将企业设立审批时间从 7 个工作日减至 1～2 个工作日；不动产抵押权变更登记改革方便银企开展无还本续贷，切实缓解企业融资难题，等等。

上海市于 2020 年 1 月 2 日召开全市优化营商环境大会，公布上海市优化营商环境改革 3.0 版方案，对标世界银行和国家营商环境评价体系，并提供一揽子制度供给（参见专栏 2-3）。

专栏 2-3　上海市各区不断优化营商环境

2020 年 1 月 2 日，新年首个工作日，上海市嘉定区在全市率先推出产业项目审批节点“流程图”。该区行政服务中心整合资源，形成项目全流程事项，从土地储备计划环节到不动产登记环节，围绕 25 个主要审批节点编制产业项目“流程图”，在产业项目服务信息系统及配套 APP 上实现同步的“可视化”，做到“问题早发现、难点早提醒”。同时，拓展系统的分析研判功能，定期对项目推进情况进行分析。为在提速增效中进一步优化营商环境，从被动解决企业诉求，到主动服务、为企业解忧，嘉定区在原有招商员和行政审批代办员的基础上，新增审批服务的“跟踪员”和“协调员”。他们在产业项目落地全流程中带动企业以科学合理的方式“跑出最佳状态”：如果跟踪员和协调员在产业项目全流程服务信息系统中发现，自己所跟踪服务的项目在相关审批节点上遇到“黄灯预警”，提示已经接近审批时限，需要第一时间联系相关部门，问明情况，加强协调，加快办理。同时，针对项目后续办理环节，提前告知企业所需材料。

普陀区政府出台《关于进一步加强投资促进工作推进经济高质量发展的实施意见》及《普陀区深化营商环境改革行动方案》，提出了进一步优化营商环境的最新举措，其中包括梳理落地一批“一件事”政务服务事项，推动跨部门、跨层级的业务流程优化，推广“不见面”全程电子化登记，在全市率先试点拓展全程电子化登记事项等。

虹口区发布了“加强投资促进工作”26条措施，明确了在完善投资促进体系方面，虹口区四部门领导将与各投资服务分中心建立结对机制，各产业部门主动对接，安排专人抓落实，及时反馈办理进度。同时，将进一步优化“1+4+4”招商服务模式，区投资促进办公室（简称投促办）、各产业部门、投资服务分中心和功能类国企各司其职，不断延伸招商信息触角，形成反应灵敏、行动高效的精细化招商信息感知网络。首次建立了区级“首谈”报备制度，即各产业部门、招商服务主体接洽重大项目后必须第一时间向区投促办报备，形成重大项目跟踪服务机制，以及重点项目综合协调机制，形成首谈为主、各方配合的招商合力。也将着力打造重点招商项目库，加强对招商引资信息资料的收集分析，结合区重点产业导向和发展实际，每年形成重点招商项目库，开展具有针对性的精准招商活动。

普陀区则首创政府班子联系产业推进招商引资工作机制，以项目小组形式按产业牵头开展招商引资工作。普陀区调整和完善区投资促进工作领导机制，一批区领导将“挂帅”又“亲征”，区长被任命为投资促进领导小组组长，全区成立7个招商小组，由区长或副区长任组长，相关产业部门负责人任副组长，对接联系的产业和企业，对项目引进中的问题亲自协调，对企业运营中遇到的问题亲自解决。

（二）由国家统一规划引导协调落实推进的京津冀模式

产业转移是促进区域协调发展的重要手段，单纯靠市场来实现产业转移难度非常大，由于我国中西部地区和东北地区与东部地区各方面差距较大，要开展产业转移，推动区域形成协调发展格局，需要一系列的前提和保障，如基础设施的互联互通、公共服务的便利共享、市场的统一开放、要素的自由流动、人才和科研资源的畅通流动、各类规则标准的相互认可等。因此纵观产业转移开展较好的大部分地区都需要政府这只“有力的手”，需要政府着眼于一盘棋整体谋划，自上而下统一部署、统一协调、有序开展。如京津冀模式就是探索实践较好的案例，京津冀模式的成功为类似区

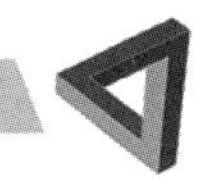

域协同发展起到了巨大的示范作用，长三角一体化发展也上升为国家战略并付诸实施。

自京津冀协同发展战略实施以来，经过各方面共同努力，无论是非首都功能疏解，还是重点领域率先突破、协同创新共同体打造、公共服务共建共享，都取得了积极进展。其中疏解北京非首都功能，是贯彻落实京津冀协同发展战略的关键环节、是破局之招。为推动京津冀产业有序转移，工业和信息化部及京津冀三地政府先后发布了一系列指导文件，为京津冀产业转移提供政策指导。宏观层面上，工业和信息化部联合京津冀三地政府发布了《京津冀产业转移指南》，为京津冀地区产业升级转移，优化区域产业布局提供了宏观指导。在《京津冀产业转移指南》的基础上，京津冀三地政府联合发布了《加强京津冀产业转移承接重点平台建设的意见》《京津冀协同发展产业转移对接企业税收收入分享办法》等文件，从平台建设、税收分配等方面进一步完善京津冀产业转移机制设计。在工作落实层面上，三地负责产业转移推动工作的政府部门也通过联合编制产业规划、产业准入目录和负面清单等方式，推动相关产业有效转移和转型升级。实施京津冀协同发展战略以来，京津冀产业转移工作取得了突出成效，与首都功能不相适应的产业得到有序疏解，三地产业空间布局逐步清晰、分工日趋合理，京津冀企业间合作积极主动性明显增强，政府间合作更加理性务实，市场主导与政府引导形成了有效合力。

（三）地方与部委合作针对性开展产业转移对接活动

自 2010 年开始，河南省郑州市开始举办每两年一次的产业转移系列对接活动。该转移系列对接活动由工业和信息化部、河南省人民政府共同主办，是全国首次由部、省合作共同组织的产业转移盛会。2014 年活动又增加了河北、山西、内蒙古、安徽、江西、湖北、湖南、陕西等省区，成为具有重大影响力的区域产业对接平台。中国（郑州）产业转移系列对接活动自创办以来已成功举办五届，促成了一大批产业合作项目、达成了一系列技术转移协议。在前五届产业转移系列对接活动中，纳入河南省产业转移管理平台的产业转移合作项目累计有 2366 个、签订技术转移合作协议650份、区域或行业战略合作协议24份，签约投资总额9670亿元，实际利用省外资金4809亿元。

2019年9月，国家发展和改革委员会、国务院国有资产监督管理委员会、中华全国工商业联合会在天津市滨海新区联合举办中西部地区和东北地区承接东部产业转移精准对接现场会，24个省市发展和改革委员会、18个国家级新区、10个产业承接转移示范区和部分央企、民营企业、行业协会、商会代表参加。此次会议上共有总投资1152亿元的78个产业转移项目集中签约。从项目领域看，既有汽车零部件、建材、化工、家电等传统制造业领域，也涉及新一代信息技术、现代农业、高端装备、生物医药、新能源新材料等新兴产业领域。从项目地区看，东部地区主动融入国家重大战略，积极推进产业转移，长三角区域转移项目39个，总投资517亿元；珠三角区域转移项目25个，总投资464亿元。中部地区积极承接，如安徽省承接项目20个，总投资212亿元；湖南省承接项目11个，总投资276亿元，其中湘粤食品加工产业园打造集食品生产研发及原辅材料、物流等为一体的产业链完整的产业园，总投资100亿元，成为签约项目中单个项目投资额最大的项目。

（四）省内一体化转移合作模式进一步加强

广东省早在2008年就实施了“双转移”（产业转移和劳动力转移）战略，引导劳动密集型企业向粤东西北地区有序转移、集聚发展，通过“腾笼换鸟”为珠三角发展高端产业腾出空间。如今，粤东西北地区12市及江门市、肇庆市、惠州市已规划建设省产业园93个，作为承接珠三角地区产业梯度转移的主要载体，成为新的经济增长极。10年间，省产业园的园区工业总产值从302.66亿元增长到8979亿元，增长了近30倍。2018年12月16日，深圳市“深汕特别合作区”正式揭牌，标志着深汕特别合作区迈入由深圳直接管理的全新阶段，深汕特别合作区正式成为深圳第“10+1”区（深圳 10 个区和新区+深汕特别合作区）。这也标志着广东省内产业转移又探索了一种新的模式。

2019年3月深汕特别合作区发布《深汕特别合作区高质量发展三年行

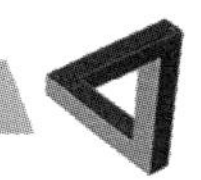

动计划（2019—2021 年）》，明确深汕特别合作区的经济社会事务由深圳全面主导，重点发展先进制造业，全年实地考察企业 100 家，引进高新技术产业项目 20 个以上，储备投资额 10 亿元以上的重大项目 10 个。加快临港产业向深圳港小漠港区集聚，为深圳建设全球海洋中心城市提供支撑地。2020 年要狠抓产业项目落地投产，实施“产业项目投产增效攻坚行动”，推动三方无人船等 34 个项目竣工投产，重点推动深汕科技生态园、锐博特创新基地、工业互联网制造业创新基地开工建设。加快时尚品牌产业园、深汕湾科技城全面投入运营。2020 年，该区还将研究出台《深汕特别合作区支持产业发展的若干措施》《深汕特别合作区科技型企业扶持政策》，建立高新技术企业培育库，构造产业大平台，制定“总部+基地”政策，发展总部经济，吸引 1～2 家企业在深汕合作区设立区域性总部，争取深圳承接的 1～2 个国家级重大项目落户深汕特别合作区。

江苏省南京市将园区进行整合，成立统一的领导小组，对全市园区实施统一的品牌化管理模式，建立全市跨区域产业发展利益分享机制，抱团合作、联动发展。2018 年 11 月，南京市按照“一区多园”发展思路，将全市 83 个科技园区整合为 15 个高新园区。提出“1+*N*”园区发展模式，下一步将成立“南京高新区发展领导小组”，实体化运作，对全市 15 个高新园区实施统一的品牌化管理，统筹推动各园区创新协调发展，对外统称“南京高新区”。2018 年年底，南京市出台《推进高新园区高质量发展行动方案》，提出将设立一系列伙伴园区，仅 2019 年上半年，全市高新区就设立了 8 对伙伴园区，通过创新项目利益分享，探索“科技孵化在城区、产业转移在郊区”的跨区域联动发展模式。“建立伙伴园区，其实就是为了打破边界效应，实现园区优势互补。”2019 年 5 月，市政府办公厅印发《关于建立全市跨区域产业发展利益分享机制的若干政策措施》，明确合作中各园区资源分配，考核权重、比例，以及引进项目所属、税收分配、服务等事项，有效避免恶性竞争。

（本章由张鲁生负责编写）

第二篇

重点区域篇

第三章 京津冀地区产业转移的现状与趋势

京津冀协同发展战略实施以来，在党中央坚强领导下，国家京津冀协同发展领导小组加强统筹协调，三省市积极行动、密切配合，京津冀协同发展实现良好开局，取得了显著成效。但同时，也深刻地认识到推进京津冀协同发展是一场重大而深刻的变革，随着工作的不断深入，还面临一些更深层次的问题，需要以更大的勇气和决心着力加以破解。

一、京津冀地区产业发展总体情况

作为我国经济的重要增长极，京津冀三省市有着不同的发展导向。北京市作为我国首都，定位于“全国政治中心、文化中心、国际交往中心、科技创新中心”；天津市聚焦“全国先进制造研发基地、北方国际航运核心区、金融创新运营示范区、改革开放先行区”；河北省着力建设“全国现代商贸物流重要基地、产业转型升级试验区、新型城镇化与城乡统筹示范区、京津冀生态环境支撑区”。在《京津冀协同发展规划纲要》《“十三五”时期京津冀国民经济和社会发展规划》《京津冀协同发展交通一体化规划》等一系列文件的指导下，面对复杂严峻的外部环境，京津冀三地坚持以新发展理念引领高质量发展，统筹推进各项工作，区域经济总体平稳，产业结构优化升级，绿色发展扎实推进，协同发展成效显现，总体上延续了近年来的良好态势。

（一）经济运行总体平稳

初步核算，2019 年前三季度京津冀地区实现地区生产总值 65201.1 亿元。其中北京市、天津市、河北省分别为 23130.0 亿元、15256.4 亿元和 26814.7 亿元，按可比价格计算，同比分别增长 6.2%、4.6%和 7.0%。价格涨势温和，前三季度，京津冀三地居民消费价格同比分别上涨 2.1%、2.3%和 2.6%，与上半年相比，北京市、天津市略有上升，分别扩大 0.2 个和 0.1 个百分点，河北省持平。就业形势保持稳定，前三季度，北京市各月城镇登记失业率运行在 1.36%～1.40%之间，城镇新增就业 29.9 万人，运行态势稳定；天津市新增就业 37.23 万人，同比增长 1.28%，城镇登记失业率控制在 3.5%；河北省 9 月末城镇登记失业率为 3.13%，保持在较低水平。居民收入稳步增长，前三季度，京津冀三地全体居民人均可支配收入分别为 50541 元、33642 元和 18870 元，同比分别增长 8.9%、7.1%和 9.5%，扣除价格因素，分别实际增长 6.7%、4.7%和 6.7%。

（二）高质量发展稳步推进

1. 产业结构持续优化

北京市规模以上工业中高技术制造业、战略性新兴产业增加值增速高于工业平均水平，对工业增长的贡献率均在五成左右。规模以上互联网信息服务、平台服务、数据服务企业收入均增长 30%以上。天津市制造业转型发展，装备制造业增加值占到规模以上工业的 32.7%。规模以上工业中，智能制造工业增加值增长 7.6%，快于全市工业 5.4 个百分点。规模以上租赁和商务服务业、科学研究和技术服务业、信息传输软件和信息技术服务

业营业收入分别增长 40.3%、32.0%和 11.3%。河北省高新技术产业增加值增长 13.8%，同比加快 1.7 个百分点，占规模以上工业的 19.2%，同比提高 0.8 个百分点。战略性新兴服务业实现营业收入增长 8.0%，占规模以上服务业营业收入比重接近三成。

2. 消费模式迭代升级

北京市服务性消费增速快于商品性消费 5.4 个百分点，对总消费增长的贡献率达到七成以上。限额以上批发零售业企业网上零售额占社会消费品零售总额的比重为 26.4%，同比提高 5.2 个百分点。升级类商品消费保持较快增长，其中智能家电和可穿戴智能设备类商品零售额增速均在 20%以上。天津旅游、文化等服务性消费保持较快增长，居民消费支出中教育文化娱乐支出增速快于总消费支出 12.9 个百分点。新能源汽车、智能手机等升级类商品零售额增长较快，分别增长 23.3%和 12.9%。河北省消费升级类商品销售快速增长，限额以上批发零售企业中可穿戴智能设备零售额增长 81.2%，智能家用电器音像器材类增长 43.1%，新能源汽车类增长两倍。

3. 绿色发展扎实推进

前三季度，北京市规模以上工业单位增加值能耗下降1.7%。实现增绿 1344.32 公顷①，新增安德城市森林公园等一批绿色空间，大气环境质量持续改善，PM2.5 平均浓度为 42μg/m^3，比上半年下降 8.7%。天津市加强大气污染治理协作和渤海污染综合治理，成效明显。PM2.5 平均浓度 50μg/m^3，比上半年下降 12.3%；8 条入海河流水质达标。河北省规模以上工业单位增加值能耗同比下降 5.6%，降幅比上半年扩大 2.6 个百分点。工业新能源发电量占全省规模以上工业全部发电量比重为 11.8%，同比提高 0.4 个百分点。

（三）协同发展成效显现

1. 北京创新辐射带动明显

天津市积极引入北京中关村科技创新成果，产业集聚效应初显。天津

---

① （1 公顷=10000 平方米）

滨海—中关村科技园自成立以来新增注册企业 1241 家，其中来自北京的有 280 余家。河北雄安新区实施创新驱动发展战略，集聚北京创新要素资源，积极布局高端高新产业，目前，登记进驻雄安新区的企业达 3069 家，大多来自北京，首批入驻雄安市民服务中心的 26 家高端高新企业有 90%来自北京。

2. 津冀产业承接持续增强

前三季度，天津引进北京企业投资超过 1000 亿元，占全市引进内资的比重接近五成。河北省紧抓协同发展战略机遇，积极对接，主动承接，前三季度承接京津法人单位 109 个，承接京津转移项目固定资产投资增长 16.9%，快于全省固定资产投资增速 11.7 个百分点。雄安新区固定资产投资增长 58.3%，增速逐步提高。

二、京津冀区域产业转移的现状和特点

近年来，京津冀协同发展不断推进，要素有序自由流动、主体功能约束有效、基本公共服务均等、资源环境可承载的区域协调发展新格局日渐形成，在产业转移升级等重点领域率先取得了突破，经济增长的巨大潜力进一步显现。产业转移升级和协同发展是有序疏解北京非首都功能、推动京津冀协同发展的重点领域和关键支撑。根据京津冀区域发展指数和第四次全国经济普查结果分析，三地间产业定位与产业分工日益明晰，地区之间产业融合水平逐步提高。

（一）京津冀区域发展指数持续提升

由国家统计局、北京市统计局和中国社会科学院京津冀协同发展智库联合开展的京津冀区域发展指数测算结果显示，2018 年京津冀区域发展指数为 160.13，比上年提高 6.14 个百分点，其中，共享发展指数最高且上升趋势最为明显，创新发展指数和绿色发展指数呈稳步提升趋势，三个分指

数分别为 248.27、158.27 和 146.84，创新发展和绿色发展是推动京津冀区域发展指数上升的主要力量；协调发展指数和开放发展指数分别为 122.08 和 125.17。2014 年以来，京津冀区域发展指数出现较大幅度提高，2018 年比 2013 年年均提高 8.49 个百分点，快于 2010—2013 年间 2.59 个百分点的年均提高水平，反映出在协同发展战略带动下，京津冀区域迎来前所未有的历史机遇，政策带动、创新驱动、投资拉动等各方面力量为区域发展带来实实在在的“红利”。京津冀区域发展总指数的变化趋势如图 3-1 所示。

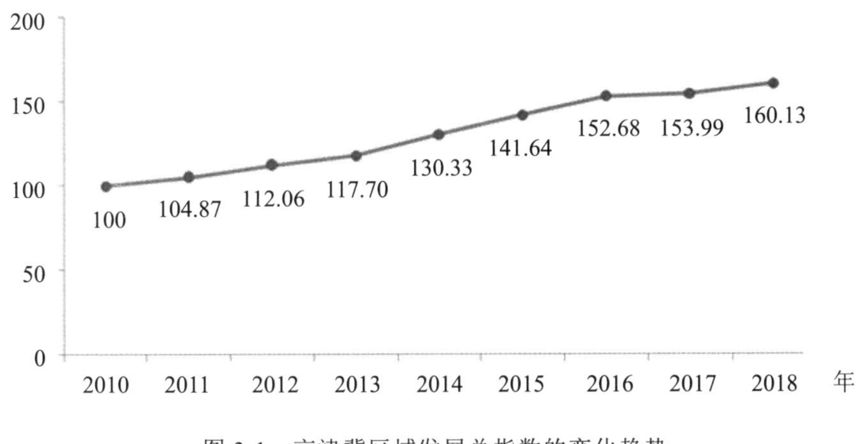

图 3-1　京津冀区域发展总指数的变化趋势

1. 区域创新发展成效明显

京津冀区域创新发展指数持续平稳上升，2018 年为 158.27，比上年提高 4.71 个百分点。与 2013 年相比，平均每年提高 8.25 个百分点，快于 2010—2013 年间年均提高水平 2.57 个百分点。良好的“双创”氛围和深化科技创新体制改革的政策利好激发了区域创新活力和热情，对创新发展发挥了重要带动作用。在创新投入方面，2018 年区域研发经费投入强度（研发经费支出相当于地区生产总值的比例）为 3.36%，比 2013 年提高 0.37 个百分点，京津冀三地的研发经费投入强度之比由 2013 年的 5.86∶2.93∶1（河北省为 1，下同）变为 2018 年的 4.45∶1.89∶1，差距明显缩小。在创新产出方面，区域每万常住人口发明专利拥有量由 2013 年的 9.63 件增加至 2018 年的 26.44 件，增长 1.7 倍。其中北京市由 40.4 件增加至 111.9 件，增长 1.8 倍；天津市由 9.0 件增加至 20.6 件，增长 1.3 倍；河北省由 1.0 件增加至 3.3 件，增速达 2.3 倍。在创新效率方面，与 2013 年相比，区域每亿元研发经费投入经费的专利授权量增速超过 50%。

2. 区域开放发展取得进展

京津冀区域对外开放从“大进大出”“引进来”向“走出去”、全方位高水平开放转变。2014 年以来区域开放发展指数上升幅度较大，2016 年达 172.24，比 2013 年年均提高 20.73 个百分点，自 2017 年开始受高基数影响，指数有所回落，2018 年为 125.17。在全球经济增速放缓背景下，外需拉动相对乏力，而内需对经济增长的贡献率进一步提升，成为拉动经济增长的重要动力。在利用外资方面，2018 年京津冀三地实际利用外资额分别为 173.1 亿美元、48.5 亿美元和 97.0 亿美元，占地区生产总值的比重分别为 3.78%、1.71%和 1.78%。在对外投资方面，区域对外直接投资占地区生产总值的比重从 2013 年的 0.6%增至 2018 年 1.1%，提高 0.5 个百分点。在贸易开放方面，区域对外贸易自 2013 年达到高点之后开始回落，在 2016 年以后又有所回升，2018 年区域货物进出口额与地区生产总值之比为 45.8%，较 2016 年提高 7.9 个百分点。在人员往来方面，区域国内外游客接待量稳步增长，其中入境旅游人数呈波动性变化。2018 年区域国内外游客接待量为 12.2 亿人次，比 2013 年增长 85.5%，其中入境旅游人数下降 8.7%。

3. 区域共享发展成效突出

京津冀区域共享发展指数呈现快速上升趋势，2018 年为 248.27，比上年提高 32.06 个百分点。与 2013 年相比，平均每年提高 21.3 个百分点，较 2010—2013 年间年均提高水平快 7.83 个百分点。基本公共服务共享、基础设施共享、教育公平、脱贫攻坚等方面均有明显改善。在基本公共服务共享方面，区域人均一般公共服务支出稳步增长，且京津冀三地之间差距逐步缩小，三地人均一般公共服务支出之比从 2013 年 2.8∶2.3∶1 缩小至 2018 年的 2.6∶1.8∶1。区域每千人口卫生技术人员数总体呈上升态势，从 7.1 人增加至 7.5 人。在基础设施共享方面，区域基础设施投资占固定资产投资比重从 2013 年的 20.5%提高至 2018 年的 25.4%，提升 4.9 个百分点。区域高速公路里程稳步增加，2018 年高速公路路网密度达到 444.7 千米（占地上万平方千米），比 2013 年增长 26.3%。在脱贫攻坚方面，区域脱贫攻坚取得较大突破，尤其是河北省在 2018 年实现了 65 万贫困人口脱

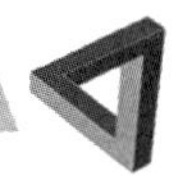

贫。区域最低生活保障人数占常住人口比重由 2013 年的 3.09%下降至 2018 年的 1.51%，下降 1.58 个百分点。

（二）京津冀区域产业结构不断优化

1. 法人单位数量持续稳步增长

2018 年年末，京津冀区域内共有从事第二产业和第三产业活动的法人单位 243.1 万家，比 2013 年年末（第三次全国经济普查年份，下同）增长 90.5%。在全国法人单位中所占比重为 11.2%，比 2013 年年末降低 0.6 个百分点。分地区来看，北京市、天津市和河北省第二、三产业法人单位数为 98.9 万家、29.1 万家和 115.1 万家，比 2013 年年末分别增长 57.5%、37.2%和 163.9%，河北省成为区域内单位增长的主要推动力量。

2. 第三产业成为京津冀区域发展的重要支撑

2018 年年末，京津冀区域内第二产业法人单位 43.5 万家，第三产业法人单位 199.6 万家，分别占第二、三产业法人单位总数的 17.9%和 82.1%；其中，第三产业法人单位所占比重比全国平均水平（78.8%）高 3.3 个百分点。京津冀区域第二、三产业法人单位占比情况如图 3-2 所示。

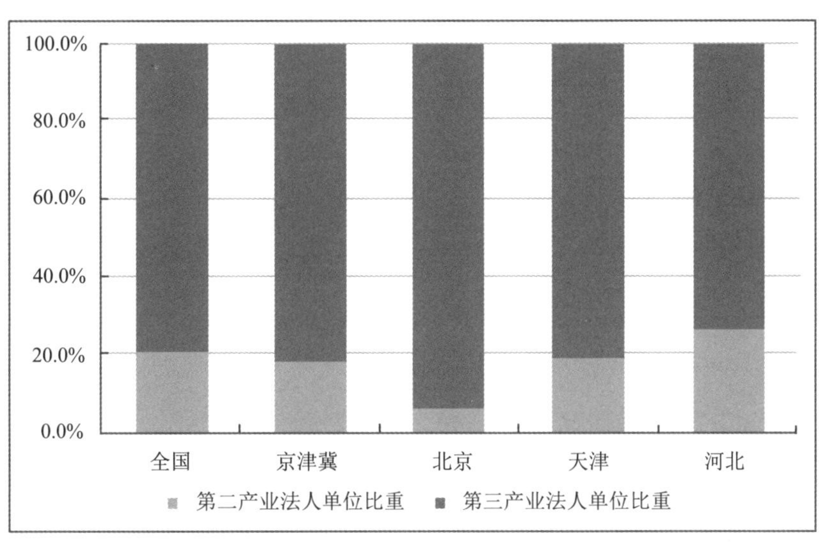

图 3-2　京津冀区域第二、三产业法人单位占比情况

3. 租赁和商务服务业及高技术服务业集聚程度相对较高

2018 年年末，京津冀区域内租赁和商务服务业、科学研究和技术服务业、信息传输软件和信息技术服务业的法人单位分别为 32.4 万家、23.2 万家和 13.4 万家，占第二、三产业法人单位比重为 13.3%、9.5%和 5.5%，分别比全国同行业高 1.6、3.6 和 1.3 个百分点，显示商务服务和高技术服务业集聚程度相对较高。京津冀区域法人单位占比排前六位的行业如图 3-3 所示。

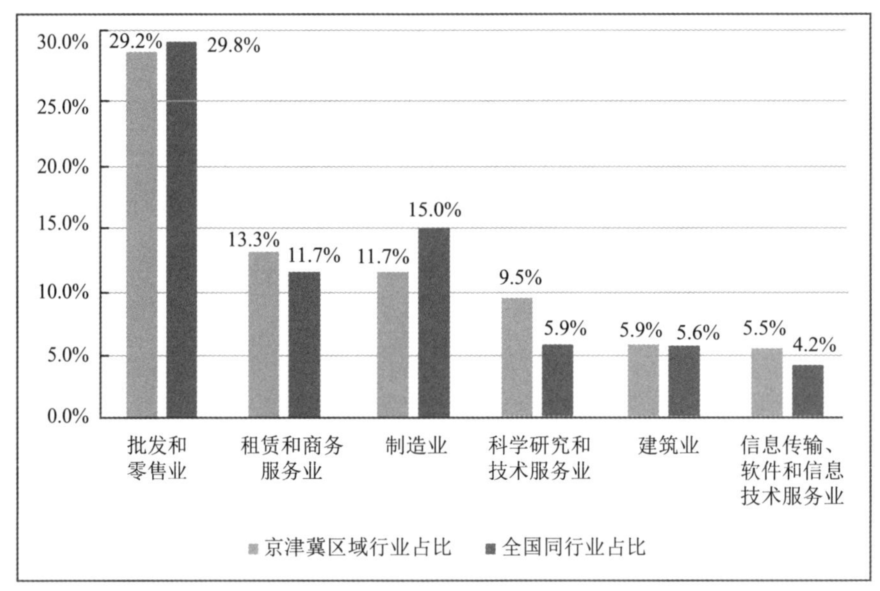

图 3-3 京津冀区域法人单位占比排前六位的行业

（三）京津冀区域产业分工格局日趋明朗

京津冀区域产业发展趋势符合各自功能定位，良好的区域分工格局初步形成。

1. 北京市产业高端化趋势明显

第三产业主导地位十分明显。2018 年年末，北京市第二、三产业法人单位分别为 6.1 万家和 92.8 万家，其中第三产业占比达到 93.9%，比全国平均水平高 15.1 个百分点，比京津冀区域平均水平高 11.8 个百分点，较

2013 年提升 2.1 个百分点。高技术服务业和文化产业集聚程度日益增强。2018 年年末，科学研究和技术服务业、信息传输软件和信息技术服务业、文化体育和娱乐业占北京市第二、三产业法人单位比重为 15.6%、7.8%和 5.5%，分别比 2013 年年末提升 4.3、0.2 和 1.2 个百分点。北京作为科技创新中心和文化中心的地位愈加稳固。传统产业地位有所下降。在法人单位中，批发和零售业、租赁和商务服务业占北京第二、三产业比重为 27.7%和 18.7%，比 2013 年年末分别降低 2.7 和 2.8 个百分点。《北京市推进京津冀协同发展 2019 年工作要点》主要任务参见专栏 3-1。

专栏 3-1《北京市推进京津冀协同发展 2019 年工作要点》主要任务

一是紧抓“牛鼻子”稳妥有序疏解北京非首都功能。本市将主动适应新形势新要求，更加讲究方式方法，坚持严控增量和疏解存量相结合，内部功能重组和向外疏解转移双向发力，确保取得更大成效；继续严格执行 2018 年版新增产业的禁止和限制目录，调整退出一般制造业企业 309 家，疏解提升市场 50 个、物流中心 16 个；继续推进北京工商大学、北京电影学院、同仁医院亦庄院区二期、北京口腔医院迁建等项目建设。统筹用好腾退空间，服务于“四个中心”的功能定位，服务于群众生活条件的改善。

二是高质量高标准支持雄安新区规划建设。落实京冀两省市《关于共同推进河北雄安新区规划建设战略合作协议》，坚持首善标准，抓好 4 个“交钥匙”项目开工建设，把“交钥匙”项目打造成符合雄安新区需求和标准的高质量工程、精品工程；深入开展 4 所帮扶雄安学校培训交流、课程共享等工作，全面启动 5 所医疗卫生机构对口帮扶工作；利用北京职业教育及培训资源，加大支持雄安新区人力资源培训力度；推动雄安新区中关村科技园总体规划编制工作，指导支持北京市属国企结合自身优势，积极主动参与雄安新区规划建设、城市管理、生态治理，提高雄安新区承载能力。

三是高质量推进北京城市副中心规划建设。城市副中心作为北京的重要一翼，是京津冀协同发展的前沿阵地和桥头堡，要努力把城市副中心建设成为新时代城市建设发展的典范；坚持一年一个节点，有序拉开城市框架，确保每年都有新变化；2019 年，落实城市副中心控制性详细规划和通州区总体规划，完善各组团、各街区规划；抓好城市绿心建设，完成 7000 亩绿化任务；力争副中心内剧院、图书馆、博物馆三个文化设施项目动工。在推进城市副中心产业发展方面，将按照产城融合、高质量发展要求，培育行政办公、商务服务、文化旅游、科技创新等主导产业。按照“统一规划、统一政策、统一标准、统一管控”要求，加强通州区与北三县协同发展；逐步推动副中心交通、产业等部分经济功能和教育、医疗等公共服务功能向北三县延伸布局；与北三县建立紧密的教育协同发展共同体，通过远程医疗、紧密型医联体、专科联盟、技术合作等形式，支持北三县打造优质三级医院，帮助提升北三县和周边区域公共服务水平和城市管理软实力。

四是推动生态、交通、产业、公共服务等关键环节取得新突破。生态方面，坚持绿水青山就是金山银山的理念，带头落实好生态环境建设的各项任务；加强区域大气污染联防联控联治，坚决打赢蓝天保卫战；深入实施污水治理第二个三年行动方案，持续推进永定河、北运河、潮白河综合治理与生态修复工作，打好碧水保卫战；继续实施京津风沙源治理二期等国家重点生态工程，支持张家口“两区”建设。

交通方面，将着眼于京津冀城市群空间结构，结合雄安新区、城市副中心规划建设和 2022 年冬奥会筹办，优化跨区域重大基础设施建设布局；加快开展京港台高铁京雄段前期工作，力争开工建设京雄高速，京雄城际铁路（北京西站至新机场站段）建成投入使用；推进市域（郊）铁路建设，推动城市副中心线服务功能提升；实现京张铁路年底建成通车，京礼高速延崇段工程完工。高标准建设北京大兴国际机场，实现 6 月底竣工验收，9 月底前建成通航。

产业方面，落实京津冀产业转移承接平台建设意见，联合津冀两省市开展对重点承接平台的评估和动态管理及宣传推介工作。推进曹妃甸协同发展示范区建设，加快首钢京唐二期、金隅曹妃甸示范产业园等重点项目建设；持续推进天津滨海—中关村科技园建设，与中关村科技园共同打造创新链、园区链；推进环首都 1 小时鲜活农产品流通圈建设，

支持市属国企在张承地区建设冷链蔬菜生产基地。加快亦庄·永清高新技术产业开发区、宝坻京津中关村科技城等特色园区和科技园区建设，推进京津冀国家大数据综合试验区建设，培育发展战略性新兴产业。

公共服务方面，进一步完善合作机制，深入探索合作共建等多种方式，推动优质教育、医疗资源向河北延伸；继续推动北京优质中小学（幼儿园）与河北省中小学（幼儿园）开展跨省域合作，深化京津冀高校联盟合作，推进京津冀职业院校深化产教融合、校企合作，推动校际深度合作；提升北京与河北廊坊、张家口、唐山、承德、保定等重点地区医疗卫生合作水平，持续推进京津冀区域检验检查结果互认、医学影像资料共享工作；加强对京津冀区域重大疾病的联合攻关，建立远程协同救治体系，促进“互联网+医疗”的发展；加快国家速滑馆、首钢滑雪大跳台中心、冬奥配套基础设施建设。全面推进赛会服务保障工作，加大冬奥宣传推广力度，促进冰雪运动普及发展；加强扶贫协作和对口帮扶，进一步增强受援地造血功能，助力河北张家口、承德、保定三市 23 个贫困县（区）打赢脱贫攻坚战。

五是深化改革创新增强区域经济发展内生动力。集聚和利用高端创新资源，打造我国自主创新的重要源头和原始创新的主要策源地；全力抓好“三城一区”主平台建设；推动北京高精尖产业发展并辐射津冀，推动创新成果在京津冀区域转化应用；深化京津口岸合作，持续推动通关一体化改革，推进北京空港、陆港与天津港口的共享合作；提高全方位开放合作水平，扎实推进新一轮服务业扩大开放综合试点；促进京津冀区域与长三角、粤港澳大湾区在先进制造、现代服务、金融创新等领域合作互动。

2. 天津市服务业快速提升

第三产业增幅较大。2018 年年末，天津市第三产业法人单位 23.3 万家，占天津市第二、三产业法人单位比重为 80.0%，比 2013 年年末提升 5.4 个百分点，提升幅度分别比北京市和河北省高 3.3 个和 6.4 个百分点。高技术服务业快速增长。科学研究和技术服务业、信息传输软件和信息技术服务业占天津市第二、三产业法人单位比重为 8.9%和 6.1%，分别比 2013

年年末提升 2.1 和 2.4 个百分点。金融和交通运输行业比较优势明显。货币金融服务业、多式联运和运输代理业、水上运输业等行业集聚程度较高。天津市作为金融创新运营示范区和北方国际航运核心区的核心功能日益明显。《关于天津市促进承接北京非首都功能项目发展的政策措施（试行）》参见专栏 3-2。

专栏 3-2 《关于天津市促进承接北京非首都功能项目发展的政策措施（试行）》

为认真学习贯彻落实习近平总书记视察天津重要指示和在京津冀协同发展座谈会上重要讲话精神，按照市委十一届六次全会部署，结合“不忘初心，牢记使命”主题教育工作安排，有力有序有效承接北京非首都功能疏解，推动承接项目引得来、留得住、发展好，制定如下措施。

一、鼓励人才来津工作落户

1. 符合天津产业发展定位的来津非首都功能疏解项目，对任职于企业 3 年及以上且在津缴纳社会保险的全日制本科及以上在职职工，不受年龄限制，可以随项目来津工作落户。

二、优化子女教育保障

2. 对承接北京非首都功能疏解的项目，项目承接区为其企业职工中非本市户籍子女提供义务教育保障，对学前教育阶段适龄儿童根据本市公办、民办学前教育资源情况进行安排。

3. 对承接北京非首都功能疏解的项目，经北京市教委批准同意，对具有北京户籍随迁子女在天津接受义务教育的，回京后到原学籍所在学校就读。

三、便利医疗医保服务

4. 对承接北京非首都功能疏解的项目，其企业职工在京冀两地缴纳医疗保险的，为其提供医疗服务保障，落实住院医疗费用直接结算制度，探索实行医疗门诊费用直接结算。

四、完善投融资扶持

5. 统筹用好海河产业基金、京津冀产业结构调整引导基金等现有产业基金，按照相关规定和市场化运作模式，研究设立母基金或子基金，招揽非津投融资企业来津发展，为承接北京非首都功能疏解的项目，提供投融资扶持保障。

五、财政收入及统计指标分配

6. 对北京市、区政府发挥主导作用，符合天津产业发展定位的来津非首都功能疏解项目，整体搬迁进入本市或新注册落户本市的具有一定规模的企业，形成的增值税和企业所得税地方分成部分，按照相关规定执行财政分享；所形成的年度地区生产总值，按照相关规定进行统计指标分计。

六、加大来津企业奖励和支持力度

7. 企业发展扶持。对北京市、区政府发挥主导作用，符合天津产业发展定位的来津非首都功能疏解项目，对整体搬迁或新注册落户我市的企业，三年内给予企业发展扶持资金。资金规模根据来津企业经济贡献、年度预算安排、绩效评价结果等综合确定。

8. 个人收入奖励。对北京市、区政府发挥主导作用，符合天津产业发展定位的来津非首都功能疏解项目，对受雇或任职于企业且税款在天津缴纳的企业高级管理人员，按照企业规模和贡献确定可以享受个人收入奖励的人数和奖励资金。

七、支持在津购房

9. 对承接北京非首都功能疏解的项目，户籍迁入本市的职工，按照本市户籍居民政策购房；对户籍暂未迁入本市的职工，其家庭在天津无住房的，可在本市购买住房 1 套，不再提供在津社会保险或个人所得税证明，所购住房需在取得不动产权证满 3 年后方可上市转让。

以上措施，在天津滨海—中关村科技园、宝坻中关村科技城试行，试行期限为一年。

3. 河北省先进制造业迅猛发展

第二产业优势明显。2018 年年末，河北省第二产业法人单位 31.6 万家，占第二、三产业法人单位比重为 27.4%，比全国平均水平高 6.2 个百分点，比京津冀地区平均水平高 9.5 个百分点，比 2013 年年末提升 1.0 个百分点。高技术制造业快速发力。2018 年年末，河北省高技术制造业法人单位 0.7 万家，占京津冀区域高技术制造业法人单位总量的 52.7%。化学原料和化学制品制造业、电气机械和器材制造业、医药制造业中高技术制造业单位数量分别占京津冀区域的 65.0%、64.1%和 58.8%。采矿业和传统制造业，集聚程度相对较高，但集聚态势有所减缓。河北省集聚程度排名前十位的行业，区位熵比 2013 年年末明显下降，其中黑色金属矿采选业、有色金属矿采选业和非金属矿采选业分别下降 0.8 个、0.8 个和 0.7 个百分点。2019 年 5 月河北雄安新区党工委管委会党政办公室印发《关于促进传统产业转移转型升级的政策措施》参见专栏 3-3。

专栏 3-3　2019 年 5 月河北雄安新区党工委管委会党政办公室印发《关于促进传统产业转移转型升级的政策措施》

为深入贯彻落实《河北雄安新区总体规划（2018—2035 年）》和《中共中央 国务院关于支持河北雄安新区全面深化改革和扩大开放的指导意见》，按照省委、省政府工作部署，根据《关于支持新区三县传统产业转型升级工作的指导意见》要求，加快促进传统产业有序转移和转型升级，现制定以下政策措施。

一、推动产能转移

1. 加强与产业转移承接地的沟通协调。雄县、容城、安新三县履行主体责任，积极与周边地区对接协调，深化与转移承接地合作，争取承接地在用地、生产、生活配套等方面加大支持，集中组织，有序转移。新区加强统筹协调，积极争取省有关部门在行政审批、项目建设用地、环境保护政策、企业税费优惠等方面给予支持，切实解决企业转移发展

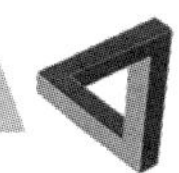

中的实际困难。研究实行迁出地和迁入地分享政策，分享比例由双方协商划定或省有关部门协调确定。

2. 支持企业在转移中联合重组。结合传统产业向周边地区转移，鼓励企业自愿联合重组，成立企业集团，形成规模效应，完善产业链条。

3. 支持腾退厂房有效利用。对不在近期拆迁区域内的企业搬迁腾退厂房，支持在拆迁前开展符合新区发展定位、服务建设和民生保障的经营活动。对闲置厂房，允许业主方或承租方在不增加建筑面积、不改变建筑主体结构并作出不将改造增值纳入拆迁补偿承诺的前提下，进行适当、必要的改造。利用腾退厂房开展生产经营且符合新区产业定位及建设需要的，依申请可临时性适当放宽商事主体经营场所登记条件。

4. 保障转移企业合法权益。依据新区相关规划及产业鼓励目录，严格执行征地拆迁政策，保障企业合法权益。对处于近期拆迁区域范围内的企业，可依据其搬迁进度和投入，依申请预先拨付一定比例的拆迁补偿款。

二、促进转型转产

5. 以新区建设需求带动产业转型升级。新区适时发布、更新新区建设所需产品、服务清单，提供供销对接便利和支持，引导新区传统产业企业根据新区建设需求，提供符合需要的产品和相关服务。

6. 加快智能化、绿色化升级。对符合新区产业定位，且不在近期拆迁区域内的企业，允许其开展技术改造和产品升级；对在近期拆迁区域内的企业，在符合新区相关规划前提下，结合新区产业园区建设为其提供发展空间。对现有产业相对集中且不在近期拆迁区域内的园区、小镇，加快完善配套设施，做好原有产业转移与新产业导入的衔接。

7. 推动传统企业融入新区产业链。支持搬迁企业产业集团在新区设立总部，使用雄安品牌。引导和支持原有企业与高端高新企业对接嫁接，在研发、设计、制造、服务等环节深度融入现代产业链。

8. 搭建新区产业对接平台。建立新区、三县、企业、金融机构、媒体、中介服务全覆盖的信息平台和工作平台，通过政策指引、信息通报、技术咨询等工作，服务传统产业企业转型升级。

9. 发挥行业协会等社会组织作用。鼓励和支持行业协会在组织协调、引领指导、服务创新等方面发挥作用，助推企业转型升级。

三、促进就业安置

10. 支持转岗就业。针对传统产业从业人员特点，结合新区规划建设中市场需求，主动与企业及投资项目对接，开展精准就业帮扶；鼓励新区各类企业在同等条件下优先录用传统产业转岗就业人员。

11. 创新就业培训方式。采取就业培训资金奖补方式，鼓励企业根据自身用工需求，有针对性地开展技能培训，对完成培训并正式录用人员的用工企业，按照一定标准给予培训补贴。

12. 支持人力资源中介服务机构发展。优化审批流程，适当放宽设立经营条件限制，采取政府购买服务、就业服务奖补等方式，支持社会服务机构开展职业介绍、咨询鉴定、社保办理等就业服务。

13. 开发公益性岗位。根据新区规划建设需求，着力开发公益性服务型就业岗位，吸纳本地劳动力，优先录用失业人员。

四、支持创新创业

14. 支持众创平台发展。鼓励社会力量在新区投资建设一批众创平台，引导其向专业化、精细化方向发展，为中小微企业和个人创业提供成本低廉、快捷便利的创业服务。

15. 培育“专精特新”中小企业。支持中小企业共享实验室、技术创新中心建设，完善中小企业公共服务体系。建设中小企业培育库，加强辅导培育，支持中小企业专业化、精细化、特色化、新颖化发展。

16. 支持发展生活性服务业。鼓励发展适应新区多样化需求、就业容量大的生活性服务业，支持为商务、建设、旅游等人群提供休闲、商住、餐饮等服务。

五、加强财政金融支持

17. 设立传统产业转型升级专项资金。新区每年安排专项资金，由三县按照规定的方向和标准使用，用于支持传统产业转移转型升级。

18. 设立传统产业转型升级基金。吸引社会资本设立基金，通过股权投资等方式，支持纳入三县“行动计划”的传统产业外迁转移、升级

改造、转型发展等。

19. 设立传统产业企业融资担保基金。鼓励三县设立贷款风险补偿资金池，政府、担保机构、银行按一定比例分担风险，为三县传统产业转移转型融资提供风险分担和补偿。

20. 搭建金融科技服务平台。依托新区各金融机构的金融科技服务创新平台，整合金融服务、征信管理、中介服务、电子商务等功能，实现金融机构与企业信息互通和供需衔接，引导金融机构开发有针对性的金融产品，为转型升级企业提供以金融服务为核心的一揽子综合服务。

（四）京津冀区域内产业协同程度不断提升

1. 产业融合效果显著

京津冀协同战略有效促进单位融合发展，三地法人单位在京津冀区域内，跨省市设立产业活动单位数量迅速增长。2018 年年末，京津冀法人单位在区域内跨省市的产业活动单位 1.6 万家，占区域内产业活动单位总量的 5.5%，比 2013 年年末增长 180.2%。

2. 北京对津冀地区溢出效应明显

分地区来看，北京法人单位在津冀地区的产业活动单位 1.2 万家，天津市法人单位在京冀地区的产业活动单位 0.3 万家，河北省法人单位在京津地区的产业活动单位 0.1 万家，分别占京津冀法人单位区域内跨省市产业活动单位总量的 76.5%、15.9%和 7.6%。北京在区域内产业融合中核心带动作用明显，与 2013 年年末相比，北京市法人单位在津冀的产业活动单位数量增长 225.9%，分别比天津市和河北省高 108.9 个和 170.6 个百分点。

3. 现代服务业逐渐成为跨省市投资重点领域

分行业来看，三地法人单位在京津冀区域内跨省市的产业活动单位中，传统服务业所占比重逐渐降低，现代服务业所占比重显著提高。其中，批发和零售业、住宿和餐饮业产业活动单位合计 0.4 万家，所占比重为 25.9%，比 2013 年年末下降 6.1 个百分点；租赁和商务服务业、科学研究和技术服务业、信息传输软件和信息技术服务业等产业活动单位合计 0.7 万家，所占比重为 41.1%，比 2013 年年末提升 12.4 个百分点。

三、京津冀地区产业转移的趋势分析

（一）重点项目引领，产业集聚效应凸显

京津冀协同发展战略实施 5 年多来，河北省依托良好的区位优势、产业基础和市场要素等资源，精心培育了一批规范高效、富有特色的产业转移承接重点平台，已承接京津转入基本单位 7200 多个，其中产业活动单位 5500 多个。京津冀三省市协同办联合推介了一批京津冀产业转移承接重点平台，并对北京城市副中心、协同创新平台、现代制造业平台、服务业平台、市场化枢纽型中介组织五大类型共 24 家园区和单位进行了展示。河北省与北京市签约的 25 个项目，涉及装备制造、医疗健康、大数据、节能环保等领域，大部分属于战略性新兴产业，不仅优化了河北省的产业布局，而且为加快构建分工合理、协作有序、上下游联动的产业协同发展格局提供了坚实支撑。

（二）协同创新，形成“京津研发，河北转化”合作模式

系列对接活动在协同创新中跑出“加速度”，大力推动形成“京津研发，河北转化”的合作模式。不断涌入的京津科技创新资源，进一步形成经济高质量发展的新动能。更多的京津智力资源布局张家口，中国节能环保集团公司、金风科技等能源企业将在张家口布局氢能业务；金鸿能源、中国石油天然气集团有限公司和中国石油化工集团公司计划在张家口启动加油站与加氢站混建项目。作为全国氢能生态建设最完善的城市之一，张家口借助本次机会精准对接京津资源，大力发展氢能产业，积极培育战略性新兴产业，努力实现新旧动能转化。在邯郸，对接京津、

协同创新正在加速推进。在北京举行的京冀（邯郸）食品医药行业对接洽谈会上，邱县与中祥伟业食品有限公司签订总投资3.6亿元的休闲食品生产项目合作协议，与北京颐和村生物科技有限公司、北京德山科技有限公司签订德山—邱县创新中心项目合作协议，积极推进协同创新、成果转化。

（三）政府搭台企业唱戏，京津冀产业集群正在形成

从单一项目的承接，到发挥三地优势打造全产业链集群，京津冀产业协同正在加速融合。三地产业转移系列对接活动进一步引导京津冀产业有序转移，推动形成空间布局合理、产业链有机衔接、各类生产要素优化配置的发展格局，推动形成京津冀产业集群，促进京津冀区域发展水平整体提升。2019年京津冀产业转移系列对接活动，三地参加企业达1000余家次。特别是多个大型企业都参加了专题对接活动，努力寻找合作商机。在唐山，京津冀机器人产业对接活动的举办，促成三地机器人产业精准对接合作，实现优势互补，探索构建京津冀机器人区域产业集群。在张家口，京津冀氢燃料电池汽车及氢产业链协同创新发展论坛的举办，进一步加速京津冀氢产业的融合发展，吸引相关产业、资本和科研机构在京津冀区域落户布局。

（本章由杨培泽负责编写）

第四章 长江经济带产业转移的现状与趋势

推动长江经济带发展是关系国家发展全局的重大战略。长江经济带涵盖了上海市、江苏省、浙江省、安徽省、江西省、湖北省、湖南省、重庆市、四川省、云南省、贵州省共计 11 省市，占地 200 多万平方千米，大约占到全国的 21%，人口和经济总量超过全国的 40%。2014 年 12 月，推动长江经济带发展领导小组成立。2016 年 9 月，《长江经济带发展规划纲要》印发，明确了长江经济带“一轴、两翼、三极、多点”的发展新格局。2019 年，长江经济带地区产业转移深入推进，区域产业结构持续优化，亮点突出但仍存不足，产业发展涌现出一些新态势，面临着一些新形势。

一、长江经济带产业发展总体情况

长江经济带地跨我国东、中、西部地区 11 个省市，流域内各地区之间产业发展存在着较大差距。其中东部地区产业发展较快，聚焦于高端产业，推动制造业向自动化和智能化发展，并逐渐将一些低端产业向外转移；中部地区发展速度大幅提升，不断推动传统产业转型升级，在电子信息、生物医药等领域进一步深耕，发展势头不容小觑；西部地区凭借丰富的自然资源优势，积极探索承接中东部地区产业转移的路径，注重生态保护与产业发展的协同并重，大力发展绿色制造，并取得一定成绩。然而，长江经济带内各地区间发展不平衡的问题仍然客观存在，产业布局还有继续优化的空间。根据国家统计局等相关权威渠道的数据显示，2019 年长江经济带产业发展的总体情况如下。

（一）经济发展势头良好，地区生产总值稳健增长

长三角、长江中游和成渝三大城市群是长江经济带的三大经济增长极，此外，长江经济带还覆盖了皖江城市带、武汉城市圈、长株潭城市圈及鄱阳湖经济带等经济热点增长地区。根据国家统计局官方公布的数据显示，长江经济带生产总值近年来呈现出稳健增长的趋势，地区生产总值占全国生产总值的比重逐渐上升。2018 年，长江经济带 11 省市的生产总值为 402985.24 亿元，较 2017 年上升 8.62%，高于同期国内生产总值增速 0.64 个百分点。地区生产总值占国内生产总值的比重由 43.79%上升至 44.06%，在国内经济发展中的地位进一步提升（见图 4-1）。

从长江经济带各省市的增长情况来看，2018 年长江经济带经济发展势头良好，东部地区增速回稳，中西部地区发展速度加快，并取得一定突破。根据国家统计局最新的数据显示，2018 年长江经济带 11 省市生产总值增速高于全国平均水平的共有 9 个，贵州省以 9.1%的增速与西藏自治区并列第一。2018 年中国经济增速最高的 10 个省份中，长江经济带占据了其中七席。从经济总量看，江苏省首次迈入“9 万亿俱乐部”，四川省首次达到 4 万亿元，安徽省首次突破 3 万亿元，重庆市首次超过 2 万亿元（见表 4-1）。

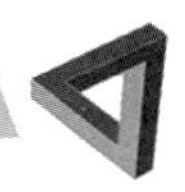

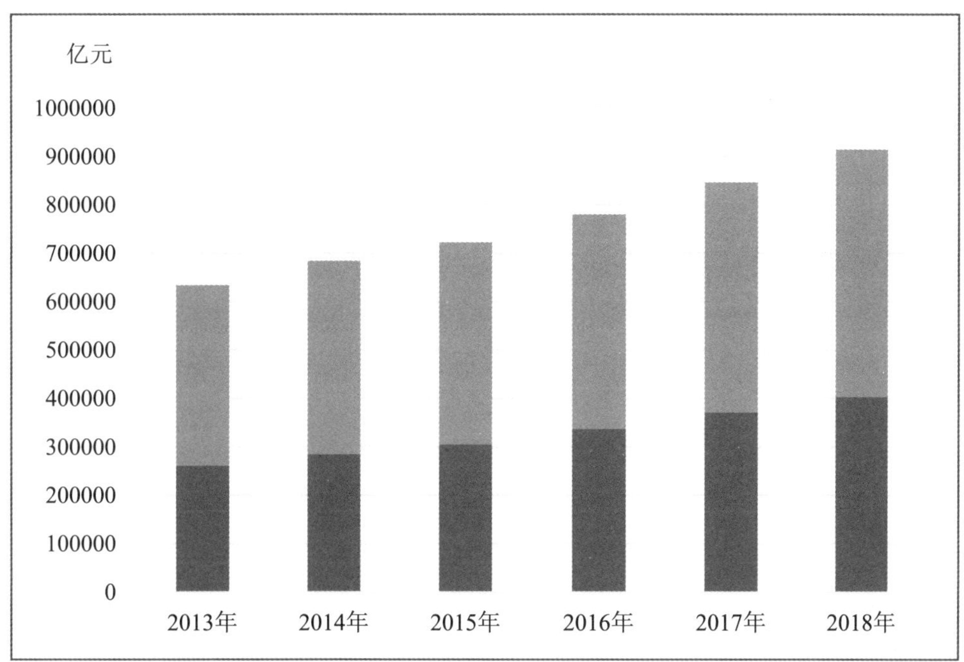

图 4-1　2013—2018 年长江经济带地区生产总值及占全国比重情况

注：深色为长江经济带，总体为全国

表 4-1　2013—2018 年长江经济带地区生产总值相关情况

地　区	2013 年（亿元）	2014 年（亿元）	2015 年（亿元）	2016 年（亿元）	2017 年（亿元）	2018 年（亿元）
上海市	21818.15	23567.7	25123.45	28178.65	30632.99	32679.87
江苏省	59753.37	65088.32	70116.38	77388.28	85869.76	92595.4
浙江省	37756.59	40173.03	42886.49	47251.36	51768.26	56197.15
安徽省	19229.34	20848.75	22005.63	24407.62	27018	30006.82
江西省	14410.19	15714.63	16723.78	18499	20006.31	21984.78
湖北省	24791.83	27379.22	29550.19	32665.38	35478.09	39366.55
湖南省	24621.67	27037.32	28902.21	31551.37	33902.96	36425.78
重庆市	12783.26	14262.6	15717.27	17740.59	19424.73	20363.19
四川省	26392.07	28536.66	30053.1	32934.54	36980.22	40678.13
贵州省	8086.86	9266.39	10502.56	11776.73	13540.83	14806.45
云南省	11832.31	12814.59	13619.17	14788.42	16376.34	17881.12
地区生产总值合计	261475.64	284689.21	305200.23	337181.94	370998.49	402985.24

（二）工业经济增长稳定，产业结构调整优化

长江经济带依托长江这一“黄金水道”，交通条件优渥，并且具备着得天独厚的自然条件优势。长江经济带分布着我国汽车、钢铁、电子信息及装备制造等众多重要产业，拥有一批高质量的高科技企业。根据国家统计局的数据显示，2018 年长江经济带内工业增加值为 140738.73 亿元，较 2017 年增长 6.59%，高于全国工业增加值增速 0.23 个百分点，占全国工业增加值的比重达到 43.9%，较 2017 年提升 0.1 个百分点（见图 4-2）。

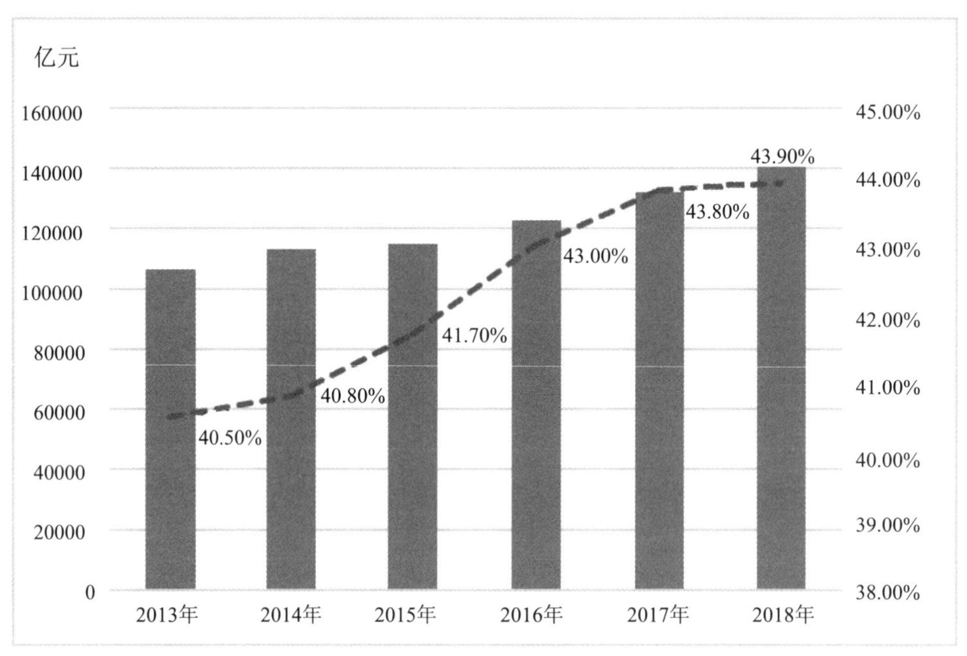

图 4-2　2013—2018 年长江经济带工业增加值与占全国比重

注：▇▇ 为工业增加值，----为占全国比重

根据长江经济带各省市三大产业增加值的占比情况来看，长江经济带内产业结构得到进一步调整优化。上海市第三产业占比高达 70%，浙江省、江苏省第二产业增加值占比突出。安徽省、江西省作为中部地区的代表表现出较高的第二产业增加值（见图 4-3）。

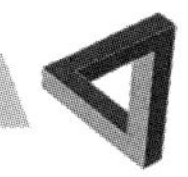

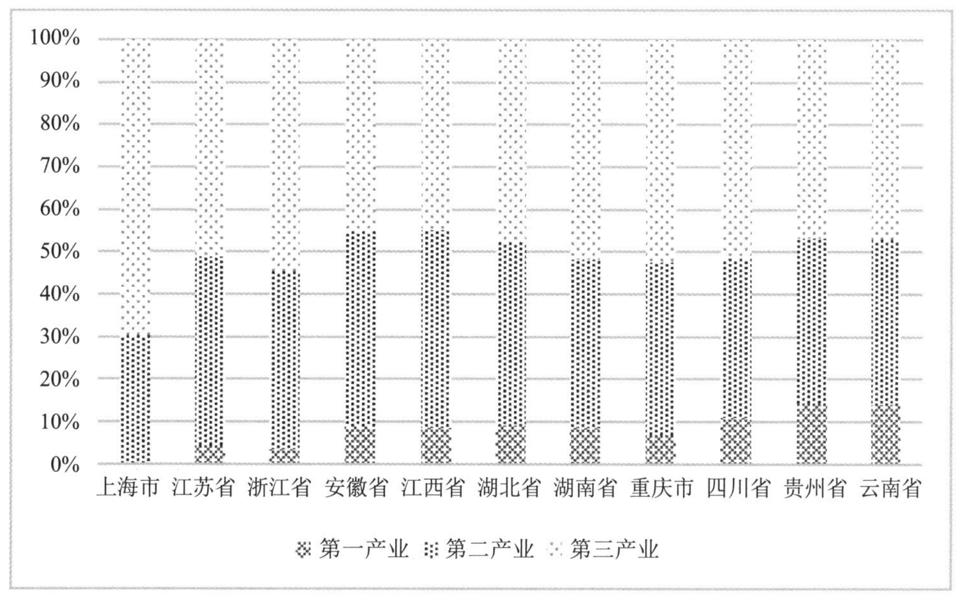

图 4-3　2018 年长江经济带各省市产业增加值占比情况

（三）固定资产投资增速明显，研发经费投入进一步增大

固定资产投资是推动经济增长的重要因素，也是促进制造业发展的有力手段。2018 年长江经济带 11 省市的制造业固定资产投资达到 106649.91 亿元，较 2017 年增长 16%。2018 年长江经济带制造业固定资产投资增速超过 10%的省份有 8 个，超过全国平均水平，其中湖南省以 35%的增速位列榜首，达到 12784.32 亿元。从分省份的角度看，下游地区江苏省以 27152.94 亿元的制造业固定资产投资额位居流域内首位，同时也是全国首位。上海市增速为 14.8%，略低于流域内平均水平。浙江省增速为 4.9%，仅高于四川省。中游地区湖南省制造业固定资产投资额增速最快，安徽省以 33.3%的增速排在第二，略低于湖南省。江西省和湖北省的增速分别为 18.2%、15.6%，是长江经济带增速最快的地区。上游地区云南省、贵州省、重庆市增速较快，分别为 14.3%、12.5%、9.3%。而四川省 2018 年制造业固定资产投资增速为-3.9%（见图 4-4）。

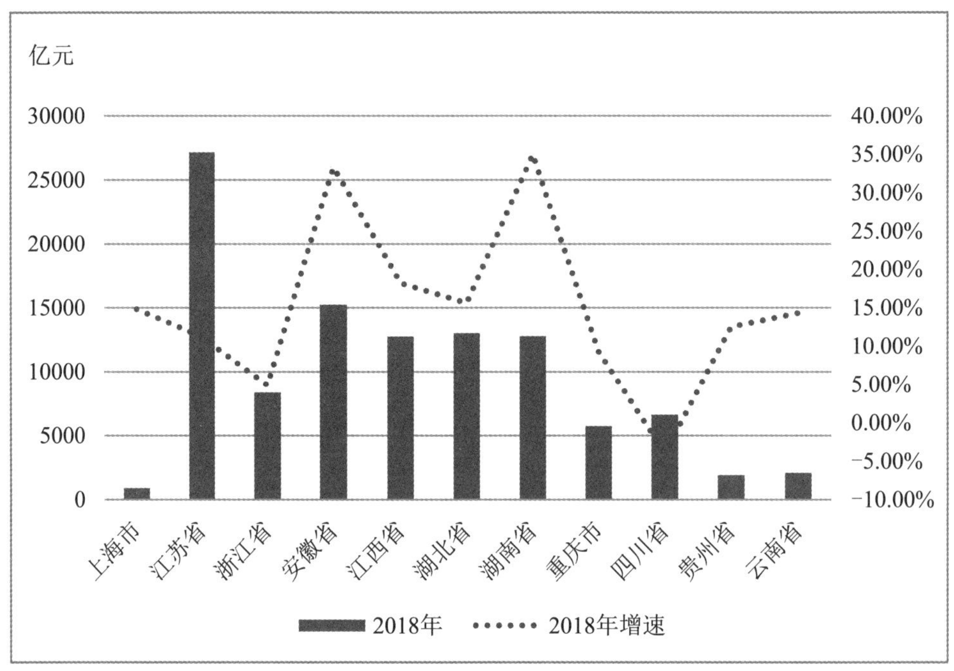

图 4-4　2018 年长江经济带各省市制造业固定资产投资情况

从研发费用投入的角度看，根据国家统计局最新公布的数据，我国规模以上工业企业 2018 年全年的研发费用为 12955 亿元，较 2017 年提升 7.8%。长江经济带各省份规模以上企业的研发经费投入较 2017 年进一步增大，11 个省份中江苏省规模以上企业研发费用首次突破 2000 亿元，为 2024.52 亿元。浙江省规模以上企业研发费用超过 1000 亿元，为 1147.39 亿元。上海市以 554.88 亿元排在第三位，这表明长江经济带下游地区的省份对创新和科技研发有着充分的认识，并且投入力度进一步增大。中游各省份规模以上企业的研发费用在总量上与下游地区相比仍有较大差距，但是增速较快，其中江西省以 20%的增速领跑，安徽省、湖北省和湖南省的增速分别达到 14%、12%和 11.9%。上游地区除重庆市的增速为 6.9%略低外，贵州省和四川省的增速分别达到 17.5%和 13.8%，云南省更是达到了 20.8%，可见长江经济带中上游地区的潜力不容小觑（见图 4-5）。

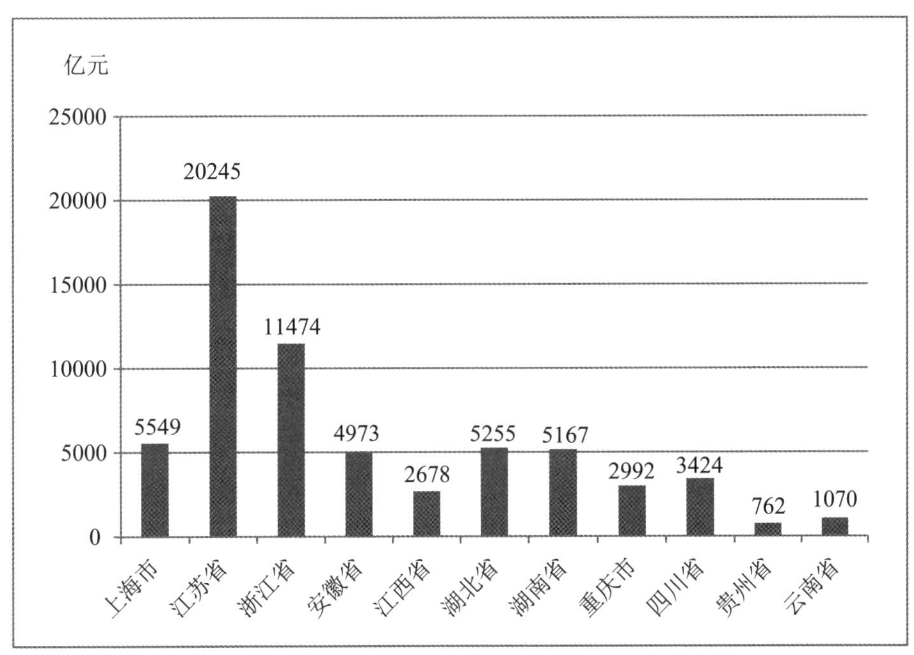

图 4-5 2018 年长江经济带各省市规模以上工业企业研发费用投入情况

（四）企业追求“专精特新”，领军型企业不断成长

2019 年，长江经济带各省份的企业更加注重提升自身的专业化水平，推动生产的流程和工艺更加精细化，在电子信息、生物医药等多个领域形成了自己的特色和优势，在更多的领域取得了全球市场，从而推动产业向价值链中高端迈进。2019 年 5 月，工业和信息化部公布了“第一批专精特新‘小巨人’企业名单”，长江经济带 11 省市共有 130 家企业上榜，占到了全国全部企业（248 家）的一半以上。其中浙江省和安徽省各有 19 家企业上榜，江苏省有 18 家企业上榜，上海市有 17 家企业上榜，四川省有 14 家企业上榜，其他省份也均有企业上榜（见图 4-6）。

在重点企业方面，流域内企业不断在市场、技术等领域发力，根据工业和信息化部公布的信息显示，第四批 64 家制造业单项冠军示范企业中有 15 家位于浙江省，10 家位于江苏省，2 家位于江西省，1 家位于上海市。目前公布的四批制造业单项冠军示范企业，长江经济带 11 个省市中有 9

个省市有企业上榜。

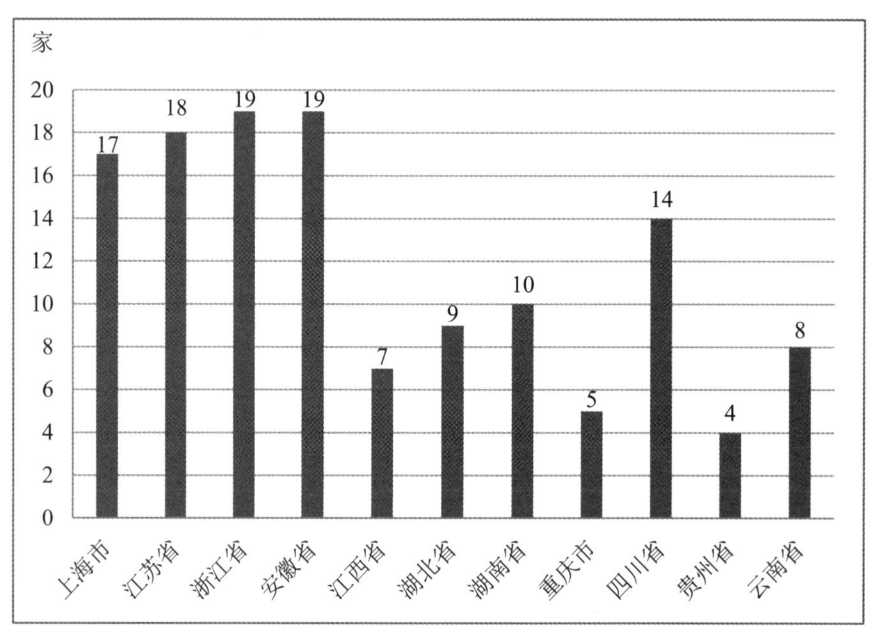

图 4-6 长江经济带各省市第一批专精特新“小巨人”企业数量

（五）地区协同有待增强，产业布局仍需优化

长江经济带地区之间差异较大，下游地区的上海市、江苏省及浙江省在较好的经济基础上注重创新和科技研发，发展势头迅猛，对人才、企业的吸引力不断增强。以安徽省、湖南省为代表的中游地区近年来发展速度不断加快，并努力探索与下游地区的合作。四川省、贵州省等上游地区因为产业基础相对较差，虽然增速较为稳定，但是与中下游地区的差距仍然很大。从总体上看，长江经济带地区产业基础、劳动力、人才、资源等要素的地区差距仍然明显。地区之间虽然一直在探索合作，但仍尚未形成有力的协同机制。

另一方面，长江经济带下游地区制造业的数字化和智能化水平较高，处在产业链的中上游。而中上游地区则面临着既要推动传统产业转型升级，又要承接发展先进制造业的双重任务。因为长江经济带各省市间发展的地区差距，下游地区对优势要素资源的虹吸效应明显。此外，部分中上游地

区城市为了加快发展的步伐，片面重视新兴产业的承接和发展，却忽略了对传统产业的升级改造。在产业布局和产业转移的工作中，要更加重视布局的优化。

此外，长江经济带地区产业同构现象明显。在不同流域内部，由于经济发展阶段相近，各地的重点或主导产业多有雷同，区域比较优势和协同创新优势不能充分发挥。沿江 11 省市中将电子信息列为主导产业的有 9 个，将汽车、石化、装备制造列为主导产业的有 6 个，尚未形成“错位”与“互补”。多数产业在新业态、新模式探索方面仍显不足。

二、长江经济带产业转移的现状和特点

产业转移与合作是我国当前产业发展的重要环节，能够促进相关地区产业发展的互补、创新与协同。长江经济带各省市之间近年来合作不断加强，产业转移与合作的实践越来越多，并且逐步探索构建区域间转移与合作的相关机制。2019 年，长江经济带产业转移进一步推进，相关机制进一步探索完善，取得了积极的进展，也表现出一些新特点、新形势。

（一）产业转移的制度建设不断完善

为了推动长江经济带更好的发展，中央和地方政府不断探索更为合适的路径，推动产业转移的相关制度不断完善。2014 年，中央为了更好地统筹和指导长江经济带战略的实施设立了长江经济带发展领导小组；2019 年，推动长三角一体化发展领导小组正式成立。2019 年 1 月，推动长江经济带发展领导小组办公室印发《关于发布长江经济带发展负面清单指南（试行）的通知》，从岸线、河段、区域、产业等方面发布 10 项负面清单，进一步为长江经济带绿色发展强化制度保障。在地方层面，江苏省先后与安徽省、浙江省、上海市就生态保护签订了一系列合作协议，探索建立省际协商机制。此外，江苏省还专门出台了针对长江江苏段和长江经济带的规划。

（二）“高质量”成为产业转移工作的主旋律

2019 年，长江经济带各省市的产业转移工作更加关注项目的“质量”，充分调动上中下游各地区的要素优势，传统产业的转型升级与新兴产业的引进发展并重，从而不断推动地区产业的智能化、服务化及绿色化。2019 年，长江经济带的产业转移工作呈现出了提质提效的特点：2019 年 12 月 5 日，湖南省岳阳市人民政府与中国石化集团公司巴陵石化公司在岳阳市正式签订己内酰胺产业链搬迁与升级转型发展项目补偿框架协议和入园协议，并举行项目开工仪式，这标志着湖南省在加快推动沿江产业绿色集聚发展，有效防范生态环境风险方面取得重在突破（参见专栏 4-1）。长江中游的咸宁市叫停投资 45 亿元的造纸项目，清退了 24 个环保不达标项目，纺织服装、冶金建材、森工造纸等占比较高的传统产业逐渐“变脸”，清洁能源、电子信息、汽车及零部件制造、医药健康等千亿产业集群正在这座拥有 128 千米长江岸线的城市崛起。

专栏 4-1

湖南省岳阳市人民政府与中国石化集团公司巴陵石化公司签订己内酰胺产业链搬迁与升级转型发展项目补偿框架协议和入园协议

2019 年 12 月 5 日，湖南省岳阳市人民政府与中国石化集团公司巴陵石化公司在岳阳市正式签订己内酰胺产业链搬迁与升级转型发展项目补偿框架协议和入园协议，并举行项目开工仪式。

巴陵石化公司己内酰胺项目原址位于岳阳市中心城区，毗邻长江和洞庭湖，在企业发展过程中，逐渐暴露出产业整体融合性不佳、生产链装置工艺落后、能耗物耗偏高等问题，对长江生态环境安全及周边人居环境安全存在较大隐患。省委、省政府多次组织赴项目实地调查研究，

逐步明确项目实施的整体目标、政策措施和推进机制。2018 年 11 月 7 日，省人民政府与中国石油化工集团签订《关于中国石化巴陵石化公司己内酰胺产业链搬迁与升级转型发展合作框架协议》，双方共同组建工作推进小组，建立联席会议制度，共同推进项目前期准备工作。省直各相关部门坚持依法依规、科学施策、简化程序，对项目审批开通“绿色通道”，以最优的方案、最高的效率支持项目落地实施。岳阳市成立工作专班，大力推进项目可研、规划设计、征地拆迁、安置房建设等工作。项目正式提出后，历时一年即开工实施，充分展示了大型石化企业搬迁的“湖南速度”。

巴陵石化己内酰胺产业链搬迁与升级转型发展项目的实施，是湖南省岳阳市重构石化产业新链条、坚持走绿色转型发展新路的重要探索。一是实现项目入园集聚。按照“生态优先、节约用地、科学选址”的原则，将项目整体搬迁至岳阳绿色化工产业园区，可节约建设用地 1416 亩，生产污水可全部纳入园区污水处理厂统一收集处理，园区内各企业将形成业态配套、优势互补、协同发展的新格局。二是技术水平大幅提升。新建项目将采用中国石化集团公司具有完全知识产权、世界领先、节能高效的生产工艺技术，实行废气超低排放、废水循环利用等污染防治措施。项目建成后，己内酰胺生产成本可降低 2000 元/吨，年产能将由 30 万吨扩大 60 万吨，污染物排放量减少三分之二，真正实现集约、高效、绿色发展。三是产业链条不断壮大。通过发展下游纺丝和工程塑料产业，岳阳地区将成为“炼油—苯—己内酰胺—聚酰胺切片—纺丝/工程塑料”产业链条上游生产基地，带动城陵矶临港新区、岳阳经开区、华容工业园、临湘工业园等其他园区在“锦纶织造—印染—成衣/地毯制造”等下游产业方面发展，构建一套完整的石化新材料产业体系，拉动岳阳石化产业向 3000 亿规模迈进。

（三）上中下游间区域合作进一步加强

长江经济带横跨东中西部地区，涵盖 11 个省市，如何促进流域内各省市之间更好地展开合作，提升产业转移的质量与水平一直是一个重要命题。2019 年，长江经济带上中下游地区间的合作进一步加强，产业转移工作有序推进。为重构产业布局，上海市着手在长江经济带上进行分工，因地制宜推进产业转移。产业转移促进中心（商务部上海基地）近十年间直接支持上海的 179 个项目、投资 1360 亿元的产业转移，去向绝大部分是武汉、合肥、重庆、成都等长江经济带沿线城市，产业转移初期以制造业为主，近年来电子信息类项目越来越多。江苏省通过共建园区（即“飞地经济”）的形式，首先协调了省内南北区域的协调发展，苏南的“百强县”江阴和隔江相望的苏北县级市靖江经过 15 年开发建设，打造的江阴靖江工业园区已经成为我国重要的沿江造船和重钢结构产业基地，两地良性互动，互为融合，释放出强大动能。紧随其后，苏州工业园区跨江建设苏宿工业园、苏通工业园及苏滁现代产业园，苏州工业园区的先进经验向苏中、苏北乃至省外辐射，具有明显的示范引领作用。据统计，这种异地工业园在江苏省有“38+7”家，38 家是省内合作，7 家是省际合作。2019 年 6 月，2019 年度长江经济带东西部国家级经开区交流合作活动在上海举行，同时还举行了“长江经济带东西部国家级经开区共建产业服务新生态联盟”签署仪式，36 家参会开发区代表签署倡议书，通过建设产业协同服务平台、加强产业服务交流互动、培育国家级经开区产业集成服务商，提高产业专业化服务水平，更好地凝聚各地政策、产业、资金、技术、人才及社会各界的资源，提供项目落地、政策服务、产业转移、资本对接、市场拓展、专家咨询等更高配置的优质综合服务。湖南省也在不断推进区域间产业转移的合作工作（参见专栏 4-2）。

专栏 4-2　湖南：着力打造中西部地区承接产业转移高地

湘南湘西承接产业转移示范区建设成效明显，成为湖南省稳增长的重要支撑。该示范区致力于把握新一轮产业转移趋势，找准产业承接方向和重点，着力招大引强选优，注重承接区域总部，增强对加工贸易产业的吸引力；发挥产业链主导企业和商协会作用，吸引更多产业链上下

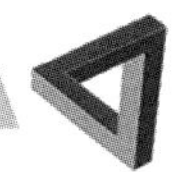

游项目落户，深化“迎老乡、回故乡、建家乡”行动，鼓励广大湖南籍客商到示范区创新创业；加强对示范区主导产业引导，坚持全省“一盘棋”，提倡优势互补、协调发展，做强实体经济，抓好制造业，建设一批产业小镇，形成特色产业群。抓住产业转移供需两端受益的交通物流、能源通信、公共服务等领域基础设施和园区建设，走以产兴城、以城带产、产城融合、城乡一体的发展路子，不断提高产业承接能力。要牢固树立“承接产业转移不能仅靠比优惠政策，而要更加注重营商环境和治理能力”理念，对内向改革创新要动力，努力让政务环境更高效、市场经营环境更利于企业、法治环境更公平；对外向扩大开放要活力，积极融入“一带一路”、长江经济带和粤港澳大湾区建设，加强贸易通道建设，搭建产业合作平台，深化创新合作。要不断完善政策体系，加强部省对接、省际合作和部门联动，在财税金融、土地、就业等方面集成更多精准有效的支持政策，破解要素制约。要加强承接产业转移的准入选择、空间规划、时序设计，坚决摒弃高耗能、高污染、高排放的落后发展模式。要强化领导、统筹协调，建立示范区建设联席会议制度，为承接产业转移提供有力保障。

（四）多式联运模式助力产业转移深入发展

长江经济带流域内虽然依托长江这一“黄金水道”交通便利，但由于我国地势西高东低，局部地区落差较大，通过某一种单独的运输方式难以满足企业的实际需求，因此发展多式联运模式就显得尤为必要。2018 年 9 月，交通运输部印发了《深入推进长江经济带多式联运发展三年行动计划》的通知，其中提出要着力补齐联运基础设施短板，强化联运服务模式创新，提升多式联运装备水平，增强联运发展新动能等。例如，地方与港口物流的合作大大缩短了运输距离，简化了运输流程。成都通过长江经济带上的口岸物流合作，将成都到上海的铁水联运里程缩短至 2600 千米。安徽芜湖港与苏州太仓港合作，加速推动合肥及长江中上游地区集装箱货源市场拓展，实现运输流程“一次申报，直接中转”。浙江省一直致力于通过“通江达海”融入长江经济带发展，2018 年 4 月，国内首艘 2 万吨级江海联运直达船“江海直达 1”号从舟山启航，彻底改变了我国江船出不了海、大型海船无法抵达南京以上港口的状况。2019 年，江海联运瓶颈再一次被突破，浙江省设计出的江海直达船已具备到武汉港的江海直达能力，并且造价可降低约 10%，能耗可降低约 12%，运输效率可提升约 13%，不仅宜江而且适海。

（五）产业转移的政策保障更加具体落实

2019 年，长江经济带各省市出台的招商引资和承接产业转移的政策更加聚焦于当地实际，在结合本地特色的基础上注重精准性、选择性，并且更加关注产业链的整体转移或配套转移。2019 年年初，江苏省江阴市出台了《江阴长江生态保护与绿色发展“1+9”规划》，这是全国首个县级市层面编制的长江大保护规划，具有重要示范性意义。该政策文件明确，在产业转型升级发展方面，坚持“生态领先、特色发展”战略路径，以提高制造业发展质量和效益为中心，紧紧围绕转型升级主线，构建以新兴产业为引领、先进制造业为主体、生产性服务业为支撑的现代化产业体系。江苏省“三量并举”，推动产业转型升级参见专栏 4-3。

专栏 4-3　江苏省：“三量并举”，推动产业转型升级

江苏省大力削减化工钢铁产能，着力减少煤炭消费总量。2018 年，全省共关停 3000 多家污染和高耗能企业，其中化工企业 1303 家，并取消了 4 个园区的化工定位。坚决严控增量。编制“三线一单”，确定环境管控单元，主动推动重点行业科学合理布局。坚持优化存量。出台《江苏省化工产业安全环保整治提升方案》，全面淘汰落后产能和清理园区外企业，引导沿江重化工业产能有序转移和转型升级。

三、长江经济带产业转移的趋势分析

（一）生态保护放于首要位置，绿色转移成为共识

2019年4月，《国家发展改革委关于修订<长江经济带绿色发展专项中央预算内投资管理暂行办法>的通知》印发，对有利于长江经济带生态优先、绿色发展，对保护和修复长江生态环境、改善交通条件具有重要意义的长江经济带绿色发展项目给予支持。长江经济带发展始终坚持生态优先、绿色发展，涉及长江的一切经济活动都以不破坏生态环境为前提，以生态环境保护倒逼高质量发展，走绿色、生态、可持续发展的道路。要始终坚持问题导向，紧紧抓住问题不放，不断发现问题、解决问题，持续攻坚，久久为功。要压实整改责任，举一反三，全面排查，明确工作目标、整改措施、责任单位和时限要求。要严肃追责问责，对工作进度缓慢的地区要约谈，加大行刑衔接力度，严惩破坏长江生态环境的违法行为。要坚持标本兼治，扎实推进生态环境污染治理工程。未来长江经济带的产业转移工作必定会将生态保护放在首要位置，各地在开展产业转移工作时，会更加关注项目的环保问题。长江经济带的产业发展和转移工作会以问题为导向，不断创新合作机制，落实主体责任，从而形成“共抓大保护”的有利局面，“绿色转移”已逐渐成为并将长期成为大家的共识。

（二）区域合作趋向于一体化、精准化

2019年，长江经济带各省市、区域间的合作更加紧密，在一定程度上实现了资源、经验等方面的优势互补，促进了长江经济带产业转移工作的推进。但从整体上讲，整个长江经济带流域内各省市之间的合作还停留初级阶段，尚未形成大量成熟的合作机制体制。2019年12月，中共中央、国务院印发《长江三角洲区域一体化发展规划纲要》，从中央层面对长江中下游地区的发展作出指导。其中提出要“加强区域合作联动。推动长三角

中心区一体化发展，带动长三角其他地区加快发展，引领长江经济带开放发展。加强长三角中心区城市间的合作联动，建立城市间重大事项重大项目共商共建机制。”因此，未来长江经济带各省市之间的区域合作将会更加频繁，同时在中央政策和地方实践的推动下加快一体化进程，出现更多利用地区优势、发挥地区特色的精准化产业转移项目，实现产业转移的高质量推进。

（三）法律保障进一步完善、落实

2019 年 1 月，生态环境部、国家发展改革委印发《长江保护修复攻坚战行动计划》，其中提出要强化生态环境空间管控，严守生态保护红线，排查整治排污口，推进水陆统一监管，加强工业污染治理，有效防范生态环境风险等内容。

2019 年 12 月，《中华人民共和国长江保护法（草案）》首次提请十三届全国人大常委会第十五次会议审议。长江保护法将是一部全面保护长江流域生态环境的法律。

（四）产业升级不断强化、深化

近年来，长江经济带各省份不断地探索产业转型升级的道路。例如，南京市以沿江化工、钢铁、煤电行业布局调整为重点，推动长江经济带发展动力转换。2018 年年底，南京与宝武集团正式签订梅钢转型发展战略合作协议，钢铁冶炼产能逐步迁出南京。在推进重点企业转型升级的同时，南京大力培育绿色环保产业，启动建设“扬子江生态文明创新中心”，大力培育节能环保、资源循环利用、清洁能源等绿色产业，不断提升沿江经济发展的含金量和含绿量。

（本章由刘浩波负责编写）

第五章 泛珠三角区域产业转移的现状与趋势

泛珠三角区域包括福建、江西、湖南、广东、广西、海南、四川、贵州、云南等九省区（简称泛珠三角九省区），以及香港特别行政区、澳门特别行政区（总称泛珠三角“9+2”省区）。近年来，泛珠合作领域不断拓展，机制日益健全，以粤港澳大湾区、自由贸易试验区、国家级新区等为载体的全方位开放格局正加速形成。2019 年 2 月，中共中央、国务院印发《粤港澳大湾区发展规划纲要》，明确提出要辐射带动泛珠三角区域发展，构建以粤港澳大湾区为龙头，以珠江－西江经济带为腹地，带动中南、西南地区发展，辐射东南亚、南亚的重要经济支撑带。泛珠合作各方要共同把握粤港澳大湾区建设和支持深圳建设中国特色社会主义先行示范区的重大历史机遇，进一步对接粤港澳大湾区、西部陆海新通道建设，携手参与“一带一路”，以区域合作开放为基础，以改革创新为动力，积极深化经贸合作，推动泛珠三角区域合作按照高质量发展要求向纵深发展。

一、泛珠三角区域产业发展总体情况

（一）泛珠三角九省区产业发展总体情况

1. 经济运行延续总体平稳发展态势

近年来，泛珠三角内地各省区经济显示出平稳运行势头，经济增速处于合理区间。根据国家统计局统计数据库的数据显示，从地区生产总值看，2014—2018 年，泛珠三角九省区地区生产总值占国内生产总值（以下简称 GDP）比重呈持续上升态势。2018 年，泛珠三角九省区地区生产总值总额为 290042.43 亿元，占 GDP 的比重为 31.71%，同比 2016 年提高 0.35 个百分点，同比 2014 年提高 1.84 个百分点。

从各省份地区生产总值数值看，除海南省和湖南省外，其他各省份地区生产总值占 GDP 的比重都有所上升。2018 年，广东省 2018 年地区生产总值为 9.7 万亿元，名义增速为 8.44%，同比上一年增长了 7572 亿元，连续 30 年地区生产总值全国第一。2018 年，共有 18 个省份地区生产总值增速超全国，除海南省外，泛珠三角八个省区地区生产总值增速全国超过全国水平。其中，贵州省 2018 年地区生产总值增长 9.1%，增速位列全国第一。2014—2018 年泛珠三角九省区地区生产总值占全国比重如图 5-1 所示。

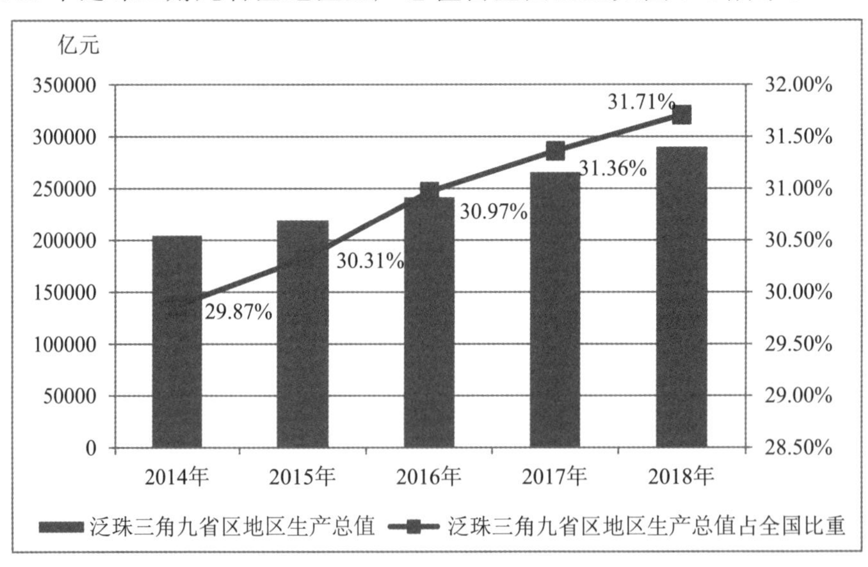

图 5-1　2014—2018 年泛珠三角九省区地区生产总值占全国比重

2019 年上半年，泛珠三角九省区经济运行继续保持昂扬的发展态势，呈现总体平稳，稳中有进的发展态势。广东省在 2019 年上半年地区生产总值首次突破 5 万亿元，以 50501.17 亿元高居全国第一；泛珠三角省区中排名第二的是湖南省，上半年地区生产总值为 17784.62 亿元；福建省以 16640.15 亿元的地区生产总值紧随其后。在地区生产总值增长率上，云南省同比增长 9.2%，比全国（6.3%）高 2.9 个百分点，排在全国第一位；贵州省比上年同期增长 9.0%，在增长率上位居全国前列。2019 年上半年泛珠三角九省区地区生产总值及增速见表 5-1。

表 5-1　2019 年上半年泛珠三角九省区地区生产总值及增速

省份	地区生产总值（亿元）	增长率（%）
福建省	16640.15	8.1
江西省	10757.2	8.6
广东省	50501.17	6.5
湖南省	17784.62	7.2
广西壮族自治区	8906.91	5.9
海南省	2668.96	5.3
四川省	20517.2	7.9
贵州省	7212.94	9
云南省	7957.43	9.2

2. 工业发展稳中有进

2018 年泛珠三角九省区工业生产呈现稳中有进发展态势，从工业增加值占比看，2018 年泛珠三角区域工业增加值占全国比重为 31.48%，比 2017 年上升 0.35 个百分点。2019 年，多个省份工业增加值增速实现高位增长，其中：广东省规模以上工业实现增加值 33616.10 亿元，同比增长 4.7%，从支柱行业看，计算机、通信和其他电子设备制造业增加值增长 7.4%，电气机械和器材制造业增长 8.8%，两大龙头行业合计对全省规模以上工业增长的贡献率达 60.1%；福建省规模以上工业增加值增长 8.8%，高于全国平均 3.2 个百分点，居全国第二位、东部 10 省市第一位；湖南省规模以上工业增加值同比增长 8.3%，比上年加快 0.9 个百分点，增速创 2015 年以来最高水平；云南省规模以上工业增加值增长 8.1%，高于全国 2.4 个百分点，位居全国第 5 位；四川省规模以上工业增加值比上年增长 8%，增速高于全国平均水平 2.3 个百分点；贵州省规模以上工业增加值同比增长 9.6%，比上年提高 0.6 个百分点，分别高于全国和西部地区 3.9 和 3.4 个百分点；海南省规模以上工业增加值比上年增长 4.2%，增速为 2016 年以来的次新高；广西壮族自治区和江西省年规模以上工业增加值增长也分别达到了 4.5%和 8.5%。2014—2018 年泛珠三角九省区工业增加值占全国比重如图 5-2 所示。

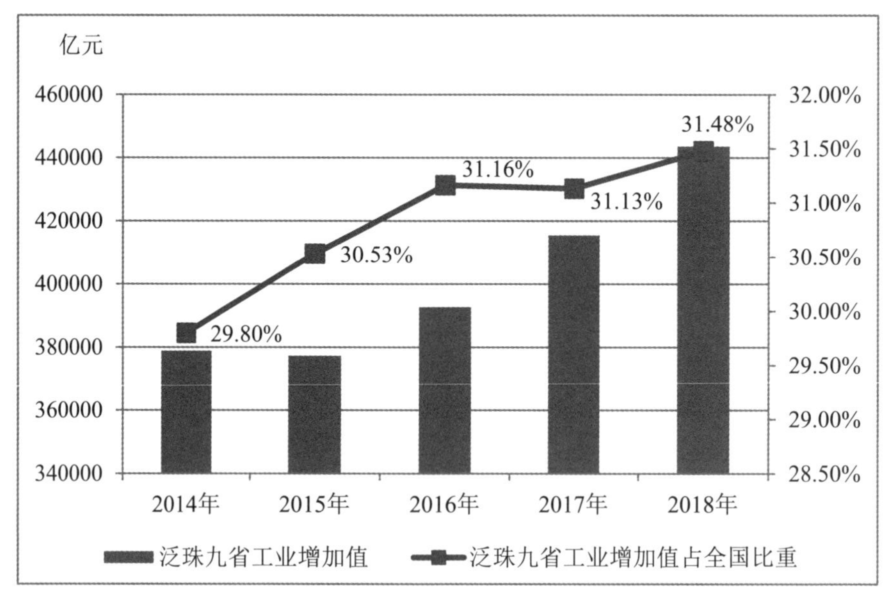

图 5-2　2014—2018 年泛珠三角九省区工业增加值占全国比重

3. 现代产业体系保持较快增长

泛珠合作 16 年来，各省区产业规模体量不断壮大、产业体系不断完善、产业结构不断优化升级，泛珠三角内地各省区正聚焦产业优化、推动新旧动能转换，努力转变生产模式，农业向现代化转变，工业向中高端方向迈进，服务业成为经济增长的主要支撑，基本形成现代产业体系。

在湖南省，通过先后启动实施“135”工程、制造强省五年行动计划、“产业项目建设年”等一批重大活动，门类齐全、实力较强的现代工业体

系基本形成，装备制造、农产品加工、材料 3 个万亿级产业和医药、移动互联网等 11 个千亿级产业相继崛起。2018 年，全省工业增加值达 1.19 万亿元，工程机械产业链营业收入位居全国工程机械产业集群首位。产业结构方面，实现了从传统农业大省向新兴工业大省的历史性转变，三次产业结构调整为 2018 年的 8.5∶39.7∶51.8。2018 年，全省服务业增加值达 1.89 万亿元，在经济结构中的占比首次突破 50%，对经济增长贡献率达 55.1%。在广西壮族自治区，新型工业化步伐加快，形成食品、汽车、机械、有色金属、电子信息等 10 个千亿元工业产业，2018 年 MPV、交叉型乘用车产量及玉柴的车用柴油机产销量居全国第一。现代特色农业初具规模，食糖产量连续 13 个榨季占全国 60%以上，是全国最大的制糖基地；蚕茧产量占全国 48%，桑蚕丝产量占全国 30%，连续多年居全国第一，是全国最大的茧丝生产基地；全国 45%以上的木材产自广西；柑橘、火龙果、百香果、柿子等水果产量全国第一。在云南省，八大重点产业的发展取得了积极成效，导向作用逐步显现。根据统计，2018 年，生物医药产业主营业务收入约 1686 亿元，比上一年增长约 12.8%；信息产业主营业务收入约 1220 亿元，比上一年增长 21.5%；先进装备制造业主营业务收入约 1195 亿元，比上一年增长约 18.6%；高原特色现代农业产业总产值约 2419 亿元，比上一年增长 10.3%；旅游业总收入完成 8991.44 亿元，比上一年增长 29.9%；现代物流产业总收入约 4751 亿元，比上一年增长 17.8%。八大重点产业的发展正不断推动云南省产业新技术、新产品、新业态、新模式的涌现，推动该省产业朝着优化结构、拓展深度、提高效益的方向转变。在海南省，现代服务业、热带农业等“12 大产业”迅速成长，交通、电力、水利、通信等基础设施日趋完备。同时，中国（海南）自由贸易试验区建设以来，海南省着力推动 12 个重点产业、12 个先导项目、“五网”基础设施、六类产业园区、美丽海南百镇千村、全域旅游等重点工作的成果落地，为构建现代化经济体系、实现高质量发展奠定了良好基础。2014 年和 2018 年泛珠三角九省区三产占比见表 5-2。

表 5-2　2014 年和 2018 年泛珠三角九省区三产占比

省份	2014 年（%）	2018 年（%）
福建省	8.4：52：39.6	6.7：48.1：45.2
江西省	10.7：53.4：35.9	8.6：44.6：44.8
广东省	4.7：46.2：49.1	4.0：41.8：54.2
湖南省	11.6：46.2：42.2	8.5：39.7：51.8
广西壮族自治区	15.4：46.8：37.8	14.8：39.7：45.5
海南省	23.1：25.0：51.9	20.7：22.7：56.6
四川省	12.4：50.9：36.7	10.9：37.7：51.4
贵州省	13.8：41.6：44.6	14.6：38.9：46.5
云南省	15.5：41.2：43.3	14.0：38.9：47.1

4. 科技创新产业增量明显

自 2004 年泛珠三角区域合作启动以来，各方合作日益加深，泛珠三角区域在国家科技发展中的作用日益增强。2018 年，泛珠三角区域规模以上工业企业研发经费达到 4042.74 亿元，2014 年，泛珠三角区域规模以上工业企业研发经费为 2513.84 亿元，五年间增长了将近两倍。从规模以上工业企业专利申请数件来看，2014 年泛珠三角各省区规模以上工业企业专利申请数为 193664 件，2018 年三角各省区规模以上工业企业专利申请数为 371129 件，年均增长近 20%。在全球经济处于不景气状态，我国经济发展速度放缓的情况下，泛珠三角区域的经济呈现上良好的发展态势，泛珠三角区域丰富的科技资源为新一轮发展奠定了良好的基础。

从各省情况看，广东省在新兴产业领域布局建设了 4 批共 20 家省级制造业创新中心，并在此基础上创建了一家国家级制造业创新中心（国家印刷及柔性显示创新中心）。其中 9 家省级制造业创新中心有来自深圳的企业和机构参与建设，体现了“深圳制造”的强大实力。2018 年广州市研发经费支出占地区生产总值的比重上升到 2.78%，技术自给率达 73%，专利申请量和授权量分别达 79.38 万件和 47.81 万件，是 1990 年的 408 倍和 538 倍，专利合作条约（PCT）国际专利申请量达 2.53 万件。2017、2018 年区

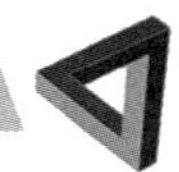

域创新综合能力排名连续两年居全国第一。2018 年，国家级高新技术企业 45280 家，总数、总收入、净利润等均居全国第一。福建省数字经济增速位列全国第二，信息化综合指数保持全国前列，数字技术推动传统产业快速转型。2018 年全省数字经济规模达 1.42 万亿元，同比增长 22%，增速位列全国第二，初步形成以电子信息制造业为基础，以软件和信息技术服务业、通信服务业为增长点，以大数据、物联网、云计算、移动互联网、人工智能、卫星应用产业为突破口的数字经济发展新格局。江西省高新技术产业、战略性新兴产业增加值占规模以上工业比重分别达到 35.6%、21.5%。电子信息产业成为该省新一轮产业发展的"排头兵"，5G、VR、移动物联网等新技术、新产品、新业态、新模式蓬勃发展。四川省是全国三大动力设备制造基地和四大电子信息产业基地之一，全球约 50%的笔记本电脑芯片在四川封装测试，发电设备产量连续多年居世界第一。2018 年，四川省高新技术产业主营业务收入达 1.75 万亿元，科技对经济增长贡献率为 56%，初步走出了一条具有四川特色的创新发展之路，以人工智能、数字经济等为代表的新经济产业，正在为四川经济高质量发展注入"新动能"。苹果 iCloud（贵安）数据中心、腾讯数据中心、华为数据中心等大型数据中心加快建设，"数博大道"首批项目集中开工，贵阳市与腾讯合作打造"数智贵阳"正式签约；物联网产业（遵义）基地物联网统一展示平台建成，2018 年贵州省的数字经济增加值已经占全省地区生产总值的 26.9%，增速达到 24.6%。

5. 对外开放优势不断拓展

从进出口看，2018 年，泛珠三角九省区进出口额达 15689.51 亿美元，占全国进出口总额的 34.04%。2018 年广东省外贸进出口总值 7.16 万亿元人民币，外贸规模首次突破 7 万亿元，创历史新高，占全国外贸总值的 23.5%，已连续 33 年保持全国第一。从出口看，2018 年泛珠三角九省区出口额达 9320.92 亿美元，占全国出口总额的 37.48%。2019 年，广东省出口额达 4.27 万亿人民币，增长 1.2%，占全国出口总额的 26%。随着"一带一路"建设的深入推进，四川省、湖南省等中西部地区的企业开拓"一带一路"沿线市场力度加大，带动了对外承包工程出口货物的快速增长。2018 年，四川省实现货物进出口 5947.9 亿元、增长 29.2%，外贸规模创历史新高，居中西部地区第一。其中，出口 3334.8 亿元，增长 31.4%，出口增速位列全国第一，2018 年，湖南省进出口总值 3079.5 亿元，比上年同期增长 26.5%，增速列中部地区第一、全国第四，其中，出口 2026.7 亿元，增长 29.5%。2014—2018 年泛珠三角九省区进出口和出口总额占全国比重如图 5-3 所示。

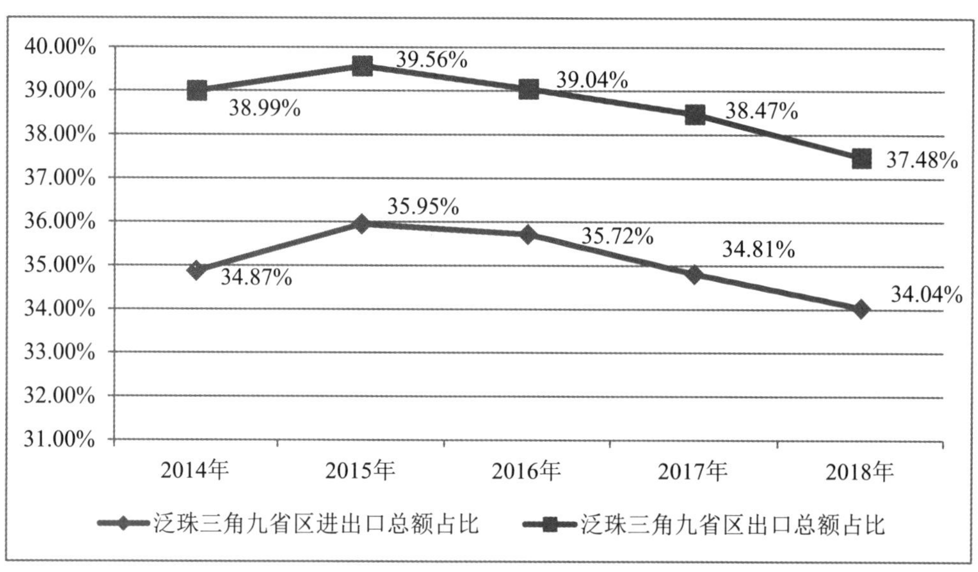

图 5-3　2014—2018 年泛珠三角九省区进出口和出口总额占全国比重

从外商投资看，广东省 2018 年新设外商投资企业约 3.58 万家，占全国比重近 60%，同比增长 1.3 倍。实际利用外资 1450.88 亿元人民币，同比增长 4.87%，比全国平均增速高出近 4 个百分点。越来越多世界级的企业巨头向广东省集聚。2018 年，广东省新设或增资合同外资金额超过 1 亿美元的项目达 107 个，多个百亿美元级外资大项目密集落户或动工：富士康科技集团与珠海签订半导体战略合作协议，这是其在广州增城建设第 10.5 代显示器全生态产业园后的又一重大项目；埃克森美孚公司投资 100 亿美元在惠州建设化工综合体项目、LNG 接收站项目；中国海油与壳牌集团签署惠州石化化工项目合作谅解备忘录，这是双方在惠州大亚湾合作建设的三期项目。2018 年，四川省全年实际利用外资 754.3 亿元，比上年增长 28.7%。外商投资实际到位资金 623.3 亿元，比上年增长 11.1%。落户四川的境外世界 500 强企业 244 家。2018 年贵州省实际利用

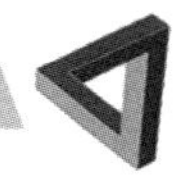

外资 44.9 亿美元，同比增长 15.3%，增速居中国第六位。进入 2019 年，在全球跨国投资总量下降大背景下，广东省外资吸引力持续强劲。2019 年前十月，全省新批设立外国直接投资企业（项目）12203 个，实际利用外资 1302.5 亿元，利用外资总体运行保持平稳，规模保持全国前列。巴斯夫精细化工一体化基地、通用电气海上风电产业园、日本东丽高端新材料、埃克森美孚石油化工综合体等一批标志性项目落地建设。海南省正全力建设中国（海南）自由贸易试验区，全省利用外资保持快速增长。2019 年前三季度，新设外商投资企业和实际使用外资金额同比均实现翻番。其中新设外商投资企业 237 家，同比增长 146.9%，实际使用外资金额同比增长 139.4%，增速超过全国平均水平。

（二）粤港澳大湾区产业发展总体情况

粤港澳大湾区是指由香港、澳门两个特别行政区和广东省的广州市、深圳市、珠海市、佛山市、中山市、东莞市、肇庆市、江门市、惠州市等九市组成的城市群，是国家建设世界级城市群和参与全球竞争的重要空间载体，是与美国的纽约湾区、旧金山湾区和日本的东京湾区比肩的世界四大湾区之一。2019 年 2 月，《粤港澳大湾区发展规划纲要》正式公布，从粤港澳大湾区 2017 年首次被写入政府工作报告，到粤、港、澳三地政府签署《深化粤港澳合作 推进大湾区建设框架协议》，再到《粤港澳大湾区规划纲要》的发布，粤港澳大湾区前景可期。而随着纲要的公布，一个国际一流的湾区和世界级城市群正逐渐显现。

2018 年中国的粤港澳大湾区的经济总量地区生产总值已经超过了 10 万亿元人民币，约为 10.87 万亿元，折合美元超过 1.64 万亿，已经超过了同期韩国的 GDP 总量。其中，深圳市地区生产总值在大湾区内最高，约为 24221.98 亿元，约为大湾区经济总量的 22.29%。目前来看，深圳市将在大湾区内继续发挥作为经济特区、全国性经济中心城市和国家创新型城市的引领作用，加快建成现代化国际化城市，努力成为具有世界影响力的创新创意之都、科技之都。香港特别行政区以约 24022.44 亿元的地区生产总值在大湾区内排名第二，约为大湾区经济总量的 22.1%。在粤港澳大湾区中，香港将继续发挥着促进向外发展、加强对内融合的作用。而且，香港作为全球金融中心之一，还将加强其成为对外开放渠道，担任贸易中心、航运中心等的角色。广州市的地区生产总值约为22859.35亿元，约为大湾区经济总量的21.03%。作为广东的省会城市，广州主要是充分发挥其国家中心城市的引领作用，全面增强国际商贸中心、综合交通枢纽和科技教育文化中心功能。2018年粤港澳大湾区内各城市地区生产总值及增速见表5-3。

表5-3 2018年粤港澳大湾区内各城市地区生产总值及增速

城　市	地区生产总值（亿元）	实际增速	占比
深圳市	24221.98	7.6%	22.9%
香港特别行政区	24022.44	3.0%	22.1%
广州市	22859.35	6.2%	21.03
佛山市	9935.88	6.3%	9.14%
东莞市	8278.59	7.4%	7.62%
惠州市	4103.05	6.0%	3.78%
中山市	3632.7	5.9%	3.34%
澳门特别行政区	3609	4.7%	3.32%
珠海市	2914.74	8.0%	2.68%
江门市	2900.41	7.8%	2.67%
肇庆市	2201.8	6.6%	2.03%

从工业经济发展情况看，2018年，粤港澳大湾区工业增加值总量为28202.49亿元，比2013年提高6234.62亿元，年平均增长5.1%；主要集中在珠三角地区，其中，深圳市工业经济总量占比最高，2018年占比为32.3%，其次是佛山市和广州市，分别占16.3%和15.8%，香港占比为1.9%。2014—2018年粤港澳大湾区工业增加值及增速如图5-4所示。

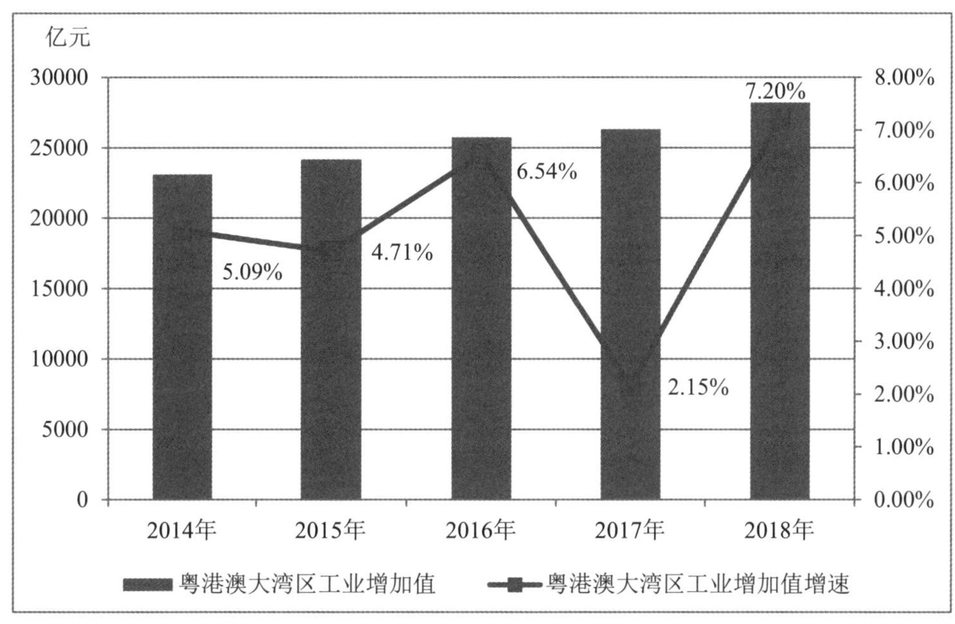

图 5-4　2014—2018 年粤港澳大湾区工业增加值及增速

从粤港澳大湾区内部各城市工业经济增长情况看，2018 年各市增长情况差别较大，其中珠海工业增加值增速最高，为 14.1%；深圳其次，为 9.5%；香港最低，为 1.3%。大湾区各市的规模以上工业增加值呈现梯度差异，利于城市间的产业转移。深圳工业增加值独占鳌头，在高新技术制造业拉动下，规模以上工业增加值保持大体量及较高增速；广州市、佛山市、东莞市则处于第二梯队；惠州市领跑第三组团。深圳市、东莞市、惠州市产业链的融合共建，就是第一、二、三梯度城市的衔接转移。从各城市的优势产业看来看，珠江东岸（深圳市、东莞市、惠州市为代表）高新技术制造业占比高，且保持高速增长，西岸（佛山市、中山市、珠海市、江门市）占比和增速均弱。珠江东岸已形成电子信息、生物医药、新材料为代表的新兴产业集群；珠江西岸重点推进汽车制造、家电制造等传统产业改造升级。肇庆产业基础较弱，正加紧布局新能源汽车、电子信息等产业。2018 年粤港澳大湾区分地区工业增加值增速如图 5-5 所示。

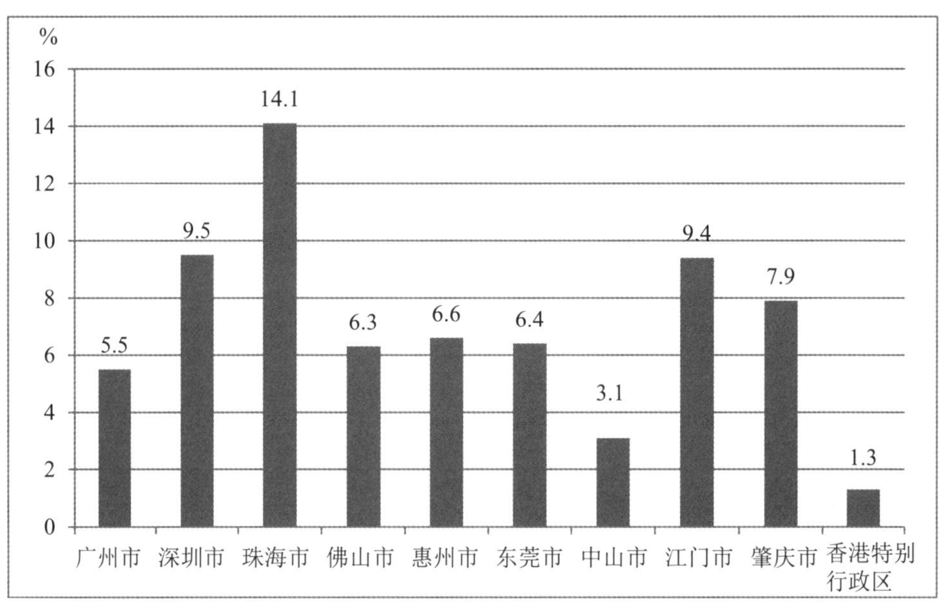

图 5-5　2018 年粤港澳大湾区分地区工业增加值增速

近年来，粤港澳大湾区的创新驱动发展不断增强，经济发展的动能逐步转换，逐步形成了以广州市和深圳市为创新龙头的区域协同创新格局。2018 年，从研发经费投入看，珠三角规模以上工业企业研发经费投入为 1982.18 亿元，占规模以上工业增加值的比重为 7.2%，高于全省平均水平（6.5%）0.7 个百分点；从研发活动看，珠三角规模以上工业中有研发活动的企业数为 14807 个，占本区域规模以上工业企业数的比重为 40.4%；从研发专利成果看，珠三角发明专利授权量为 50206 个，发明专利申请量的转化率（授权量占申请量的比重）为 24.2%；从高新技术企业家数看，珠三角有高新技术企业 43079 家，比 2017 年增加 11559 家。

从工业经济中新兴产业的发展情况看，粤港澳大湾区的高技术制造业已经形成一定的规模，高新技术产业产值不断增加，新一代移动通信设备、新型平板显示、新能源等战略性新兴产业蓬勃发展。2018 年，珠三角九市高技术制造业增加值为 9908.60 亿元，比上年增加 855.84 亿元；高新技术产品产值为 36989.22 亿元，比上年增加 3439.98 亿元。其中，深圳高技术制造业增加值占全市规模以上工业增加值的比重为 67.3%；其次为东莞和惠州，占比分别为 38.9%和 40.4%。2018 年粤港澳大湾区分地区高新技术发展情况见表 5-4。

表 5-4　2018 年粤港澳大湾区分地区高新技术发展情况（单位：亿元）

地　区	高技术制造业增加值	高新技术产品产值
珠三角合计	9908.60	36989.22
广州市	598.56	4840.70
深圳市	6131.20	12842.02
珠海市	321.95	1520.50
佛山市	276.49	4098.19
惠州市	698.78	3001.45
东莞市	1520.62	7958.03
中山市	208.65	1132.68
江门市	100.53	1125.85
肇庆市	51.81	469.80

二、泛珠三角区域产业转移的现状和特点

（一）泛珠三角政策不断丰富完善，营商环境不断优化

近年来，泛珠三角区域发展不断迎来政策利好。2019 年 2 月，中共中央、国务院印发了《粤港澳大湾区发展规划纲要》，明确以粤港澳大湾区为龙头，辐射带动泛珠三角区域发展。泛珠合作迎来了新机遇。自粤港澳大湾区发展规划纲要出台后，泛珠三角各省份作为大湾区的重要组成部分，纷纷研究出台相关政策并抓好落实，大湾区建设从开局起步转向全面铺开、纵深推进。例如，广西壮族自治区党委办公厅、自治区人民政府办公厅印发《广西全面对接粤港澳大湾区实施方案（2019—2021 年）》指出，要推进海上互联互通建设。加快建设北部大湾区域性国际航运中心，主动融入大湾区世界级港口群，把北部湾港打造成为区域性国际航运中心。加快对接大湾区国际航空枢纽建设，打造承接国内、沟通东盟的北部大湾区域性国际航空中心。

随着《粤港澳大湾区发展规划纲要》政策文件的出台，11 个城市成为国家建设世界级城市群和参与全球竞争的重要空间载体。而现代化、国际化的营商环境不仅可以推动高质量发展，还能提高各城市的核心竞争力。大湾区各地区、各城市在打造良好营商环境方面一直走在前列，锐意进取，勇于创新；在商事登记、行政审批等方面纷纷亮出改革举措，打造优化营商环境的样本，为企业创造更好更优的营商环境。广州市社会科学院和南方都市报发布的《2019 粤港澳大湾区营商环境调研报告》显示，粤港澳大湾区营商环境改革力度和成效走在了全国前列。珠三角营商环境企业满意度达到 77.3%，各城市受访企业满意度均在 70%以上。44.4%的受访大湾区企业希望“继续降低企业税费负担”，有36%的企业希望“降低用工成本”，这与人力成本调查结果相呼应。31.6%的企业希望“加快大湾区市场融合，统一市场规则”。随着大湾区建设推进，企业对加快大湾区市场布局越发期待。只有真正实现大湾区内机制和规则互通互认，企业做生意才更便利，这为大湾区下一步营商环境改革指明了方向。

（二）大平台引领高质量发展，泛珠三角区域辐射带动作用不断增强

《粤港澳大湾区发展规划纲要》提出，带动珠江—西江经济带绿色创新发展，推进粤桂合作特别实验区等跨省区合作平台建设，为泛珠三角区域间要素流动和产业转移带来前所未有的发展机遇。近年来，泛珠三角 11 省区以区域合作开放为基础，以改革创新为动力，积极深化经贸合作，各个重大合作平台发展取得丰硕成果。据不完全统计，泛珠三角九省区已设立各类产业转移对接园区近 20 个，形成了珠江—西江经济带、闽粤经济合作区、粤桂合作特别试验区、粤川自贸试验区等高端产业合作平台。这些平台与地处广东、福建、广西、海南的自由贸易试验区及香港特别行政区、澳门特别行政区紧密互动，成为我国构建对外型经济新体制、参与和引领国际合作竞争新优势的有力支撑。

2004 年实施泛珠三角区域合作以来，区域合作经历了从珠江三角洲地区内部合作发展，到粤港澳跨区域合作发展，再到泛珠三角跨省市区合作

的发展历程；经历了从“1+1”或“1+X”，到“9+2=1”，再到“9+2=1+X”的全方位开放合作进程。国家推进“一带一路”、京津冀一体化、长江经济带等建设，都将泛珠三角区域合作作为重要平台，泛珠合作在国家区域协调发展、对外开放中的地位越来越突出。随着粤港澳大湾区辐射带动作用的增强，泛珠三角区域在交通互联互通、资源服务共享的同时积极推动产业协同振兴，进一步打造优势互补、分工协作、特色鲜明的产业集群（参见专栏 5-1）。

专栏 5-1　全面对接大湾区 泛珠三角谱写协同发展强音

基建大改善

泛珠三角区域跨越内地九个省区和和香港、澳门两个特别行政区，这里既有崇山峻岭、高峡平湖，也有盆地、三角洲，随着发展步伐加快，区域内基础设施建设水平正发生翻天覆地的变化。

公路网日渐完善。2018 年 10 月 24 日，港珠澳大桥正式通车运营。珠海和澳门从陆路前往香港的平均行程由约 3 小时缩短为约半小时，通过连通泛珠三角区域内“五纵七横”的高速公路主干线，泛珠三角区域陆路连接更加紧密通畅。

高铁网不断密织。2018 年 7 月 10 日，广西南宁首次开行直通香港的动车组列车，南宁、桂林、梧州三座城市与香港实现动车直连直通，推动了广西与粤港澳大湾区基础设施的互联互通。随着成渝（成都—重庆）铁路、贵广（贵阳—广州）高速铁路、厦深（厦门—深圳）铁路、南昆（南宁—昆明）高速铁路等跨区域高铁线路建成通车，泛珠三角区域步入崭新的“高铁时代”，区域内人员交流往来的时空距离进一步拉近。

航运航空更便捷。在内河上，广西大藤峡水利枢纽工程正加紧建设，大藤峡工程船闸建成后，黔江通航年均货运量将由当前的 1300 万吨提高至 5400 万吨。广东、广西、云南、贵州四省区建立了珠江水运发展高层协调机制，共同推进珠江—西江黄金水道建设。在空中，区域内已拥有

14 个年吞吐量千万级的大型机场，区域内省会及主要城市间的航线全部开通。

能源线路联网互通。泛珠三角区域合作各方（简称泛珠各方）不断加强电力输送及煤炭、油气储运等能源项目合作，华润电力“贺电送粤”2019 年从广西贺州向广东送电 30 亿千瓦时；南方电网上半年西电东送电量达到 1029 亿千瓦时，其对澳门输电第三通道等一批跨省区电网联网项目顺利投产。

产业大变化

在广东肇庆和广西梧州交界处，粤桂合作特别试验区建设如火如荼。2018 年 1—7 月，试验区新签约项目 15 个，合同投资额 26.7 亿元。目前，已有 414 家企业在试验区注册。一批新材料、新能源项目实现稳产，电子信息、高端装备制造产业链条进一步完善。

数据显示，2018 年以来，广西招商引资粤港澳大湾区到位资金 5202.4 亿元。湘南湘西承接产业转移示范区正逐步承接从广东省转移来的新一代信息技术、生物医药、文化旅游等产业。2018 年 4 月，湖南—粤港澳大湾区投资贸易洽谈周在香港、澳门、深圳三地举行，其间，湖南省与大湾区共达成投资类签约项目 445 个，投资总额约 4150 亿元。

凭祥广东工业园、衡阳深圳工业园、昆明深圳工业园、赣州香港工业园、川港设计创意产业园等一批产业园区加速发展，这些产业合作平台不断为泛珠三角的区域协调发展、联动发展添砖加瓦。

各方还利用历届经贸洽谈会及各种展会平台，开展经贸交流、特色产品促销等活动，前十二届泛珠经贸洽谈会累计签约项目超过 2 万个，总金额达 4.9 万亿元。

开放大发展

共同培育对外开放新优势是泛珠合作的重要使命。泛珠三角各方在内部合作日趋完善的同时，正放眼全球，寻求新的发展平台。

永久落户广西南宁的中国—东盟博览会与永久落户云南昆明的中国—南亚博览会，已成为我国面向东盟、南亚开展国际合作的重要平台。外国的咖啡、榴梿制品、珠宝玉器等特色商品越来越多地走进中国市场，而泛珠三角各方知名企业如柳工集团、上汽通用五菱、中国路桥等，也

借助博览会走向全球。

如今，泛珠三角区域对外开放的“朋友圈”正不断延伸。首届中国—非洲经贸博览会 6 月在长沙落下帷幕，这是在中非合作论坛下唯一的国家级对非经贸落地机制，也是湖南省第一个国家级、国际性对外开放平台。

（三）省际产业合作持续深化，东中西协调联动发展不断推进

泛珠三角区域既有快速发展的珠三角城市群，也有属于欠发达地区的省份，区域内部、城乡之间存在巨大发展差异。依托资源禀赋和比较优势，科学合理布局承接产业转移区域，欠发达地区的省份可以对接的转移项目不仅包括劳动密集型产业，也包括能源资源深加工、高新技术等领域，实现不同经济板块之间的优势互补。根据《粤港澳大湾区发展规划纲要》，未来大湾区市场将实现互联互通，推动东中西协调联动发展。湖南省自 2018 年 11 月湘南湘西承接产业转移示范区获批以来，通过体制机制改革，示范区建设成效初显，通过加大产业链招商和专业园区、特色产业小镇建设力度，沿海企业呈现出整体搬迁和抱团转移态势。衡阳市打造国际眼镜小镇，已吸引珠三角上下游企业 60 多家入驻，2021 年有望成为千亿产业；贵州省近年来抢抓国家深入推进东西部扶贫协作机制机遇，积极承接广东省产业转移，在 2019 年 11 月召开的广东·贵州“东西协作产业合作”对接会上，共达成签约项目 134 个，投资总额达 874.5 亿元，涉及高科技、智能制造、新能源、文化旅游、高效农业等产业性项目；江西省近年来积极承接电子信息发达地区产业转移，作为江西省的南大门，赣州市全南县已成为承接广东省电子信息产业转移桥头堡；广西壮族自治区加快“东融”步伐，密切与粤港澳大湾区的产业合作（参见专栏 5-2）。

专栏 5-2　加快“东融”步伐 密切产业合作

由广西壮族自治区投资促进局、广东省商务厅主办，粤桂合作特别实验区协办的 2019 粤桂加工制造业投资合作洽谈会在广东省东莞市举办。洽谈会深入贯彻落实广西壮族自治区党委、政府决策部署，强化与粤港澳大湾区产业对接，大力度开展加工制造业精准招商，力争在招大引强、招新引优方面取得新突破，着力引进一批“投资强度高、产业效益高、科技含量高”的龙头企业和产业链项目。

广西投资促进局党组书记、局长，广西壮族自治区经济技术协作办公室主任杨春庭在洽谈会上指出，粤港澳大湾区是广西最重要的投资来源地。广西 2018 年共引进粤港澳大湾区到位资金 3380.1 亿元，占全区招商引资到位资金的 42.5%。2019 年 2 月《粤港澳大湾区发展规划纲要》发布实施，提出打造以粤港澳大湾区为龙头，以珠江—西江经济带为腹地，带动中南、西南地区发展，辐射东南亚、南亚的重要经济支撑带，为深化两省区合作提供了新的重大机遇。一是共享先进装备制造业的合作商机。希望以机器人、无人机、新能源汽车、海洋工程装备、先进轨道交通装备等产业项目为重点，积极承接粤港澳大湾区产业转移，共同推动“广西制造”向中高端迈进。二是共享农产品加工业的发展机遇。希望把广西的农产品资源优势与大湾区的精深加工优势结合起来，实现优势互补、互利共赢。三是共享产业扶贫开发的发展机遇。希望广大企业家积极支持参与广西扶贫开发事业，在履行企业社会责任的同时，分享广西产业扶贫的发展商机。

广西将依托招商引资项目代办服务平台、政企沟通（协调服务）平台和优化营商环境投诉举报平台亲商安商“三大平台”，为各类企业在广西投资发展提供法制化、精细化、专业化的全程服务。

陈广俊表示，广东、广西两省区文化相近、水陆相接，交通往来便利，多年来，广西壮族自治区在承接广东省产业转移方面，成果显著。随着《粤港澳大湾区发展规划纲要》出台，广东省新一轮的开放发展如火如荼，广东、广西两省区产业合作优势互补，合作空间巨大。

（四）广州深圳“双核联动”，支撑“一核一带一区”

近段时间以来，随着多份重磅文件发布、两地党政代表团密切互动，广深合作新提法、新动向不断浮出水面。在新时代背景下，粤港澳大湾区和深圳中国特色社会主义先行示范区双星闪耀。同为粤港澳大湾区建设的中心城市和区域发展核心引擎，广深将在共谋科技创新发展、交通互联互通、新兴产业合作等领域互相支持、联动发展，也将共同担起辐射带动周边区域发展的重要使命。《广州市深圳市深化战略合作框架协议》明确了广深将在支持深圳建设先行示范区、共建国际科技创新中心、打造国际性综合交通枢纽、共建具有国际竞争力的现代产业体系、共建宜居宜业宜游优质生活圈、共同引领“一核一带一区”建设、加强广州南沙粤港澳全面合作示范区和深圳前海深港现代服务业合作区（以下简称深圳前海）等方面深化合作。“双区”利好叠加下，两城融合不能仅是简单的“物理效应”，更应该有“化学效应”。在广深合作中，科技的重要性不言而喻。早在2017年，广东省就规划广深科创走廊，明确广州和深圳各自发挥比较优势。在大湾区建设国际科技创新中心的背景下，发力科创一脉相承，“双核”的合力进一步走向深入。南沙科学城、中新广州知识城、广州科学城、琶洲人工智能与数字经济试验区（含广州大学城）与光明科学城、深港科技创新合作区、西丽湖国际科教城、东莞中子科学城等重大创新载体将点状分布对接，一系列部署，广深科技领域的合作安排，已经深入具体平台层面。广州服务业和工业发达，以金融、航运物流为代表的现代服务业，以数字经济、生物医药、新能源的为代表的重点新兴产业与深圳将形成上下游互动关系，携手构建现代产业体系。在更大范围内，两市关键区域已经打响广深区域合作的第一枪。目前，广州南沙粤港澳全面合作示范区和深圳前海深港现代服务业合作区深化合作，携手共建“改革创新协同发展示范区”。

广深“主引擎”不仅要实现“双核联动、双轮驱动”，深化珠三角城市战略合作，还要服务全省“一核一带一区”区域协调发展。目前，广州南沙将建高速公路连接深中通道，总投资超200亿元，预计2024年通车，项目建成后南沙自贸片区西部将形成一条快速通道连接中山、江门及粤西地区。而伴随着穗莞深（广州—东莞—深圳）城轨、广深（广州—深圳）第二高铁的建设，广州交通网络将深入庞大的珠三角腹地。地缘、产业配套和成本等优势，使得东莞成为深圳企业外扩的理想目的地。2014 年，华为终端落子松山湖；2015 年，大疆创新科技在松山湖启动总部建设；2017 年，蓝思科技、康佳集团相继在东莞扩军。在广州和深圳“主引擎”的牵引下，珠三角正朝着深度一体化走得更远。与此同时，珠三角核心区的新技术、新产业不断涌现，沿海经济带东西两翼现代产业快速成型，北部生态发展区的发展协调性明显提高。在各城市之间的产业互补协同下，珠三角到粤东西北地区搭平台、引产业，全面对接大湾区，将发展势能转化为源源不断的发展动能，不断推动全省高质量发展的新局面（参见专栏 5-3）。

专栏 5-3　广州深圳强强联手　共建发展示范区

近日，在深圳市南山区举行的前海推进中国特色社会主义先行示范区建设工作成果发布会上，广州开发区管委会与深圳前海蛇口自贸片区管委会签订《改革创新协同发展示范区合作框架协议》（下称《框架协议》）。双方将携手共建“改革创新协同发展示范区”，以制度创新共建共享共创为核心，以区域协同联动发展为重点，以产业互利合作为纽带，以构建立体全面开放新格局为突破口，通过协同改革、协同创新、协同开放、协同发展，建立健全自由贸易试验区改革创新协同发展推进机制和保障体系，为广州实现老城区新活力，在综合城市功能、城市文化综合实力、现代服务业、现代化国际化营商环境方面出新出彩；同时助力深圳朝着建设中国特色社会主义先行示范区的方向前行，创建社会主义现代化强国的城市范例。

区级层面产业优势互补、5 个领域协同共建

相关研究报告指出，广深合作有空间上的协同性与互补性，尤其是广深沿珠江口经济带空间结合度很高。作为广深港澳科技创新走廊核心节点、湾顶明珠，广州开发区空间优势明显，并积累了 30 多年的发展经验，在广深战略合作方面具有良好的基础与可行性。广州开发区与深圳

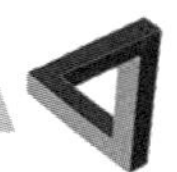

的产业协同必将带来产业及技术外溢效应向周边城市圈层扩散，带动粤港澳科技创新资源向产业链高端聚集，形成良好的产业空间扩张效应。

实际上，广州开发区与深圳在产业错位、协同、互动发展方面已有良好基础。比如，广州开发区恒运集团与深圳雄韬氢雄公司在广州开发区设立合资公司，将雄韬氢雄公司在国内氢能与燃料电池研发的领先优势和恒运集团在能源领域的产业优势强势结合，携手进军氢燃料电池产业。基于广州开发区与深圳的产业差异化，未来两地产业协同发展，将按照“市场主导、政府推动、优势互补、共建共享”的原则，从科技创新走廊、国家科学中心、世界产业集群三个功能协同定位上出发，重点实现产业共链、科技资源共享、金融同城化、人才流动机制、深化营商环境改革等五大领域的协同共建，不断拓展合作领域、深化合作内涵。

“总部+产业”合作项目引进各有侧重

基于广深两地产业创新要素的差异化，此次广州开发区与蛇口自贸片区签订的《框架协议》中，明确了两地产业互利合作机制，共同构建协同发展的现代化产业体系、跨区域的综合金融服务体系，以及科技创新专业服务体系，实现优势互补，共同发展。《框架协议》提出，双方按照“总部+产业”区位合作模式，鼓励双方国有企业根据自身优势加强合作，积极开展产业人才合作、企业对接联动、项目载体共建、区域联合招商等深度合作，争取大型持牌金融机构总部落户深圳前海、生产性服务业龙头机构总部落户广州开发区，探索打造大湾区金融产业园和大湾区高端制造业发展新高地。

在推进粤港澳合作开放方面，双方将探索与港澳共同打造要素流动通畅、科技设施联通、创新链条融通、人员交流顺畅的跨境合作平台，联手推进香港和澳门的国家重点实验室、工程技术研究中心建设，打造离岸创新创业平台；探索支持取得建筑和相关工程咨询等港澳相应资质的企业和专业人士在区域内开展业务和执业，并逐步推出更多试点项目及开放措施；支持会计、税务、法律、医疗卫生、会展等香港优势专业服务业在双方区域加速集聚发展。

强强联合，大湾区区域合作“1+1＞2”

广州、深圳作为大湾区中心城市的重要地位十分明确。广州要充分发挥国家中心城市和综合性门户城市引领作用，全面增强国际商贸中心、综合交通枢纽的功能，培育提升科技教育文化中心功能，着力建设国际大都市。深圳则要发挥作为经济特区、全国性经济中心城市和国家创新型城市的引领作用，加快建成现代化国际化城市，努力成为具有世界影响力的创新创意之都。

广深两座城市各自具有鲜明的比较优势和发展特色。广深同为粤港澳大湾区建设的中心城市和核心引擎，承担着辐射带动周边区域发展的重要使命，在国家战略的大格局中，深化两市战略合作，具有重大的战略意义：广州开发区和深圳前海蛇口自贸片区的协同发展，为深化粤港澳创新合作、构建开放型融合发展的区域经济共同体提供了新思路，走出了新路子，有利于打造粤港澳创新驱动引擎，带来大湾区区域合作“1+1＞2”的效果。广深战略合作之间有望呈现出一种双向的“鲶鱼效应”。

（五）泛珠三角各省份全面对接粤港澳大湾区建设，推动泛珠合作向纵深发展

自粤港澳大湾区提出以来，尤其是顶层设计明朗之后，诸多省份都在积极谋求对接和融入。这主要包括四川省、海南省、江西省、湖南省和贵州省等，基本囊括整个泛珠三角区域。粤港澳大湾区成为泛珠三角不少省份的最大资金投资地，尤其产业投资。并且随着对接合作的强化，大湾区向这些省份的投资在快速增长。比如，2018 年广东省在湖南省投资实际到位资金达 2474 亿多元人民币，同比增长 23.8%；2019 年一季度广西壮族自治区引进大湾区到位资金 836.3 亿元，占全区总量 40.4%。这些省份对接大湾区的思路共同指向互为承接的两方面，一是进一步畅通与大湾区的交通联系，二是基于此承接包括产业在内的大湾区更多资源外溢。比如，广西壮族自治区明确，全面对接大湾区要以交通对接为先导、以产业承接为重点；江西省也将“构建立体化对接通道”和“建设高端产业协作区”列为重点任务（参见专栏 5-4）；湖南省与珠三角联系十分紧密，湖南省是

珠三角流动人口的最大来源地，2018 年 12 月发布的《中国流动人口发展报告 2018》显示，湖南省的流动人口占珠三角全体流动人口的 15.05%，湖南省尤其是长沙成为珠三角不少产业转移布局的首选；在贵广高速铁路开通后，贵州省与广东省之间的联系更加紧密，很多产业也转移到贵阳等地。贵州省 2018 年政府工作报告也提出，要主动融入长江经济带、粤港澳大湾区、泛珠三角区域，深化产业、商贸、科技等领域合作。

专栏 5-4　广西全面对接粤港澳大湾区产业发展

近两年来，特别是《粤港澳大湾区发展规划纲要》实施以来，作为内地距离粤港澳地区最近、交流合作最密切的省份之一，广西壮族自治区把全面“东融”、对接粤港澳先进生产力作为加快发展的重点方向，围绕共享现代制造业发展、港航物流产业发展、新经济发展、大健康和文化旅游产业发展、金融产业发展五大合作商机，主动对接、深度融入大湾区，着力打造粤港澳大湾区产业转移最佳承接地。

筑巢引凤，开放平台待客来

广西的优势在区位，出路在开放，这已是全区的共识。吸引粤港澳大湾区企业前来投资，广西有着得天独厚的优势。“在我国全方位对外开放新格局中，中央赋予广西‘三大定位’，并通过一系列规划方案上升为国家战略。”自治区投资促进局局长杨春庭介绍，2018 年以来，国家相继印发了《广西建设面向东盟的金融开放门户总体方案》《中国—东盟信息港建设总体规划》《西部陆海新通道总体规划》《中国（广西）自由贸易试验区总体方案》等重要文件，并明确支持在防城港市建立国际医学开放试验区。

2019 年 11 月上旬，在第三次区域全面经济伙伴有关系协定（RCEP）领导人会议上，RCEP 15 个成员国完成 RCEP 谈判，签订了《区域全面经济伙伴关系协定》，标志着中国—东盟从 10+1 向 10+5 拓展。作为中国唯一与东盟陆海相连的省份，广西壮族自治区又迎来了新一轮开放发展的热潮。

如今，广西北部湾经济区、珠江—西江经济带、左右江革命老区、桂林国际旅游胜地已实现国家发展战略全覆盖。2019年国家新设立了中国（广西）自由贸易试验区，这是国内唯一突出陆海联动功能的自由贸易试验区，也是引领中国—东盟开放合作的高标准高质量自贸园区，为广西更好地承接国内外产业转移提供了更高水平的开放合作平台。

重大机遇接踵而至，广西壮族自治区顺势而为，于2019年年初出台了《关于切实加强我区利用外资工作的通知》《广西招商引资激励办法》等政策文件，有效激发了各方招商引资的积极性。

主动出击，产业转型再升级

筑好栖凤巢，如何引凤来？广西壮族自治区的做法是：主动出击。

近两年，广西壮族自治区面对粤港澳大湾区的大型招商活动一个接一个，影响之大、效果之好让人瞩目。

2018年5月，广西壮族自治区在深圳举办投资合作推介会，突出以承接先进制造业和现代服务业为重点，深化在电子信息、装备制造、大健康、现代物流、金融服务、文化创意等六大重点产业领域的投资合作与项目洽谈。

2019年5月中旬，“广西对接粤港澳大湾区——走进港澳”活动，签约企业包括中国太平保险、中银香港、中电控股、培力控股、信义光能、中滔环保、溢达集团等行业知名企业，新制造及大健康等重点产业项目占总量多数。

2019年11月11日，在广西全面对接粤港澳大湾区产业发展推介会暨签约仪式上，共有45个集中签约项目，其中41个投资类合作项目总投资额超过2000亿元。当天，主办方还召开自由贸易试验区深圳项目对接恳谈会专场，有近50家企业与各市达成投资意向，总投资超过100亿元。

除举办大型招商活动外，广西还采取小分队招商、驻点招商、聘请招商代表、构建全球招商网络等方法，深入粤港澳大湾区招商。

看好广西，合作再创新佳绩

自治区政府与多家广东知名企业签订战略合作（框架）协议“广西与广东紧密相邻，是大湾区的直接辐射区、重要经济腹地和拓展东盟市

场的便捷桥梁。两广合作拥有深厚的历史渊源和天然的产业对接基础，在新时代加强互联互通、融合互补，将共享大湾区、东盟战略发展的重大机遇，共迎高质量发展新起点。”中国平安保险（集团）股份有限公司（以下简称平安保险）董事长马明哲表示，正是看好广西的发展机遇，平安保险与广西壮族自治区政府签订了战略合作（框架）协议。平安保险将利用自身“金融+科技”优势，从智慧医疗、智慧农业和基建投资等三方面进一步为广西建设做贡献。

“广西未来 30 年都是投资的宝地、投资回报的福地。广西这片土地鲜花开得无比美丽，我们企业家就是那些小蜜蜂聚集过来了。”正威国际集团董事局主席王文银这么说，也这么做了。正威集团与自治区政府签订战略合作（框架）协议，要在广西大展身手。

而在八桂大地深耕了近 30 年的华为技术有限公司（以下简称华为），这两年更是加大了与广西壮族自治区的合作力度：2018 年，华为与自治区政府签订了战略合作框架协议；2019 年 4 月，华为发布了“做数字广西建设的最佳使能合作伙伴”的区域战略，这是华为全球化战略下在中国发布的首个区域性战略，充分表达了华为对广西壮族自治区营商环境的认可和发展前景的信心。

花正盛开，蝶自飞来。如今，粤港澳大湾区已成为广西最大的投资来源地。平安保险、华为等一大批大湾区知名企业相继落户广西。在他们的引领和带动下，目前已有两万多个粤港澳企业投资项目在广西落地开花。

（六）双创政策密集发力，支持港澳青年赴内地创新创业

在近年“双创”政策的引领下，粤港澳大湾区的众创空间早已如雨后春笋般建立起来。不仅在广州、深圳，在东莞、中山等其他大湾区城市，粤港澳青年人聚集营造起来的热闹氛围正为大湾区创新创业注入生机勃勃的源源动力。为港澳青年提供创业、就业、实习等机会，推动青年交往交流、交心交融，支持港澳青年融入国家、参与国家建设，粤港澳大湾区各种相关举措接连不断。2019 年 5 月，粤港合作联席会议第 21 次会议在广

州举行，明确提出支持香港青年到广东就业创业，推动公共服务政策对接。同月在澳门举行的2019年粤澳合作联席会议，明确提出，扎实推进创新创业合作，共同打造国际科技创新中心，抓好首批粤澳青年创新创业基地建设。通过粤港澳三地大力合作，珠三角涌现出众多成效显著的港澳青年创新创业基地，为港澳青年在大湾区创新创业提供了良好舞台。在广州南沙，“创汇谷”粤港澳青年文创社区已聚集着港澳青创团队 74 个（香港团队 57 个，澳门团队 17 个），在校大学生团体及初创团队占比接近 100%。该园区使用面积达 2 万平方米，可容纳 200 个创业团队入驻，致力于将南沙打造成为港澳青年湾区创新创业的首选地和全面融入国家的中转站。在深圳前海，深港青年梦工场已累计孵化创业团队共 356 家，其中港澳台及国际团队 176 家，总融资金额超 15 亿元人民币，机构及团队获专利 498 个。深圳前海还打通了深港人才双向流动通道，推动注册税务师、执业药师、会计师等 20 多类香港专业人士在深圳前海执业。在珠海横琴，截至 2019 年 3 月，澳门青年创业谷累计孵化 340 个项目，其中港澳创业项目 192 个（澳门项目 181 个，香港项目 11 个）；培育高新技术企业 37 家；23 家企业获得风险投资资金，融资额突破 4.33 亿元；累计引进 85 位高层次人才专家、创办企业 78 家。2019 年 5 月，广州印发《加强港澳青年创新创业基地建设实施方案》，从政策支撑、打造平台、营造环境、建立机制 4 个方面，提出加强港澳青年创新创业基地建设的主要任务和措施（参见专栏 5-5）。到 2025 年，广东省将构建以粤港澳大湾区（广东）创新创业孵化基地为龙头的“1+12+*N*”孵化平台。

专栏 5-5　港澳青年如何在大湾区创业就业？粤港澳三地有话说

广东：粤港澳大湾区将打造 12 个为港澳青年创新创业服务平台

广东省委常委、常务副省长林少春指出，自广州南沙、深圳前海、珠海横琴三地设立了港澳青年创新创业平台以来，港澳青年在该平台的创业团队达 360 多个，涉及互联网、金融、科技、生物、医学等各个领域，从业就业人员近 4 千人。

未来，广东省将从省政府层面，在广东建立一个粤港澳青年创新创业的基地。在总结深圳前海、广东南沙、珠海横琴运行经验的基础上，更加有针对性地提升创新创业的服务力。整个粤港澳大湾区将会打造12个为港澳青年创新创业服务的平台。

此外，广东省将进一步完善相关的支持和服务。广东省支持本省青年创新创业的政策，香港和澳门的青年也可以享受。针对港澳青年在内地办企业、登记，包括申请税务办理、银行贷款有很多不了解的地方，将为他们提供一站式服务。同时，全面梳理港澳青年在内地就业、创新创业涉及的居住、医疗保障、税务政策等方面的支持措施。

香港：与广东省政府合作 成立大湾区香港青年创新创业基地联盟

香港特别行政区政府政务司司长张建宗指出，香港将通过和民间机构合作，为在大湾区创业的香港青年提供创业补助、支援、辅导、引路及孵化的服务。

同时，与广东省政府合作，成立大湾区香港青年创新创业基地联盟，建立一站式的宣传与兼容平台，支持香港平台创业者到大湾区发展、落户。

澳门：提供30万元上限的免息创业贷款 支持青年创业

澳门特别行政区政府政策研究和区域发展局局长米健表示，澳门鼓励青年到内地交流学习，为他们创新创业做好准备。

“澳门的青年有个特点，就是比较安逸，不愿意走出去。现在我们告诉他，你必须面对这个时代，必须面对大湾区时代的到来。”米健说。

米健指出，澳门实施青年湾区创业创新计划。提供30万元上限的免息创业贷款，支持青年创业。连续几年组织“澳门青年创业创新考察团”到内地学习创新创业的经验。此外，澳门还在中山市设立了一站式的青年创新创业平台。

三、泛珠三角区域产业转移的趋势分析

（一）珠三角地区借助粤港澳大湾区优势，进一步加速先进制造业集聚

目前，珠三角地区已形成以先进制造业为主体，金融等行业多元化发展的产业布局。从产业升级基本规律来看，未来，珠三角将借助粤港澳大湾区内的科技和金融优势，吸引科技创新要素聚集，形成产业集群效应。从珠三角上市公司构成来看，电子、计算机等高新技术企业占据主导地位。目前珠三角上市公司以先进制造业为主，在信息通信产业方面实力较强；另外，珠三角上市公司产业逐步呈现多元化布局，除了制造业，也聚集了金融、地产、汽车、家电等领域的龙头上市公司。据统计，2018 年珠三角制造业上市公司研发经费投入强度为 5.15%，同比提高了 0.95 个百分点。以深圳来看，2018 年深圳研发经费投入占地区生产总值比重达 4.2%，居全球前列，其中超过一半的研发经费投入来自 166 家科创型上市公司。其中，37 家科创企业研发强度超过 10%，达到国际高科技领先企业水平。目前深圳上市公司在科技创新领域已形成智能制造、生物医药等多个较为成熟的产业集群，构建了完整的上下游产业链，成为带动地区经济发展的关键动力。

（二）内地九省区对接粤港澳进一步深化，统筹东中西打造经济带

近年来，随着区域内交通基础设施、营商环境、“一带一路”三方面的建设推进，企业的物流成本、制度性交易成本和国际环境成本进一步降低，使得内地九省区之间的区域壁垒进一步淡化。特别是随着珠三角和香港、澳门经济的融合发展，粤港澳一体化雏形已经显现，因而有条件将对接港澳的区域进一步扩展。泛珠三角九省区共同对接港澳，有助于港澳和珠三角地区的经济腹地向纵深延伸，实现西南、中南地区人力、土地、生态环

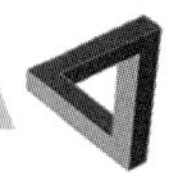

境等资源禀赋优势和港澳、珠三角技术、市场优势的互补，实现东中西部地区的区域协调发展，由此开拓经济发展的新空间。根据国务院印发的《关于深化泛珠三角区域合作的指导意见》，“9+2”框架的区域合作，一方面体现为落后产能的转移和承接，另一方面则是优质产业的分工。在落后产能的转移和承接方面，具体表现为成本较高地区转移到成本较低地区的梯度转移，如近年来珠三角的产能转移到粤东西北地区；而随着物流大通道的完善，未来将有更多富余的产能转移到西南、中南地区，从而跨省域乃至面向全球的产业链布局。

（三）粤港澳大湾区将建成具有重要国际影响力的科技和产业创新中心，“湾区红利”不断释放

《粤港澳大湾区发展规划纲要》提出，到 2022 年，粤港澳大湾区综合实力显著增强，区域内生发展动力进一步提升，发展活力充沛、创新能力突出、产业结构优化，到 2035 年，大湾区形成以创新为主要支撑的经济体系和发展模式，经济实力、科技实力大幅跃升，国际竞争力、影响力进一步增强。未来珠三角将会充分发挥粤港澳科技和产业优势，吸引全球创新资源，推进珠三角科技创新走廊建设，实现人流、资本、信息、技术等创新要素跨区域自由流动，共建粤港澳大湾区国际化创新平台，成为世界创新高地。目前，珠江东岸的电子信息产业发达，拥有华为、腾讯等世界著名的 IT 公司；珠江西岸的装备制造业也蓬勃兴起。粤港澳大湾区将来会进一步聚集全球先进制造业，继续大力培育壮大战略性新兴产业发展，推动新一代信息技术、生物技术、高端装备制造、新材料、文化创意等新兴产业发展，打造有重要国际影响力的科技和产业创新中心，使其成为带动中国南部经济增长的强劲增长极。

（四）基础设施不断完善，泛珠三角对外开放“朋友圈”不断延伸

加快基础设施的互联互通，是泛珠三角区域合作的重要环节。经过 15 年的发展，泛珠三角区域已实现省际高速公路联通，港珠澳大桥建成通车；

区域内省会及主要城市间的民航航线全部开通；高铁时代来临，广东、广西和贵州三省区形成4小时经济生活圈；广东、广西、贵州和云南四省区共同推进珠江—西江黄金水道建设。“西电东送”“西气东输”等电力输送及煤炭、油气储运合作取得新突破。共同培育对外开放新优势是泛珠合作的重要使命。内部合作日趋完善的同时，泛珠三角区域正放眼全球，寻求新的发展平台。随着中国（广西）自由贸易试验区、中国（云南）自由贸易试验区正式揭牌，泛珠三角九省区中已有6个自由贸易试验区和8个国家级新区，开放正使泛珠三角区域迎来强劲动力。泛珠各方的多家知名企业如柳工集团、上汽通用五菱汽车股份有限公司、中国路桥工程有限责任公司等，也借助博览会走向全球。如今，泛珠三角区域对外开放的“朋友圈”正不断延伸。2019年8月公布的《西部陆海新通道总体规划》涉及四川、云南、广西、海南等省区，新通道将推动泛珠各方深度参与“一带一路”建设，推动西部地区深入参与国际经济合作，促进经济深度融合。在粤港澳大湾区的推动下，泛珠三角区域还将构建“一枢纽、两大港、三通道、四辐射”的出海、出边大通道，着力推动建设中国与越南、缅甸、老挝、印度等国的跨境铁路项目，推进孟中印缅经济走廊、中巴经济走廊、中新经济走廊和中国—东盟自由贸易区升级版等建设。

（本章由宋晓晶负责编写）

第六章 东北地区产业转移的现状与趋势

东北地区是我国的工业摇篮和重要粮仓，煤、水、电、石油等资源丰富，铁路、航空、港口、高速公路等交通便捷，是新中国成立后建成的第一个重工业基地。近年来，受国内外市场需求不足，以及结构性问题等多重因素影响，东北地区的产业结构调整未能跟上全国产业结构调整的大趋势，容易受到市场需求变化的冲击。尤其在计算机、通信和其他电子设备制造业和电器机械及器材制造业方面，东北地区所占比重与广东省、江苏省等地形成鲜明对比。东北地区黑龙江、吉林、辽宁三省地区生产总值增速连年处于全国中下游水平，经济下行压力较大，发展面临不少挑战。在新一轮科技革命和产业革命的大趋势下东北振兴已经刻不容缓，必须积极拓宽招商引资渠道、扩大对外开放步伐、狠抓产业结构调整，加快建设区域现代化产业体系，不断激发东北地区社会的创造力和发展活力，发挥东北地区的比较优势，构建现代化经济体系，优化现代化经济体系空间布局。

一、东北地区产业发展总体情况

2019 年，我们面临的外部环境仍然不乐观，世界经济增速放缓，保护主义、单边主义加剧，不稳定不确定因素明显增多，外部输入性风险上升，国内经济下行压力加大。东北地区经济近年来受多重因素影响，发展势头有所放缓，各项经济数据有所下降。2019 年，东北地区经济运行整体保持在合理区间，筑底工作尚未完成。

（一）经济发展总体平衡

根据国家统计局的数据显示，东北地区经济发展波动上涨。从地区生产总值看，2014—2018 年，东北地区地区生产总值占 GDP 比重呈持续下降态势。2018 年，东北地区地区生产总值总额为 56751.59 亿元，占 GDP 的比重为 6.17%，同比 2016 年降低 0.47 个百分点，同比 2014 年下降 2.76 个百分点，下降幅度较大。从 2018 年东北地区地区生产总值及其增速来看，东北地区经济运行，呈现总体平稳，稳中有进的发展态势。黑龙江省地区生产总值为 16361.62 亿元，吉林省地区生产总值为 15074.62 亿元，辽宁省地区生产总值为 25315.35 亿元，三省增速全部为正，实现了正增长。2014—2018 年东北地区地区生产总值占全国比重如图 6-1 所示。2018 年东北地区地区生产总值及增速见表 6-1。

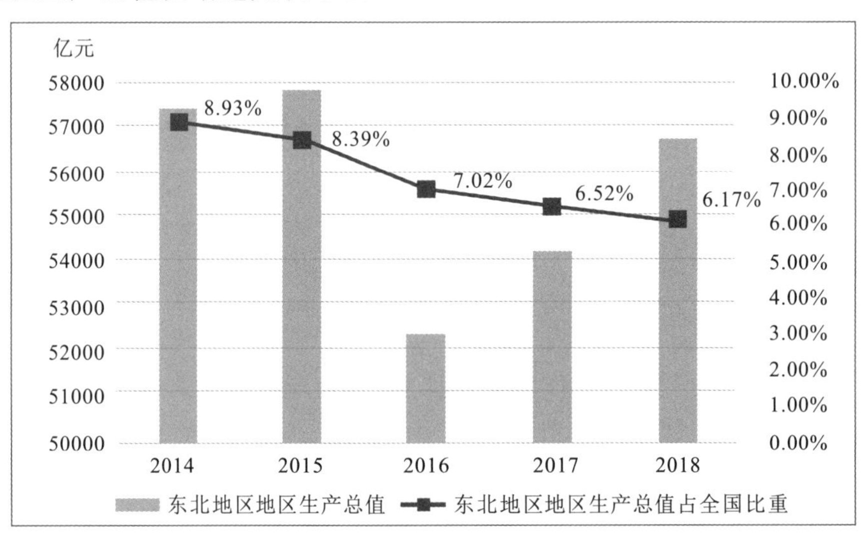

图 6-1　2014—2018 年东北地区地区生产总值占全国比重

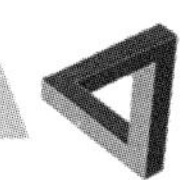

表 6-1　2018 年东北地区地区生产总值及增速

地　区	地区生产总值（亿元）	增长率（%）
黑龙江省	16361.62	2.9
吉林省	15074.62	0.9
辽宁省	25315.35	8.1

根据国家统计局发布的数据显示，东北地区工业经济发展总体平稳。东北地区工业增加值自 2016 年以来缓慢回升，不断增长，2018 年达到 17811 亿元，增速达 6.70%，为近五年来最快增长。辽宁省工业增加值增速近两年显著改善，从 2017 年开始转负为正，2018 年达到 9.80%。吉林省工业增加值增速 2018 年开始回升，从 2015 年开始的负增长转变为 5%，至 6360 亿元。黑龙江省工业增加值增速为 3%，少于辽宁省和吉林省，但也是近五年来第一次实现正增长，呈现良好增长态势。2014—2018 年东北地区工业增加值情况见表 6-2。

表 6-2　2014—2018 年东北地区工业增加值及增速

	2014 年	2015 年	2016 年	2017 年	2018 年
辽宁省（亿元）	12657	11271	6818	7302	8018
增速（%）	2.90	-10.95	-39.50	7.10	9.80
吉林省（亿元）	6425	6112	6070	6057	6360
增速（%）	6.03	-4.87	-0.69	-0.21	5.00
黑龙江省（亿元）	4784	4054	3647	3333	3433
增速（%）	-6.02	-15.26	-10.03	-8.62	3.00
东北三省（亿元）	23866	21437	16536	16692	17811
增速（%）	1.77	-10.18	-22.86	0.95	6.70

（二）制造业固定资产投资增速回升

2018 年，东北三省制造业固定资产投资增速回升，合计完成额同比上升了 8.2%，完成额至 10516.28 亿元。其中，辽宁省实现制造业固定资产投资完成额 1839.65 亿元，同比上涨 20.3%，由 2017 年的负增长到正增长，且增长较快；吉林省同比下降 3.8%，至 5054.47 亿元，较 2017 年 12.6%的下降速度放缓；黑龙江省同比增加 15.6%，至 3622.15 亿元，增速增长较快，为近五年来最高（见表 6-3）。2018 年，辽宁省固定资产投资额同比增长 3.7%，比上一年提高 3.6 个百分点，分产业看，第一产业投资同比下降 2.1%，第二产业投资同比增长 12.1%，第三产业投资同比下降 0.7%；吉林省固定资产投资额同比增长 1.6%，比上一年提高 0.2 个百分点，分产业看，第一产业投资同比下降 12.5%，第二产业投资同比下降 4.6%，第三产业投资同比增长 5.4%；黑龙江省固定资产投资额同比下降 4.7%，与上一年相比降低 10.9 个百分点。

表 6-3　2014—2018 年东北地区全社会制造业固定资产投资完成额及增速

	2014 年	2015 年	2016 年	2017 年	2018 年
辽宁省（亿元）	8869.11	6568.31	1765.22	1529.22	1839.65
增速（%）	2.7	-25.9	-73.1	-13.4	20.3
吉林省（亿元）	5102.85	5819.98	6012.93	5254.21	5054.47
增速（%）	15.7	14.1	3.3	-12.6	-3.8
黑龙江省（亿元）	2610.92	2819.21	3024.03	3133.35	3622.15
增速（%）	-25.8	8.0	7.3	3.6	15.6
东北三省（亿元）	16582.88	15207.50	10802.18	9916.78	10516.28
增速（%）	0.1	-8.3	-29.0	-8.2	10.7

（三）工业企业研发力度有所下降

近年来，东北地区规模以上工业企业的研发经费支出占全国的比重持续下降，从 2014 年的 5.39%下降至 2019 年的 3.23%。2018 年，东北地区规模以上工业企业合计研发经费支出为 418.67 亿元，同比下降 3.2%，不仅低于 2017 年，而且与全国 9.8%的平均增速相比仍然有较大差距。分省份来看，辽宁省 2018 年研发经费投入为 300.6 亿元，同比增加 9.32%；吉林省研发经费投入为 57.5 亿元，同比减少 23.3%，增速从 2014 年以来持

续下降，2017 年转为负增长；黑龙江省研发经费投入为 60.57 亿元，同比减少 26.7%，降速非常大。从研发经费支出看，东北地区工业企业的研发经费投入力度有待进一步提升（见表 6-4）。

表 6-4　2014—2018 年东北地区规模以上工业企业研发经费支出

	2014 年	2015 年	2016 年	2017 年	2018 年
辽宁省（亿元）	324.23	241.88	242.06	274.95	300.60
增速（%）	-2.7	-25.4	0.1	13.6	9.32
吉林省（亿元）	78.94	86.15	90.86	75.00	57.50
增速（%）	13.1	9.1	5.5	-17.5	-23.3
黑龙江省（亿元）	95.58	88.04	88.49	82.59	60.57
增速（%）	0.6	-7.9	0.5	-6.7	-26.7
东北地区（亿元）	498.76	416.07	421.42	432.53	418.67
增速（%）	0.2	-16.6	1.3	2.6	-3.2
全国占比	5.39	4.15	3.85	3.60	3.23

二、东北地区产业转移的现状和特点

东北地区是新中国工业的摇篮，拥有一批关系国民经济命脉和国家安全的战略性产业，区位条件优越，沿边沿海优势明显，具有有效承接国内外产业转移的基础。2018 年 12 月 20 日，工业和信息化部公告了基于《产业转移指导目录（2012 年本）》修订的《产业发展与转移指导目录（2018 年本）》，根据该指导目录，东北地区将加快传统优势产业升级，重点承接发展原材料工业、装备制造业、消费品工业和电子信息产业，建成向北开放的重要窗口和东北亚地区合作的中心枢纽。为加速实现产业转移和东北各地区经济的协同发展，东北三省近年来围绕“一带一路”倡议，推进与东部省市积极合作，为推进产业转移提供配套机制保障，推进重点项目加速落地等方面深入开展工作，取得显著成效。

（一）深度融入“一带一路”倡议，建设开放合作高地

自从2013年提出“一带一路”倡议以来，“一带一路”建设由点及面，在发展中不断前进、在合作中茁壮成长，已经驶入了加速推进的“快车道”，成为世界经济全面复苏的一股强大动力。东北地区正尝试借助深度融入“一带一路”倡议谋求振兴，并蓄势打造东北亚合作中心。东北亚地区六国经济发展各具优势，互补性强，具备条件和能力开展各领域、深层次合作。2019年年初，中国与俄罗斯双边贸易继续保持良好势头，1月贸易额达5.53亿美元，同比增长15%。中国已设立首期100亿元、总规模1000亿元人民币的中俄地区合作发展投资基金，推进重大项目落地，将其打造成为中俄地区合作的重要平台。中俄远东合作也在不断推进，中俄原油管道、东线天然气管道、同江铁路桥、黑河公路桥等一批大项目顺利进行，中俄远东合作将继续加强。

中俄两国成立中国东北地区和俄罗斯远东及贝加尔地区政府间合作委员会，组建中国东北地区和俄罗斯远东及贝加尔地区事业理事会，举行中俄地方领导人对话会，合作机制完备高效。为推动“一带一路”倡议在东北亚地区走深走实、推动东北地区加快融入共建“一带一路”倡议指明了方向（见表6-5）。

表6-5　东北地区融入“一带一路”倡议建设的进展

地　区	进展情况
黑龙江省	1. 2019年，中俄首座跨界江铁路大桥合龙，货物经过大桥直接快速发往俄罗斯，企业物流费用会降低三分之一，大大提高了运输效率 2. 截至2019年12月，绥芬河“哈绥俄亚”班列已累计发出213列，实现周班常态化运营，也就是一周发一个班次。“哈绥俄亚”班列是绥芬河市积极响应国家“一带一路”倡议，加快开放步伐的重大举措，它向东经绥芬河口岸抵达符拉迪沃斯托克、东方港等俄罗斯远东港口，在俄罗斯远东港口装船出海，再运至韩国、日本和中国的华东和华南等地区，辐射太平洋西岸国家和地区 3. 2019年1月，黑龙江省对“一带一路”倡议国家进出口增长高于整体，实现136.3亿元，同比增长31.02%。其中对外工程承包带动货物出口同比增长7倍，体现了黑龙江省加快了对“一带一路”倡议国家走出去的步伐 4. 截至2019年，黑龙江省已在60个国家设立境外投资企业，承包工程业务遍布29个国家和地区，目前全省每年实际开展对外贸易业务的企业2000多家，国有企业、私营企业、外资企业进出口分别占50%、40%和10%

（续表）

地　区	进展情况
吉林省	1.“长满欧”班列由吉林省长春市始发，经满洲里铁路口岸出境，途经俄罗斯西伯利亚、白俄罗斯布列斯特、波兰华沙，终点到达德国纽伦堡，单程运行时间为 14 天，比海运节省 20 多天。“长满欧”线路，作为“一带一路”倡议中向北开放的重要窗口，内陆老工业基地吉林省不断加强通道建设，也通过“中欧班列”打通向欧洲伸展的新通道，加速开放步伐，发展口岸经济，助力全面振兴 2. 2018 年，珲春—扎鲁比诺港—宁波舟山港内贸货物跨境运输航线正式启动，黑龙江省与浙江省共同携手，开创了中俄跨境运输合作的新模式 3. 2019 年 8 月，第十二届中国—东北亚博览会在长春举行，本届东北亚博览专门设置“一带一路”倡议共建国家和地区商品展区，有来自 28 个国家和地区的 250 余家企业参展，其中已同我国签订共建“一带一路”倡议合作文件的国家 20 个 4. 截至 2019 年，为开拓“一带一路”倡议沿线市场，吉林省先后在马来西亚、俄罗斯、伊朗等国家和地区建设了 13 个境外营销展示中心，已经与 83 个国家地方政府、382 户跨国公司建立了联系，积累了大批资源
辽宁省	1. 2019 年 1—9 月，辽宁省招商引资实际到位资金 3955.5 亿元，同比增长 15.3%。融入“一带一路”倡议建设，对外开放给辽宁省带来的红利正在逐步显现 2. 2019 年 7 月，第十三届夏季达沃斯论坛在大连举行，这意味着在“一带一路”倡议提出后，大连积极融入“一带一路”倡议建设，建设东北亚国际航运中心、物流中心、区域性金融中心和面向东北亚区域开放合作的战略新高地 3. 2019 年，辽宁省对“一带一路”倡议沿线和中东欧国家进出口分别增长 5%和 10%左右，加快建设辽宁省“一带一路”倡议综合试验区，向西打造中国—中东欧“17+1”经贸合作示范区，向东创建东北亚经贸合作先行区，构建“一体两翼”对外开放新格局

（二）与东部省市积极合作

2017 年 3 月，国务院办公厅印发《东北地区与东部地区部分省市对口合作工作方案》，提出以东北地区和东部地区对口合作的跨区域合作方式，推进东北振兴。该方案明确以下对口合作关系。(1) 东北三省与东部三省：辽宁省与江苏省、吉林省与浙江省、黑龙江省与广东省；(2) 东北四市与东部四市：沈阳市与北京市、大连市与上海市、长春市与天津市、哈尔滨市与深圳市；(3) 支持内蒙古自治区主动对接东部省市，探索建立相应合作机制，鼓励老工业城市和资源型城市主动学习东部地区先进的经验做法。通过对口合作，把东北现有的资源优势和东部的资本优势有机结合，把东北现有的特色产品优势和东部灵活丰富的营销网络与营销模式结合，把东北的装备制造研发优势和东部队装备的需求优势有机结合。

1. 辽宁省和江苏省对口合作情况

2018 年 3 月，国家发展和改革委员会印发《辽宁省与江苏省对口合作实施方案》，明确了两省对口合作的具体内容，是两省对口合作工作的再深化、再分解、再部署，标志着辽宁省与江苏省对口合作进入全面推进落实的新阶段。自 2018 年来，辽宁省和江苏省的对口合作机制初步完善，对口合作基础逐步夯实，对口合作有序开展，对口合作成效初步显现。

一是对标先进经验做法，推进体制机制创新。辽宁省学习借鉴江苏省“放管服”改革、“不见面审批”模式、产业园区管理服务、“多规合一”和“多图联审”新模式等方面的先进经验和有效作法，积极推进辽宁省行政管理体制改革；向江苏省民营资本推介省属企业集团股权转让项目，推动辽宁省国有企业混合所有制改革；积极推进双方民营企业交流合作，支持鼓励引导民营经济发展；积极吸引江苏省优质外贸企业落户辽宁省，推动“营满欧”大陆桥与连云港欧亚大陆桥有效对接，开通营口港至连云港港航线，共同参与国家“一带一路”建设；组织参与江苏省大型经贸洽谈活动，加大辽宁省对外开放力度。

二是开展产业务实合作，加快结构调整步伐。在装备制造业等优势产业方面，围绕汽车、精细化工等行业开展重点对接合作，积极推动燃气轮机产业创新发展示范项目建设，推动辽阳市、阜新市、葫芦岛市的合作项目签约落地；在新兴产业方面，组织盘锦与无锡开展重点合作，推动江苏省新能源龙头企业在锦州、朝阳、葫芦岛等市投资建设光伏发电项目。在农业和绿色食品产业方面，签订两省合作协议，组织参加江苏省展销会和洽谈会，推介辽宁省特色农产品；在生产性服务业方面，协调推进苏宁集团在辽宁省开展农村电商、“互联网+”扶贫、商业地产、物流配送等项目建设；鞍山市与南京市签订发展软件和信息技术服务业战略合作框架协议，推动南京市软件研发优势与鞍山市制造业优势相结合；积极引进南京市大型物流企业参与鞍山市物流园区建设；在旅游产业方面，合作建立两省异地投诉受理和跨区域旅游突发事件应急处理机制，搭建两省旅游信息共享与交流平台，宣传推介辽宁省旅游资源和旅游产品，开通鞍山市至南京市航线。

三是共促科技成果转化，提升创业创新水平。在推进科技研发与转化方面，认真梳理与江苏省科技合作项目和技术需求，加强合作开发力度，组织省内企业与江苏省高校、科研院所开展科技成果对接合作，推进共建研发平台；在高校院所交流合作方面，积极推进职业教育交流合作，建立省际职业教育对口协作机制，搭建两省高职院校交流平台，积极推进高等教育合作交流，深入推进研究生教育合作。在开展创业创新合作方面，学习江苏省常州市“国家双创区域示范基地”的成功经验，积极搭建双方合作平台，组织两地研发企业及科技创新项目对接，促进跨区域科研合作和成果转化；在推动高端人才交流方面，举办“辽宁省引才政策宣传周”和2017年春秋两季人才招聘会，吸引江苏省高层次人才和优秀高校毕业生入辽，开展“江苏院士专家辽宁行”活动，为辽宁省振兴发展把脉支招，积极开展两省智库合作交流；开展优秀干部挂职交流，选派16名干部到江苏省挂职锻炼。

四是搭建合作平台载体，探索共赢发展道路。加强功能区和重点园区对接，学习苏南自主创新示范区和江苏省高新技术产业开发区先进经验，推进辽宁沈大自主创新示范区建设；沈抚新区与苏州工业园区签订全面合作框架协议，借鉴苏州工业园区在审批服务、机构设置、激励机制等方面的成功经验和做法，推进沈抚新区建设；推进合作园区共建，积极推进镇江市汽车集团有限公司辽宁（镇江）江天新能源汽车产业园建设项目，探索跨省园区共建模式。加强重点城市间对口合作，辽宁省12个市与江苏省12个市围绕相关产业或重点领域开展结对合作，两省相关市签订全面合作协议或达成专项合作协议，开展系列招商引资活动，宣传辽宁省投资环境和政策，加强辽宁省与江苏省在产业园区方面的交流与合作，利用网站和微信公众平台等新形式开展招商宣传工作，辽宁省直有关单位和有关市开展多种形式的招商活动。通过一年来的对口合作，有效地推动了辽宁省发展理念不断更新，产业合作不断加快，人才资源交流加深，产品市场不断拓展。

2. 吉林省和浙江省对口合作情况

2018年7月，吉林省成立吉林省与浙江省对口合作工作领导小组，强化责任担当，完善推进机制，分解落实工作，进一步推进对口合作，截至目前，对口合作工作进展顺利，成效显著。

一、推进优势领域合作。推进经贸合作。成功举办吉浙两省对口合作经贸交流会，两省签约一批重点合作项目。截至目前，双方签约项目 73 个，总投资 796 亿元，其中开工项目 27 个，到位资金 35 亿元，涵盖汽车、石化、农产品加工、医药健康、绿色农业、现代服务业等多个领域；推进农业合作。成功举办“吉林大米文化节”“吉林优质特色农产品浙江展销宣传周”等活动，4 家吉林特色农产品展销中心落地浙江省，在浙江省建成吉林大米直营店 30 个，商超专柜 191 个，签订粮食贸易项目 26 个，交易量 73.56 万吨，交易金额 13.2 亿元。推进工业合作。长光卫星技术有限公司与浙江省德清市签订了 3 年总额 3000 万元的卫星图片服务协议，为德清市国家地理信息产业园服务；启明信息技术股份有限公司与阿里云计算有限公司在智能网联汽车生态建设等方面启动合作；万丰吉林工业园二期项目已开工建设；吉林化纤股份有限公司与浙江精功科技股份有限公司合作年产 8000 吨大丝束碳纤维项目一期 2000 吨工程已竣工投产；中国联通吉林分公司与新华三集团已建设完成吉林省省级政务平台和 4 个市级政务平台。

二、推进高科技互联网领域合作。吉林省与阿里巴巴集团合作，共同举办了首届东北亚跨境电商峰会；推进农村淘宝建设，敦化、蛟河等 12 个县市“村淘”项目建设完成，12 个县域服务中心和 800 个村级服务站投入运营，吉林省 400 个“村小二”成为电商小老板，农村网络零售额同比增长 70.7%，3 个村被评为 2017 年度淘宝村（镇）；与阿里巴巴集团共同建设吉林省跨境电商产业集聚区，在阿里巴巴国际站上线吉林企业 221 家。吉林省 6000 余户企业加入阿里巴巴诚信通（B2B）1688 服务平台。

三、推进科技教育和人力资源合作。蚂蚁金服创新中心落户长春净月高新技术产业开发区，吉林省技术产权交易中心有限公司、浙达能源清洁利用技术有限公司等单位与浙江大学签订了《国家技术转移东北中心与浙江大学共建科技信息交流平台》《岑可法院士工作站暨吉林省能源清洁利用大数据云平台项目》等 7 个项目合作协议。编制了《选聘浙江省国家级高端人才为吉林省省属高校客座教授实施方案》，吉林市 3 所高职院校与宁波市 5 所高职院校成立了“吉林市、宁波市高职院校协同发展合作联盟”。浙江律兴公司以企业运营的模式在宁波市建立了吉林市劳务输入基地。

四、推进人才交流合作。两省共同研究制定了互派干部挂职工作方案，

建立双向干部交流挂职长效机制，开展分层次挂职交流，吉林省9个市州、2个扩权强县试点市和长白山管委会与浙江省11个地市进行定点合作，两省互派的40名挂职干部已全部到岗工作。各类教育培训活动有序开展，围绕创新发展、农业供给侧结构性改革等方面，赴浙江省举办培训班51期，培训各级干部2618人次。共同制定了《吉林省与浙江省人才交流合作建议方案》，围绕打赢脱贫攻坚战，组织浙江省科技创业人才与吉林省部分贫困县进行对接，合作开发产业项目，开展人才帮扶。宁波市与延边州将对口合作与扶贫攻坚相结合，宁波市10个区、县（市）分别与延边州8个县（市）建立了区县结对协作，并且每年安排3000万元帮扶资金，积极参与延边精准扶贫“大会战”。

3. 黑龙江省和广东省对口合作情况

2018年3月，国家发展和改革委员会印发《黑龙江省与广东省对口合作实施方案》。该方案指出，到2020年，两省对口合作取得重要实质性成果，在黑龙江省加快推广一批广东省行之有效的改革创新举措，共建一批产业合作园区等重大合作平台，建设一批标志性的跨区域合作项目，形成一套相对完整的对口合作政策体系和保障措施。目前，对口合作各项工作稳步推进。

一、强化组织领导，精心组织对口合作工作。截至2018年9月，两省党政代表团共实现5次互访，在深刻认识对口合作的重大意义、聚焦重点领域合作、建立完善对口合作机制、创新举措共同推进政策落地等方面形成共识，紧密互动。经两省政府同意，两省发展和改革委员会于2018年4月3日联合印发了《黑龙江省与广东省对口合作2018年重点工作计划》，提出了29项工作任务，进一步明确2018年对口合作工作目标和责任分工。两省分别成立了对口合作工作领导小组，为对口合作的有效开展提供了有效的组织保障。

二、加强改革经验交流，促进观念转变和体制机制创新。截至2018年9月，黑龙江省、市两级组织部门共派出176名干部到广东省省直单位及合作城市挂职，省直单位和各级组织部门在科技、商务、工信等领域共选派近1000名干部赴广东省培训学习。黑龙江省干部通过到广东省学习、考察、实践、交流，学到了经验、开阔了视野、得到了锻炼、促进了合作；

广东省干部通过到黑龙江省挂职，给当地带来广东理念、经验、精神，成为合作的使者。此外，两省不断强化在转变政府职能、降低制度性交易成本、促进民营经济发展等方面的经验交流。

三、开展重点领域合作，加快形成合作成果。农业合作方面，建立了农业和绿色食品产销对接关系，粮食精深加工、绿色食品产业发展合作不断深化。粮食合作方面，签订省级合作协议，在黑龙江省建立广东省级储备（黑龙江）基地，32 万吨广东省异地储备玉米已按协议要求实储到位；8 对结对城市签订了 350 万吨以上的粮食购销合作协议。商务合作方面，不断强化经贸合作，抢抓机遇，共同开展对外经贸、粤港澳大湾区建设合作，拓展俄罗斯及东北亚市场，互相邀请参加中国·哈尔滨国际经济贸易洽谈会、中国进出口商品交易会、中国国际高新技术成果交易会及中国-俄罗斯博览会、中美清洁技术峰会等大型商务活动。科技合作方面，积极探索建立科技创新合作机制，强化产学研用合作，科技成果转移转化对接合作不断深化，深圳前海创投投资 2.5 亿元入驻哈尔滨金融资本创新大厦；深圳市与哈尔滨工程大学签订战略合作框架协议，哈工程将在深圳市设立哈尔滨工程大学深圳海洋研究院，打造市校合作创新平台。金融合作方面，两省共同发起设立金融租赁公司、中俄人民币地区合作基金管理公司等金融机构；推进平安银行在黑龙江省设立分支机构，力争 2020 年完成银行筹建工作。旅游合作方面，两省旅游部门共组织旅游交流推介活动 25 次，开展“寒来暑往、南来北往”旅游系列活动，8 对结对城市分别签订了旅游合作协议，建立了旅游友好城市关系。经两省共同推动，两省已签约或达成意向的合作项目 310 个，覆盖工业、商贸、旅游、康养、金融等多个领域，合同投资总额 2270 亿元。

四、推进共建产业园区，创新合作模式。两省不断深化新区、开发区、园区创办经验交流，探索合作共建示范园区模式，推动广东省重点城市在黑龙江省有条件地区发展“飞地经济”，通过跨地区产业合作等方面的工作创新，实现资源互补、利益共享。哈尔滨松北（深圳龙岗）科技创新产业园挂牌成立，开启龙粤合作框架下首个落地项目和跨省输出运营项目。双鸭山市与佛山市就建设“双佛合作产业园区”达成共识，引进佛山市企业落户双鸭山市经开区发展“飞地经济”，两市同时出台厂房、设备补贴，贷

款贴息等方面优惠政策，形成叠加效应，吸引企业入驻。佳木斯、黑河等市与对口合作城市也在积极谋划共建产业园区。

（三）为推进产业转移提供配套机制保障

1. 大力推进人才体制机制改革

人才是创新驱动发展的第一资源，是科技创新的关键要素，也是实现产业转型升级的根本动力，人才流失已成为东北当前经济持续发展和东北振兴战略中的最大问题之一。为解决东北人才外流日益加剧的形势，东北三省针对东北振兴出台了更加精准有效的差异化人才支持政策，为东北振兴提供人才支撑，高度重视东北日益严峻的人才流失问题。落实人才工作，一要做到广泛集聚人才。重视招才引智，集聚人才力量，着力建设规模适当、结构合理、业务精湛、素质优良的人才队伍，实现各类人才队伍协调发展。二要科学培养人才。深化产教融合，重视青年人才储备工作及高技能人才队伍建设，服务当地重点产业发展和重大项目建设，推进人才分类评价改革，建立突出能力、业绩和实际贡献的分类评价机制，引导人才良好成长。三是做到留住人才。识才、爱才、用才，让人才安心、安身、安业，完善人才服务保障政策体系，为人才解决生活工作实际问题，创造良好的人才发展环境，为广大人才施展才华、建功立业创造良好条件（见表 6-6）。

表 6-6　东北地区出台的部分人才专项举措

序　号	省　份	政策概况
1	辽宁省	2018 年 3 月，辽宁省委、省政府出台《辽宁省人才服务全面振兴三年行动计划（2018—2020 年）》，围绕人才的培养引进、分配激励、开放合作等提出 26 个方面的重点任务和政策措施。截至 2019 年 1 月，辽宁省各地区各部门各单位相继推出配套文件和实施细则 30 余个，形成了上下呼应、相互衔接的人才制度体系
2		2018 年 4 月，辽宁省启动实施“兴辽英才计划”，为振兴发展集聚高层次人才和高水平创新创业团队。2019 年 6 月，中共辽宁省组织部印发《辽宁省“兴辽英才计划”项目管理办法》，进一步引进、培育高层次人才
3		2019 年 8 月，辽宁省启动乡村振兴人才培育行动计划，有针对性地培养农村实用人才，将学历教育融入新型职业农民技能提升中

（续表）

序　号	省　份	政策概况
4	辽宁省	辽宁省不断深化人才发展关键领域体制机制改革。管理体制上“放权”，将公开招聘、职称评审、岗位设置等权限，全部下放给高校院所等用人单位；评价机制上“放开”，出台分类推进人才评价机制改革的实施意见，分类构筑评价体系，实现“干什么评什么”“用什么评什么”；激励机制上“放活”，全面总结推广有利于科技成果转化的 17 条试点政策，东北大学“分级决策管理”“全覆盖奖酬”“多元化评价”等科技成果转化模式被科技部确定为科技创新典型案例
5	黑龙江省	2018 年 7 月，黑龙江省人力资源和社会保障厅印发了《黑龙江省海外人才工作站设立管理办法（试行）》，在留住、用好本土人才的同时，大力引进海外人才，进一步激发全省人才市场活力，畅通人才引进渠道，最大限度集聚海外人才，为黑龙江省振兴发展提供海外人才智力支撑
6		2019 年 2 月，黑龙江省人民政府印发《黑龙江省“头雁”行动方案》，通过建设一批源头创新平台，培养、稳定、引来“头雁”，同时打造“人才特区”和“科技特区”，集聚一批高层次创新人才及团队，支撑创新驱动发展
7		截至 2019 年 2 月，黑龙江省起草了激发人才活力推动振兴发展若干政策，提出 7 个方面 28 项措施，新建 22 个省级领军人才梯队和 15 个博士后科研工作站，创新优秀专业技术人才破格晋升高级职称政策，为拴心留人创造政策支持
8	吉林省	2019 年 7 月，吉林省人民政府发布吉林省人才 18 条政策“1+3”配套实施细则有关政策。“1+3”配套实施细则主要由《吉林省享受“18 条”人才政策待遇对象的评定办法（试行）》和《吉林省引进人才配偶就业及子女就学实施细则（试行）》《吉林省引进人才安家补贴实施细则（试行）》《吉林省创新创业人才贡献奖励实施细则（试行）》组成，共涉及 4 项政策

2. 改善城市营商环境

城市营商环境是城市开展区域和国际合作交流、参与区域和国际竞争的重要背景环境，卓越的营商环境是一个城市经济软实力的重要体现。2019 年 5 月，中国战略文化促进会、中国经济传媒协会、万博新经济研究院和第一财经研究院联合发布《2019 中国城市营商环境指数评价报告》，报告公布了全国经济总量前 100 城市营商环境指数排名、软环境指数 TOP10 排名、硬环境指数 TOP10 排名。

该报告指出，东北是传统的重工业基地，资源依赖型产业亟待转型。

而“投资不过山海关”的舆论近几年对东北地区吸引新产业、新业态产生了一定的负面影响。从2019城市营商环境指数评价结果来看，部分城市在营商环境的细分领域已经有所改善。从文化环境排名看，东北龙头城市，比如沈阳和长春，均位列全国前十。受益于多年的工业化发展，沈阳和长春集聚了优质的高校资源，文化环境中的学术文化指标排名较为靠前，如能在反映市场文化的私营企业活跃度方面精准发力，营商环境改善的成效有望进一步显现。2019年，东北地区致力于提升营商环境，力争补齐软环境短板，将东北重新打造成为孕育商机与希望的投资沃土（见表6-7）。

表6-7 东北地区出台的部分改善营商环境举措

序 号	地 区	举 措
1	辽宁省	2019年上半年，为保障营商环境向好发展，辽宁全省市场监管系统开展整治保健品市场百日行动、强化反不正当竞争执法、规直打传等多项工作，有效激发辽宁省市场活力
2		2019年9月，辽宁省营商环境建设局举办了《辽宁省优化营商环境条例》《辽宁省推进“最多跑一次”规定》宣传月启动仪式及辽宁省政务服务“最多跑一次”邮寄送达合作协议签约仪式。由此，辽宁省成为全国第一个出台《优化营商环境条例》并首个进行修订的省份，全国第一个出台推进政务服务“最多跑一次”省政府规章的省份
3	黑龙江省	2019年1月，黑龙江省营商环境建设监督局为深入推进“放管服”改革，决定以哈尔滨新区为载体，实施四项新举措改善营商环境，其中包括“承诺即开工”“办照即营业”“一枚印章管审批”“一支队伍管执法”等
4	吉林省	2019年12月，吉林省高级人民法院发布《关于服务企业发展进一步优化营商法治环境的十项措施》，并结合立案、刑事、民事、执行等工作职能对各项措施作出了相关介绍和解读

3. 加快科技创新步伐

科技创新是发展的基石，也是可持续发展的关键。2019年以来，东北三省重视科技领域创新发展，推动科技创新与社会经济发展深度融合，助力老工业基地振兴，鼓励大企业开放式创新，扶持科技领域创新创业者，发挥人才对经济转型升级的引领和带动作用，进一步打造高精尖产业技术创新高地，推动引领新常态。

辽宁省近年来先后制定和出台一系列政策和法规。从开拓技术市场、科研院所转制、科技奖励改革等方面不断打破制度藩篱，极大地解放和激发了科技作为第一生产力所蕴藏的巨大潜能。辽宁省将重点建设东北亚科技创新创业中心，强调强化科学研究，突出“先进材料+智能制造”，形成协同发展的创新体系，体现开放合作促发展，聚焦改革为动力五大特色。2019 年 8 月，辽宁省召开科技创新引领产业振兴工作会议，将以智能制造、新材料、洁净能源为主攻方向，重点发展 12 条创新链，着力将辽宁省的科技创新优势转化为产业发展优势。辽宁省将全面推进实施科技创新引领产业振兴专项行动，着力打通从科技强到产业强、经济强的通道，不断增强经济创新力和竞争力。

抓创新就是抓发展，谋创新就是谋未来，创新已成为引领吉林省经济社会发展的“第一动力”。吉林省坚定实施创新驱动发展战略，突出科技引领供给侧结构性改革、支撑产业转型升级这一主线，加快推进吉林省科技创新强省建设。2019 年 8 月，吉林省打出科技创新“组合拳”，实施 10 大科技工程、重大科技专项及开展“负面清单+诚信+绩效”科技计划项目管理试点工作，为吉林省全面振兴全方位振兴提供强有力的科技支撑。吉林省科技厅 2019 年部署了 10 大科技工程，主要包括：区域创新协同推进工程、基础研究能力提升工程、高新技术攀登工程、平台支撑强基工程、创新人才引育工程、科技企业培育工程、对外开放合作工程、“双创”升级工程、创新沃土供给工程和成果转化加速工程。

2016 年、2018 年黑龙江省两度召开全省科技创新大会，部署全省深入实施创新驱动发展战略、推进科技强省建设重要任务。此后《黑龙江省新一轮科技型企业三年行动计划（2018—2020 年）》等多份支持科技创新的政策文件相继出台，激发了全省科技创新的动力。黑龙江省新一轮科技型企业三年行动计划实施两年来，累计新注册成立科技型企业 30244 家，其中，2019 年新成立 17023 家，较上一年增长 28.8%；2019 年共有 2082 家企业取得国家科技型中小企业入库登记编号，比上年增长 21%；两年中，新认定高新技术企业 459 家，净增高新技术企业 321 家，总数达 1250 家，比 2017 年增长 34.6%；新增销售收入或资产估值达到 5 亿元以上的创新型领军企业 41 家，其中，2018 年新增哈工大机器人、新光光电等 18 家企业，

2019 年新增鑫达高分子、中飞新技术等 23 家企业。

（四）重点项目加速落地

2018 年以来，东北地区发力软环境建设，积极拓宽招商引资渠道，投资环境明显改善，对提振投资者和消费者信心产生了积极影响。近年来，东北地区在承接东部沿海地区及国际产业转移上取得显著成效，一批重点项目加速落地（见表 6-8）。2018 年 7 月，德国宝马集团与华晨集团签订协议，确定将在沈阳铁西中德高端装备制造产业园投资建设华晨宝马第三工厂。该工厂专注于新能源汽车的发展，将不断推出引领行业发展的新能源汽车。自 2009 年以来，宝马集团已在沈阳投资超过 520 亿元，沈阳已成为宝马集团在全球范围内最大的生产基地。2018 年 1 月，长春新区与京东集团签订《京东长春一号项目投资协议》。同年 8 月，京东亚洲一号长春长德物流园项目开工启动。项目总投资 20 亿元，占地面积 45 万平方米，将分两期建设，预计 2022 年 10 月达产达效。该项目将成为京东物流东北区域的分拨中心、运营中心、城市配送中心，推进提升东北区域物流运转效率，拉动内需，带动就业。

表 6-8　部分于近期落户东北地区的重点项目

序　号	地　区	项目名称	项目概况
1	辽宁省 大连市	英特尔二期	2018 年 6 月，英特尔大连工厂投资额 55 亿美元进行二期扩建项目，生产当今世界最前沿的新一代存储芯片—非易失性存储器。同时，全球有 100 多家世界 500 强企业将在大连投资建厂，为英特尔提供配套服务，将有力助推大连市集成电路产业发展水平迈向新的高度
2	辽宁省 盘锦市	华锦阿美 石油化工项目	2019 年 3 月，华锦阿美石油化工有限公司成立大会暨揭牌仪式在盘锦举行，总投资超 100 亿美元，主要建设 1500 万吨/年炼油、150 万吨/年乙烯及 130 万吨/年对二甲苯等 38 套装置，以及公用工程和配套设施。该项目是新中国成立以来辽宁省投资最大的中外合资石化项目，是优化全省石化产业结构、推动辽宁省乃至全国石化产业高质量发展的重要引擎

（续表）

序　号	地　区	项目名称	项目概况
3	辽宁省沈阳市	万达集团综合入驻项目	2019 年 5 月 15 日，万达集团和沈阳市政府签订战略合作协议，万达集团将在沈阳市再投资 800 亿元，建设大型文化旅游项目、国际医院、国际学校和 5 个万达广场。大型文化旅游项目占地 4000 亩，包括文化旅游城、体育公园、度假酒店群等内容；国际医院建筑面积约 40 万平方米，包括医疗、康复、康养等内容；国际学校将引入世界一流中小学教育品牌，打造 12 年一贯制寄宿学校；5 个万达广场位于沈北、大东等区域，填补上述区域缺少大型现代商业设施的空白
4	吉林省长春市	一汽大众奥迪Q 工厂一期	2019 年 3 月 29 日，投资 64 亿元人民币的一汽—大众长春奥迪 Q 工厂 29 日在吉林省长春市举行建成投产仪式，先进的生产技术使其成为目前中国顶级汽车工厂之一，将生产全新奥迪 Q5L 下一代及其衍生车型。奥迪 Q 工厂整车设计产能 15 万辆，投产后预计每年将为长春市当地提供近 1600 亿元工业产值及近 300 亿元以上的税收
5	黑龙江省哈尔滨市	信基产业城项目	2020 年 1 月，信基产业城项目举行签约仪式，项目占地面积约 500 亩，总建筑面积近 80 万平方米，总投资约 40 亿元，建设东北亚国际酒店用品采购中心，东北亚酒店用品总部基地，东北亚酒店用品电商及物流配送、产品设计、研发、检测、标准化、品牌孵化中心等配套产业
6	黑龙江省哈尔滨市	凤仪九大冰川文旅项目	2020 年 1 月，凤仪九大冰川文旅项目落户哈尔滨市，项目整体规划有六大业态，主力业态包括极地体验和影视，辅助业态包括居住、休闲、娱乐和艺术。项目最大亮点是把“极地动物+建筑艺术”进行创新性的融合，对最典型的“哈尔滨元素”进行再创作，通过体验式消费场景来吸引消费者，打造高颜值的创意街区，从而丰富哈尔滨市文化旅游产品体系

三、东北地区产业转移的趋势分析

（一）优化营商环境，驱动高质量发展

推动高质量发展离不开高质量的营商环境做支撑，营商环境的优劣直接影响市场主体的兴衰、生产要素的聚散、发展动力的强弱。良好的

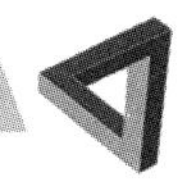

营商环境是建设现代化经济体系、促进高质量发展的重要基础。根据世界银行2019年发布的《全球营商环境报告2020》显示，由于大力推进优化营商环境改革，我国营商环境全球排名继2019年大幅提升32位后，2019年再度跃升15位，位居全球第31位，连续两年被评为全球营商环境改善幅度最大的十大经济体之一。营造国际一流营商环境是我国未来的发展趋势，聚焦痛点、难点、堵点问题，坚持问题导向，不断打造营商环境新高地，不断为市场活力充分迸发创造良好环境，为实现经济高质量发展注入新动力。东北三省将优化营商环境提到重要位置，各省市针对具体情况，陆续出台了改善营商环境的相应措施，致力于为投资打造公平公正的法治环境，为企业营造精准优质的服务环境。东北三省将结合全面振兴发展的实际，深化行政制度改革，优化涉企服务，推行“互联网+政务服务”平台化工作机制，着力惩治破坏发展环境的各类犯罪行为，着力保护各类市场主体的合法权益，着力促进营造平安稳定的社会环境、廉洁高效的政务环境、公平竞争的营商环境、公平公正的法治环境、精准优质的服务环境。

（二）打造对外开放新前沿，构建开放型经济新格局

自实施老工业基地振兴战略以来，东北地区经济结构进一步优化，基础设施条件明显改善，农业综合生产能力不断增强，重点民生问题逐步得到解决，为扩大对外开放方面打下了坚实的基础。中国东北地区与东北亚各国经济联系也更加密切，相互投资持续增加，通道网络初步形成，合作载体更加多样。尤其依托“一带一路”倡议的实施，东北地区将进一步提升对外开放水平，加强东北地区与周边国家基础设施互联互通，促进区域贸易投资和金融合作。辽宁省进一步深度融入共建“一带一路”倡议，着力建设中国北方地区对外开放的大门户。加强开放平台建设，扎实推动创建中国—中东欧“16+1”经贸合作示范区工作，积极探索建设大连自由贸易港。大力优化营商环境，加快推进国际贸易“单一窗口”建设，优化通关流程，降低通关成本。吉林省地处东北亚地理中心位置，是中国面向东北亚开放的重要窗口，吉林省立足自身优势，以加强“政策沟通”，强化“设施联通”，围绕“贸易畅通”，加强“资金融通”，深化“民心相通”为抓手，

更加深入融入“一带一路”倡议。黑龙江省发挥地缘优势，注重同俄罗斯远东地区开展战略对接，参与‘中蒙俄经济走廊’建设，加快形成对外开放新格局”的指示要求，提出了“打造一个窗口，建设四个区”的发展定位，努力构建全方位对外开放新格局。

（三）加强与东部部分省市对口合作，实现共赢新发展

东北地区与东部地区对口合作开展以来，在国家政策支持和各方面共同努力下，对口合作在干部交流、创业创新、产业合作、园区共建等方面取得了重要的阶段性成果，逐步构建起政府、企业、研究机构和其他社会力量广泛参与的合作体系，并在实践中积累形成了一批可复制可推广的经验。东北地区的对口省市主要优势表现在工业基础好、资源丰富、发展空间大、科研能力强、农业基础好等方面，东部地区的对口省市则在体制机制创新、改革先行、要素市场流动方面具备优势。辽宁省与江苏省、吉林省与浙江省、黑龙江省与广东省、北京市与沈阳市、上海市与大连市、天津市与长春市、深圳市与哈尔滨市组成7对对口合作，这些对口合作省市之间普遍都具有很强的互补性，可以放大各自的优势、补齐短板，可充分发挥各自优势，扬长避短、扬长克短、扬长补短，从而实现南北联动、协同发展的目标，为东北地区增强发展动力和活力，为东部地区提供更为广阔的发展空间提供了新的制度平台。目前双方在对标学习和复制推广经验做法，干部交流挂职和系统培训，农业、制造业、服务业产需对接、园区共建和重大项目合作等方面达成了一批合作成果。在下一步对口合作阶段，双方可以通过干部互派、相互挂职和定点培训等方式，促进东北地区干部进一步解放思想、转变观念；通过学习借鉴，打造更加良好的营商环境，促进民营经济发展；通过项目合作努力将东北地区的冰雪、草原、森林、矿产等资源优势转化为经济优势；通过产业合作把东北特色农产品等优势产品推送出去，更好地开拓市场。

（四）牢牢抓住重大项目建设，发挥有效投资关键作用

在中西部地区投资项目快速增长、东部转型升级不断加快的同时，东北的拟建项目增速明显下降，无论是基建、还是制造业、战略性新兴产业的拟建项目都下滑明显。目前东北地区仍处在产业转型关口，叠加经济增速较慢、人口外流、政府债务高企等问题，投资增长压力较大，新旧动能接续转换任务艰巨。未来东北三省将推进一批重大建设项目，持续加大招商引资力度，形成经济发展新支撑。

（本章由窦超负责编写）

第七章
“一带一路”倡议下的区域产业合作与转移

至 2019 年，“一带一路”倡议已经走过六个春秋。六年多来，“一带一路”影响范围越来越广，“一带一路”倡议从理念转化为行动，将愿景付诸实践。

随着“一带一路”倡议参与国家的数量增加、参与活动范围扩大，我国的影响力也持续增强。截至 2019 年年底，中国已累计同 143 个国家、30 个国际组织签署了 195 份政府间合作协议。

一、我国“一带一路”总体建设进展

2019 年有 143 个国家，30 个国际组织参与到“一带一路”建设中来，合作领域涉及港口、铁路、公路、航空、通信、电力等基础设施，“一带一路”贸易指数总体呈增长趋势，沿线国家积极参与亚投行建设，并与我国建立友好城市关系，政策沟通、设施联通、贸易畅通、资金融通、民心相通取得重要进展，“一带一路”倡议正在助推沿线国家和地区走向更加美好的明天。

“一带一路”倡议聚焦“六廊六路多国多港”主骨架，推动一批标志性项目取得实质性进展。其中，中老铁路、中泰铁路、雅万高铁等扎实推进。瓜达尔港、汉班托塔港、比雷埃夫斯港、哈利法港等进展顺利。空中丝绸之路建设加快，已与126个国家和地区签署了双边政府间航空运输协定。加大能源资源通信设施合作力度，中俄原油管道、中国—中亚天然气管道保持稳定运营，中缅油气管道全线贯通。

截至2019年6月底，中欧班列累计开行数量近1.7万列。国内开行城市达62个，境外到达16个国家的53个城市。回程列车已达99%，基本实现去一回一，综合重箱率达88%。

中国进出口国际博览会成功举办，共有172个国家、地区和国际组织参加，3617家企业参展，80多万人进馆洽谈采购，成交总额超过578亿美元。

推动境外合作园区建设，中国各类企业遵循市场法治化原则自主赴沿线国家共建合作园区，为沿线国家创造了新的税源和就业渠道。

设立丝路基金，发起成立亚洲基础设施投资银行，带动各类银行和保险机构等为“一带一路”建设项目提供资金支持。截至2019年6月底，中国出口信用保险公司在沿线国家累计实现保额约7704亿元，支付赔款约28.7亿美元；丝绸基金实际出资近100亿美元。

先后与21个沿线国家建立双边本币互换安排，与7个沿线国家建立了人民币清算安排，与35个沿线国家的金融监管当局签署了合作文件。

人民币国际支付、投资、交易、储备功能稳步提升。人民币跨境支付系统（CIPS）业务范围覆盖60多个沿线国家和地区。

（一）政策沟通

“一带一路”影响范围更加广泛。2019年以来，我国同“一带一路”有关国家和地区的交往进一步加深，交流合作更加频繁，与不同地区签订合作协议、签署备忘录，开展交流活动，进行政策的相互沟通等，合作范

围进一步扩大，合作深度进一步加深。

六年多来，中国同“一带一路”沿线国家合作日益加深，据中国“一带一路”网有关数据统计，截至2019年12月20日，中国已经同143个国家和30个国际组织签署了195份共建“一带一路”合作文件。从涉及国家来看，与中国签署合作文件的国家遍布六大洲，其中涉及亚欧非三大洲国家最多，合计约有一百个国家与我国签署合作文件。从沟通交流的方式来看，既包含两国政府领导人的会谈，也包括合作研讨会的召开。

2019年4月25—27日，第二届“一带一路”国际合作高峰论坛在北京成功举行。论坛的主题是共建“一带一路”、开创美好未来。可以总结出六大亮点：一是确立高质量共建“一带一路”目标，指明合作方向。二是构建全球互联互通伙伴关系，推动联动发展。三是取得丰硕务实成果，体现互利共赢。四是搭建地方及工商界对接新平台，拓展合作机遇。五是完善“一带一路”合作架构，打造支撑体系。六是发挥元首外交引领作用，深化双边关系。

（二）设施联通

2019年以来，我国同“一带一路”有关国家和地区设施联通建设取得重要进展，主要体现在以下三个方面。

一是与“一带一路”有关国家和地区交通交流更加方便快捷。中老铁路供电项目开工仪式于2019年12月30日在老挝首都万象举行。中老铁路供电项目建设地点涉及中老铁路沿线的老挝北部4省1市，项目将新建268千米115千伏输电线路，配套扩建11个出线间隔，将中老铁路10座牵引变电站接入老挝国家电网。2019年12月17日上午6时50分，由俄罗斯叶卡捷琳堡飞来的U6763航班降落在西安咸阳国际机场，经停一个多小时上下客后，该次航班再次起飞飞往泰国普吉。这标志着陕西首条第五航权客运航线“叶卡捷琳堡—西安—普吉”航线正式开通。2019年西安咸阳国际机场已开通美娜多、迪拜、里斯本、塔什干等16条国际客运航线，国际（地区）航线累计达到85条，通达全球34个国家、71个主要枢纽和经济旅游城市，其中“一带一路”航线覆盖18个国家40个城市。

截至 2019 年 6 月底，中欧班列累计开行数量近 1.7 万列，国内开行城市达 62 个，境外到达 16 个国家的 53 个城市。回程班列已达 99%，基本实现去一回一，综合重箱率达 88%。

无论是航班还是班列，设施联通将大大促进“一带一路”有关国家和地区间投资贸易的发展，对各参与国都将是重大的发展机遇。

二是投资设施呈多样化趋势。在能源领域，作为共建“一带一路”在缅甸的先导示范项目和样板工程，中缅油气管道不仅带动当地基础设施建设，而且推动了管道沿线经济发展、油气产业发展，改善了当地民生。截至 2019 年 11 月 30 日，中缅油气管道分别累计向中国输送原油 2485.75 万吨、天然气 242.33 亿立方米，累计为缅甸带来直接经济收益 5.2 亿美元。此外由中国电力建设集团有限公司（中国电建）投资开发的澳大利亚塔斯马尼亚州牧牛山风电项目 12 月 6 日举行首批风机并网发电仪式。这标志着中国电建进入发达国家的首个投资项目顺利投产，也为中国电建海外投资实施新能源发展战略辟出新路。牧牛山风电项目位于塔斯马尼亚州中央高地，总投资约 3.3 亿澳元（约合 15 亿元人民币）。项目总装机容量 148.4 兆瓦，通过 4 千米 220 千伏输电线路与澳国家电网连接，投产后年均上网发电量约 4.4 亿度，可为超过 6 万个家庭提供优质清洁能源。

三是我国与“一带一路”沿线国家在航空运输领域合作更加深入。随着 2019 年 12 月 3 日喀什机场改扩建航站区工程全面开工，2019 年新疆维吾尔族区新建改扩建机场数量已达 9 个，在由过去机场“一枝独秀”变成天山南北 21 个机场“雁阵齐飞”的同时，功能设施进一步完善。截至 2019 年年底，共开通航线 264 条，有 19 个国家、22 个国际（地区）城市、84 个国内城市与乌鲁木齐国际机场通航，基本形成以乌鲁木齐区域性枢纽机场为核心，“疆内成网、东西成扇、东联西出”的开放性航线网络布局。截至 2019 年 11 月底，新疆机场集团当年累计完成旅客吞吐量 3516.14 万人次、货邮吞吐量 19.84 万吨、飞行起降 40.7 万架次，同比分别增长 13.3%、16.2%、12.7%。

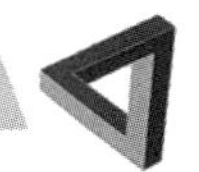

（三）贸易畅通

“丝路电商”成为“一带一路”的引擎。由商务部国际贸易经济合作研究院与福建省莆田市人民政府共同主办的“一带一路”电子商务国际合作高峰论坛于2019年11月29日在莆田举行，与会人士围绕如何推动“丝路电商”发展、促进“一带一路”合作等话题展开了讨论。

截至2019年年底，中国已经与22个国家和地区签署了电子商务合作备忘录，并建立了双边电子商务合作机制。中国与“一带一路”相关国家的跨境电商交易额同比增速超过20%，与柬埔寨、科威特、阿拉伯联合酋长国、奥地利等国的交易额同比增速超过100%。

近年来，不少“一带一路”相关国家和地区的电商产业都进入了快速发展阶段，与中国在电商层面的合作和贸易往来成为重要的推动因素。

从国际贸易环境来看，要推动跨境电商让各国受益，各国政府之间加强合作十分必要。

中国与“一带一路”相关国家的跨境电商交易额增速超20%。近年来在跨境电商领域，我国推进跨境电商综试区建设，线上综合服务平台注册企业已经超过2万家，带动了168个配套园区，超万家企业转型升级。各个综试区与“一带一路”相关国家和地区积极开展政策、技术和贸易标准对接，探索专线物流的跨境电商物流新模式，鼓励海外仓和跨境电商基础设施连通合作。

（四）资金融通

2019年前11月我国对“一带一路”沿线国家投资总计127.8亿美元。资金的融通能有力促进跨区域深化合作、支持“一带一路”建设、促进有关国家和区域贸易交往。

商务部发言人高峰在2019年12月19日举行的例行新闻发布会上表示，前11月我国对“一带一路”沿线的56个国家有新增投资，总计127.8亿美元，占同期对外投资总额的比重达到12.9%。

高峰表示，我国对“一带一路”沿线国家投资合作稳步推进。新签对外承包工程合同额 1276.7 亿美元，占同期总额的 61.2%，完成营业额 746.1 亿美元，占同期总额的 55.3%。

商务部整体对外投资数据显示，2019 年前 11 月我国境内投资者的非金融类投资为 6803.1 亿元，同比下降 1.2%。对外承包工程完成营业额为 9295.5 亿元，同比增长 2.2%。

在**航空业方面**，丝路基金正与重庆机场、新加坡樟宜机场探讨共同合作。重庆机场与樟宜机场已有一定的合作基础。三方共同签署合作意向书。丝路基金的加入形成三方优势互补和战略协同，提升重庆市与新加坡等地的互联互通水平，发挥其联结丝绸之路经济带和 21 世纪海上丝绸之路的纽带作用。

在**交通物流领域**，丝路基金也正在探索促进西部陆海新通道港口建设的有效模式，积极接洽沿线关键性节点的港口、物流企业，以帮助这些企业打通或完善通道。

（五）民心相通

随着我国同“一带一路”沿线国家和地区交往的密切、贸易合作的深入，我国同沿线国家的友谊变得更加深厚，信任度进一步增强，教育、科技、医疗卫生、文化交流、旅游等各方面合作进一步深化，2019 年我国同“一带一路”沿线国家和地区民心相通更进一步。

“一带一路”来华留学生激增。据中国教育部统计，2019 年，共有来自 196 个国家和地区的 49.22 万名留学生来华留学，其中，“一带一路”沿线国家来华留学生人数共计 26.06 万人，占总人数的 52.95%。

文化交流活动在世界各地举行。2019 年 12 月 9 日下午，由教育部和湖南省政府共同主办 2019 年国际中文教育大会在湖南长沙开幕。莫斯科独奏家室内乐团音乐会 12 月 9 日晚在北京天桥艺术中心上演，2019 中国“俄罗斯文化节”的大幕就此拉开。当地时间 12 月 8 日晚，由中国歌剧舞剧院精心制作的舞剧《孔子》首次在莫斯科科洛博夫新歌剧院演出。“一带一路”中医药针灸风采行系列活动 2019 年 12 月 20 日在波兰南部城市克

拉科夫的雅盖隆大学举行，以举办学术研讨、科普讲座、健康咨询等形式在波兰推广中医知识和文化。在中国国家中医药管理局支持下，世界针联组织的“一带一路”中医药针灸风采行系列活动已走进35个国家和地区。

医疗卫生方面合作不断推进。我国同“一带一路”有关国家和地区不断推进医疗卫生方面合作。2019年3月，我国支援柬埔寨特本克蒙省医院项目在特本克蒙省特本克蒙县正式开工。特本克蒙省医院项目由中铁建设集团承建，规划用地7.6公顷，建设用地面积5.5公顷，医院提供300张床位，成为特本克蒙省规模最大、医疗水平最高的现代化综合医院。2月，中国和突尼斯签订议定书，中国政府继续为突尼斯4个省派遣医疗队。自1973年中国向突尼斯派出首批医疗队至今，已有23批医疗队逾千名医务工作者在突尼斯开展医疗合作。

二、我国各区域“一带一路”产业合作与转移现状

国家统计局发布数据显示，2019全年我国与“一带一路”沿线国家进出口增势良好，对“一带一路”沿线国家合计进出口增长10.8%。2019全年货物进出口总额315446亿元，比上年增长3.4%。其中，出口172298亿元，增长5.0%；进口143148亿元，增长1.6%。进出口相抵，顺差为29150亿元。一般贸易进出口占进出口总额的比重为59.0%，比2018年提高1.2个百分点。机电产品出口增长4.4%，占出口总额的58.4%。我国对欧盟、东盟进出口分别增长8.0%和14.1%；与“一带一路”沿线国家进出口增势良好，对“一带一路”沿线国家合计进出口增长10.8%，2019年全年规模以上工业企业实现出口交货值124216亿元，比上年增长1.3%。

（一）各区域与“一带一路”沿线国家对外贸易情况

国家层面陆续出台多项政策文件，助力“一带一路”建设。国务院批复同意设立中国（山东）自由贸易试验区、中国（江苏）自由贸易试验区、中国（广西）自由贸易试验区、中国（河北）自由贸易试验区、

中国（云南）自由贸易试验区、中国（黑龙江）自由贸易试验区并印发总体方案；2019 年，国家发展和改革委员会公布了《第三方市场合作指南和案例》《西部陆海新通道总体规划》，“第三方市场合作”“西部陆海新通道”的发展方向进一步明晰；商务部、财政部、外汇局、银保监会、证监会等部门先后出台多个文件，从各方面发力，使得“一带一路”发展路径日益清晰。

2019 年，各省市积极融入“一带一路”建设。陕西、天津、江苏、青海、宁夏、河南等多个省市先后出台参与“一带一路”建设工作要点，各省市根据自身具体情况，设立目标，提出多项切实可行的任务；广西壮族自治区在金融、基建等方面推出一系列政策文件，全方位打造西部陆海新通道；福建省提出多条措施，支持“丝路海运”发展；辽宁省立足自身区位优势，聚焦东北亚经贸合作，着力打造对外开放新前沿；云南省、吉林省、内蒙古自治区、新疆维吾尔自治区等沿边省份，根据自身特点，从跨境贸易、口岸建设、综保区建设等不同方面出台政策，为地方经济发展增添新动力。

对外贸易对一个国家或地区经济发展起着非常重要的作用，它反映了该国家或地区的对外开放程度和国际合作程度。我国不同区域与“一带一路”沿线国家和地区对外贸易情况如下：

东部地区。东部地区积极开展与“一带一路”沿线国家的对外贸易，部分地区对外贸易额出现较快增长。如 2019 年 1—7 月，山东省与“一带一路”沿线国家进出口总值达 3273.4 亿元，同比增长 19.1%，占全省外贸进出口总值的 28.5%。基础设施合作方面，重点工程和大项目带动作用明显，1—7 月，山东省对“一带一路”沿线国家承包工程完成营业额 276.6 亿元，新签合同额千万美元以上大项目 39 个，涉及电力工程、交通运输、房屋建筑等领域。东部地区通过优化监管等措施，积极推动与“一带一路”沿线国家和地区间贸易。如 2019 年 2 月，北京市发布《2019 年促进京津跨境贸易便利化联合专项行动方案》，京津两地将围绕精简环节、压缩单证、优化流程、降低费用、提升便利，列出 20 项重点工作任务、梳理出 54 项重点事项清单，持续优化营商环境、提升跨境贸易便利化水平。

中部地区。中部地区通过推介互联互通设施建设等手段，加强与“一

带一路”沿线国家和地区联系。如安徽省通过开通更多通达“一带一路”沿线国家和地区航班，通过加大对国际货运班列的支持力度，加密班列运营密度等手段，促进与“一带一路”沿线国家和地区交流互通，深度融入“一带一路”建设。通过一系列的措施，中部地区在“一带一路”合作中也取得了很大进步，其中部分地区与“一带一路”沿线国家和地区对外贸易额出现较快增长。如安徽省 2019 年 1—9 月与“一带一路”沿线国家和地区进出口额达 124.2 亿美元，增长 10.8%。河南省 2019 年对“一带一路”沿线国家进出口 1187.9 亿元，增长 23%。其中，对中东欧 16 国进出口 84 亿元，增长高达 81.3%。湖南省 2018 年“一带一路”沿线市场进出口同比增长更是达到了 39%，成为新的增长点。

西部地区。西部在发展过程中，通过成立专业合作组织、举办合作与投资贸易洽谈会、发挥边境地区地理优势促进对外贸易、探索优惠政策等方式，抢抓发展机遇，推动西部地区产业与“一带一路”沿线国家的贸易相结合，加快西部地区经济发展。在对外承包工程方面，2019 年 1—8 月陕西省对外承包工程完成营业额 16.67 亿美元，位列全国第 15 位、西部第 2 位；对外承包工程新签合同额 12.78 亿美元，同比增长 29.8%，位列全国第 15 位、西部第 3 位。其中，陕西省在“一带一路”沿线国家（地区）完成营业额 9.27 亿美元，占全省对外承包工程完成营业额的 55.6%；新签合同额 9.02 亿美元，同比增长 31.1%，占全省对外承包工程新签合同额的 70.6%。对外劳务合作方面，2019 年前 8 个月陕西省派出各类劳务人员 7170 人，较 2018 年同期增加 1130 人，位列全国第 13 位、西部第 1 位；期末在外各类劳务人员 14839 人，位列全国第 16 位、西部第 2 位。

（二）各区域对“一带一路”沿线国家的投资情况

“一带一路”有关国家和地区为中国提供了广阔的投资市场，我国各区域充分抓住大好时机，积极响应“一带一路”倡议，深入参与投资建设，2019 年我国对“一带一路”沿线国家投资也呈现一定的增长趋势，2019 年 1—11 月我国企业在“一带一路”沿线对 56 个国家非金融类直接投资 129.6 亿美元，同比增长 4.8%，占同期总额的 12.4%。从投资去向来看，新加坡、老挝、巴基斯坦、印度尼西亚等国位列前茅。对外承包工程方面，我国企业在“一带一路”沿线国家新签对外承包工程项目合同 3640 份，新签合同额 904.3 亿美元，占同期我国对外承包工程新签合同额的 48.8%，同比下降 20.3%；完成营业额 736.6 亿美元，占同期总额的 53.4%，同比增长 12.6%。我国各区域对“一带一路”沿线国家投资情况如下：

东部地区。2019 年，东部地区对“一带一路”沿线国家投资比较积极，对外投资方面，1—7 月，山东省对“一带一路”沿线国家实际投资 60.1 亿元，同比增长 4.9%，占全省实际对外投资总额的 24.8%。其中，包括橡胶轮胎、纺织服装、电子电器等领域在内的国际产能合作不断深化，实际投资 32.3 亿元，占山东省对“一带一路”沿线国家总投资额的一半以上。另一方面，“一带一路”沿线国家和地区也积极到中国进行推介宣传，寻求与中国合作，推动两国间的对外投资。如 2019 年 3 月，“一带一路”沿线国家（巴拿马）政策及市场推介会在杭州举行，为外贸企业深入了解巴拿马市场及政策，宏观解读全球最新、富有潜力的拉美市场提供机会，为外贸企业开拓拉丁美洲海外市场注入新的商机。

2019 年第一季度，上海市共备案对外直接投资项目 186 个，其中，对“一带一路”沿线国家和地区备案中方投资额占全市比重为 10.9%；东盟地区是投资的重点区域，备案中方投资额占对沿线国家和地区投资总额的 76.7%。此外，上海市新签对外承包工程合同额同比上升 52.82%。其中，在“一带一路”沿线国家和地区新签对外承包工程合同额同比增长 99.39%，占全市新签合同额的 86.75%；完成营业额同比增长 15.65%，占全市完成营业额的 77.13%。近年来，上海市委市政府先后颁布《上海市参与“一带一路”建设实施方案》和《上海服务国家“一带一路”建设发挥桥头堡作用行动方案》，市商务委随后制定了《聚焦“贸易畅通”推进服务“一带一路”桥头堡建设实施方案》，不断深化与“一带一路”沿线国家和地区的经贸投资合作。截至 2019 年 4 月 25 日，上海市商务委员会及所属市外国投资促进中心已与境外相关政府部门和投资促进机构签署《经贸合作备忘录》55 个，涉及五大洲 29 个国家和地区，其中涉及 10 个“一带一路”沿线国家和地区，共计 14 个《经贸合作备忘录》。2019 年，上海市“一带一路”沿线国家和地区的进出口总额增长 6.0%，占全市比重为 20.6%。在对外直

接投资和工程承包方面，2018 年上海市对“一带一路”沿线国家和地区非金融类直接投资项目的中方备案额同比增长 12.9 %，占全市总额 17.4%；上海市在“一带一路”沿线国家和地区新签对外承包工程合同额同比增长 20.4 %，占全市总额 73.4 %；完成营业额占全市总额 62.6%。由上海鼎信投资(集团)有限公司投资建设的国家级境外经贸合作区印尼青山产业园，带动当地就业逾 2.4 万人，为当地创造税收超过 3.76 亿美元。

中部地区。中部地区也积极谋划，参与“一带一路”建设。如 2019 年上半年，河南省对外承包工程及劳务合作新签合同额、对外投资中方协议出资额呈较大幅度增长。全省对外承包工程及劳务合作新签合同额为 32.2 亿美元，同比增长 89.1%；协议投资金额 11.6 亿美元，同比增长 136.6%。其中，河南省对“一带一路”沿线国家承包工程新签合同额为 18.6 亿美元，同比增长 562.7%，占新签合同总额的 57.8%。项目主要分布在以色列、沙特阿拉伯、新加坡、科威特、阿曼、越南、波兰、尼泊尔等国家和地区。河南省对外承包工程新签项目中，大项目占比较大。全省新签对外承包工程合同额 1000 万美元以上项目有 36 个，新签合同额 29.6 亿美元，占全省新签合同总额的 92.2%，主要为交通运输建设、矿产开发、石油化工、水利建设、工业建设及电力工程建设类项目。2019 年上半年，河南省对外投资大项目带动作用非常明显，企业海外投资项目正在经历从低端、传统行业到新兴产业的转型升级。从统计数据看，5000 万美元以上大项目的投资额占全省中方协议投资额的 90%，且集中在航空、医疗、生物制药等高新技术领域。

西部地区。西部地区部分省市对外投资意愿强烈，紧抓“一带一路”发展机遇，开展对外投资。例如陕西省对外直接投资的投资领域涉及批发零售业、制造业、建筑业等 11 大类。其中，陕西省对“一带一路”沿线 11 个国家（地区）投资达 1.36 亿美元，同比增长 38.8%，占陕西省非金融类对外直接投资额的 43.3%。

（三）我国吸收"一带一路"沿线国家投资和产能合作情况

积极吸引外商投资，加强国际产能合作，对推动我国产业发展、吸引国外资金、学习国际先进技术和管理经验等有着积极的作用。同时，吸引外国投资和国际产能合作情况，也直接反映了我国的营商环境的好坏，对我国营造良好营商环境、促进产业发展有着很强的引导作用。我国一直努力打造良好的投资环境，欢迎各国投资者来华投资、加强合作，2019 年我国在吸收"一带一路"沿线国家投资和产能合作方面取得重大进展，"一带一路"沿线国家对华投资增长达 14.3%，产能合作方面也有多个重大项目推进。具体到各区域情况如下：

东部地区。东部地区积极利用自身经济基础、地理优势、历史文化等条件，探索吸引外国投资的新路径，寻求更多产能合作机遇。各地高度重视，如天津港位于"一带一路"海陆交会点，是中蒙俄经济走廊的东部起点，具有很明显的交通优势，津蒙东疆物流园的建立，标志着天津对接"一带一路"建设、中蒙深化合作又上新台阶。此外《国务院关于全面推进北京市服务业扩大开放综合试点工作方案的批复》发布，同意在北京市继续开展和全面推进服务业扩大开放综合试点。该文件表述，明确推进文化行业扩大对外开放，选择文化娱乐业聚集的特定区域，允许设立外商独资演出经纪机构，并在全国范围内提供服务；积极推动与"一带一路"沿线国家的文化交流，深化友好城市文化交流。

中部地区。中部地区为吸引"一带一路"沿线国家和地区投资，加强产能合作，也采取了一系列措施。如江西省发布《2018 年参与"一带一路"建设工作要点》，以强化互联互通为基础，深化对外交流，着力扩大经贸投资和推进国际产能合作，深化航空及汽车制造、光伏新能源、轻工机械、有色金属、生物医药等产业对外合作。并深入开展招大引强"三百工程"，积极引进一批世界 500 强企业来赣投资。筹办第 18 届赣港经贸合作活动暨首届赣深经贸合作交流会、亚布力中国企业家夏季高峰论坛、第十七届赣台经贸文化合作交流会等重大招商活动，加大对外产业招商力度，围绕智

能制造、现代服务业开展专题招商活动，引进优质外资项目。安徽省继续推动安徽省江淮汽车与德国大众新能源汽车项目等一批重点项目的实施，加快推进中德（合肥）中小企业国际创新产业园、中德（芜湖）中小企业国际合作园建设，积极参与“长江—伏尔加河”地方合作理事会第三次会议。

西部地区。在对外投资和国际产能合作方面，西部地区也积极以开放、合作的态度，加强国际交流，对吸收“一带一路”沿线国家和地区投资和产能合作发挥了重要的推动作用，出台相关政策支持云南省相关企业集合国内外先进技术，通过投资、运营管理、工程承包、设计咨询等多种方式，开展发电、输变电、电网改造和建设等重大电力项目合作；支持云南省与周边国家合作在中孟印缅经济走廊、中国—中南半岛经济走廊重要节点建设一批国际物流园区，提升物流效率；支持云南省合作建设产业园区；深化中孟印缅经济走廊、中国—中南半岛经济走廊建设，互利共赢建设一批境外产业园区，有序推动国际产能合作。

三、当前“一带一路”倡议下产业转移面临的形势分析

近年来，国际国内政治、经济环境发生了较大变化，“一带一路”正面临着新的发展环境，同时也面临着更大的发展机遇。

（一）世界经济增长动能减弱，增速缓慢

当前，国际发展环境正在发生深刻的变化。2019 年世界经济总体实现稳定增长，但发展过程中面临的不确定性因素不断增加，部分地区出现经济下滑趋势，中美贸易摩擦、金融市场风险、国际原油价格波动等因素让世界经济发展更加难以捉摸，世界经济增长动能减弱，增速缓慢。

2019 年，受美国等发达国家财政刺激、加大基础设施投资等影响，发达经济体经济增速有所提高，但随着财政政策作用力逐渐减弱，美国经济增长也将渐渐趋于低迷状态。欧元区面临全球贸易摩擦、高负债等诸多不

利因素，持续增长成为奢望。新兴经济体中的代表性国家中国，近年来不断追求高质量发展和改革转型，增速也有所减缓。此外，受全球金融环境趋紧、工业生产放缓、贸易紧张加剧等因素影响，世界经济增速将进一步放缓。世界银行发布的半年度报告中预计，2020 年经济增长 2.8%，均比 6 月份的预测下调 0.1 个百分点。

（二）国内经济面临高质量发展要求

当前，国内面临经济去杠杆、房地产去库存、金融市场风险防范、财税改革推动新旧动能转换等因素，经济增长面临很多压力，但我国发展仍处于并将长期处于重要战略机遇期，中国的发展拥有足够的韧性、巨大的潜力，中国经济长期向好的态势不会改变。我国经济将稳中有进，迈向高质量发展。

随着供给侧结构性改革的不断推进，我国经济总体稳中有进。经国家统计局初步核算，2019 年国内生产总值达到 99.0865 万亿元，同比增长 6.1%，位居世界第二位。产业结构不断优化，2019 年一、二、三产业同比增长分别为 3.1%、5.7%、6.9%。其中服务业增加值 47 亿元，占国内生产总值比重比 2018 年提高 0.3 个百分点，比第二产业高 11.5 个百分点。各类新产业、新业态、新商业模式不断涌现，正在逐步成为经济增长的新动能，规模以上工业战略性新兴产业增加值比 2018 年增长 8.9%，规模以上工业高技术产业增加值比上年增长 11.7%，分别高于整个规模以上工业 2.7 个和 5.5 个百分点，创新驱动发展战略的效果逐步凸显。

（三）“一带一路”面临重要发展机遇

当前，“一带一路”为沿线国家和地区的发展带来了希望，“一带一路”面临重要发展机遇。一方面，国际产业转移与产能合作不断推进。从国内看，东部发达地区会利用良好的产业基础，不断吸引科技含量更高、产业发展前景更好的优势产业，中西部地区在原有产业基础上，结合自身区位优势、资源禀赋、经济基础等情况，合理有序承接东部产业转移。从国际

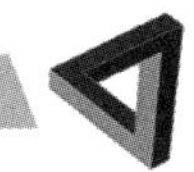

看，我国在不断承接发达国家高科技产业转移的同时，也在将中国的部分产业向其他国家转移，近年来我国与部分区域产能深度合作，并呈不断加深趋势。国内国际产业转移为“一带一路”沿线国家产业发展带来重要发展机遇。另一方面，金融创新为“一带一路”带来新机遇。“一带一路”建设需要大量的基础设施、科技研发等投入，需要有足够的资金支持。近年来，各类金融创新为“一带一路”的发展带来希望，我国发起设立的“亚投行”，重点支持基础设施建设，成立宗旨是为了促进亚洲区域的建设互联互通化和经济一体化的进程，并且加强中国及其他亚洲国家和地区的合作。丝路基金由中国外汇储备、中国投资有限责任公司、中国进出口银行、国家开发银行共同出资，按照市场化、国际化、专业化原则设立的中长期开发投资基金，重点在“一带一路”发展进程中寻找投资机会并提供相应的投融资服务。此外还有各类政府证券等，为“一带一路”发展提供更多助力。随着“一带一路”的深入推进，各个国家和地区之间的交往越来越密切，跨文化交流越来越频繁，更多的合作机会将会不断涌现，“一带一路”迎来重要的发展机遇期。

（本章由马冬雪负责编写）

第三篇

实践创新篇

第八章 东方国际产业布局概况

一、企业概况

根据东方国际（集团）有限公司（以下简称东方国际（集团））2018年度社会责任报告，东方国际（集团）由具有150年历史的上海纺织集团和具有近70年外贸历史的原东方国际集团联合重组而成，是一家拥有先进制造业与现代服务业，以时尚产业、健康产业和供应链服务为核心主业，以科技实业、产业地产、金融投资为支撑的大型综合性企业集团，是中国最大的纺织服装集团和最大的纺织品服装出口企业。

东方国际（集团）在全国企业排名中位居前列。集团在中国纺织服装企业竞争力强，拥有总资产670亿元、员工8.6万人（海外员工占64%），2018年实现营业收入1115亿元，进出口89亿美元（出口60.4亿美元、进口28.6亿美元）。集团在海外拥有96家业务机构，分布在五大洲29个国家或地区。所属企业480家，上市公司4家（东方创业、申达股份、龙头股份、联泰控股）。

东方国际（集团）在行业内成绩斐然。集团已在世界 170 多个国家或地区拓展了业务，与众多著名跨国公司开展了合作，拥有“三枪”“Lily”“Prolivon”“衣架”“银河”等著名品牌和里奥竹、芳砜纶等自主知识产权高新纤维及“爱奢汇”“齐分享”等知名线上跨境进口销售平台，在国内有近 4000 家直营零售门店。

致力于打造中国最具影响力的时尚产业综合配套服务商。2018 年，集团打造了一批时尚产业服务平台，“上海时装周”影响力亚洲第一，跻身世界“五大时装周”行列；拥有 M50、上海国际时尚中心 60 多个时尚创意园区，总面积 180 万平方米，园区建设和体量达到全国第一。集团旗下的上海国际棉花交易中心是国内唯一进口棉花及纺织品交易的国际性电商平台，拥有专业交易会员 220 家，年交易规模达 180 亿元。

二、全球布局概况

近年来，东方国际（集团）不断进行全球化布局。响应“一带一路”倡议和国家“走出去”战略，围绕提升核心主业的竞争力，逐步形成具有世界影响力的大企业。目前拥有全球开拓发展的六大区域公司，分布在五大洲 29 个国家或地区，全球布局 96 家业务机构（含 1 家境外上市公司），海外员工 5.5 万人，集团占比 64%，海外制造企业数占集团制造企业数近 50%。

（一）以并购为手段，加快国际产业布局

收购香港慧联织造厂有限公司（简称香港慧联），跻身全球毛衫制造商行列。东方国际（集团）重组前的上海纺织集团，于 2015 年成功收购香港慧联 51%股权，跻身全球第四大毛衫制造商行列。香港慧联以毛衫设计、织造、销售为主要业务，年生产能力达 2200 万件，产品远销世界各地，被收购前年营业收入为 10 亿元人民币。

收购美国 NYX 公司，积极拓展北美市场。2015 年 10 月，上海纺织集

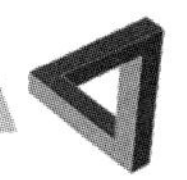

团旗下的申达股份拟出资 4866 万美元，收购美国 NYX 公司 35%的股权。申达股份公司现有的汽车内饰产品主要是纺织内饰件（软饰），收购 NXY 公司后，使公司的产品范围从纺织内饰件（软饰）向附加值更高的汽车内饰件（硬饰）拓展，从中国市场向北美市场拓展，从而更好地推进国际化战略。

收购联泰控股，加快东南亚产业布局。2016 年 10 月，上海纺织集团向香港上市公司联泰控股提出收购全面要约。联泰控股旗下拥有 18 个服装和箱包工厂，其中 11 个设立在海外，集中于菲律宾、印度尼西亚、越南等地，年营业收入为 10 亿美元。通过收购，上海纺织集团完善了在东南亚低成本制造区域的布局，增强了整个供应链的竞争力。

2017 年 8 月，上海纺组集团与东方国际（集团）实施联合重组（详见后面），相关业务由东方国际（集团）负责管理。

（二）海外投资建厂，打造全球性纺织服装集团

合资建立汽车软饰供应公司，实现从区域性向全球性供应商转型。2016 年 12 月，上海纺织集团旗下申达股份和与国际汽车零部件集团（IAC）宣布签订建立全球合资企业的最终协议，为汽车制造商供应软饰和声学元件。申达股份将在价值 5.7 亿美元的合资企业中占有 70%的股份。IAC 年销售额为 11 亿美元，下属 22 家企业和 4 家研发中心，分布于英国、德国、西班牙、南非、墨西哥等地。经过收购，申达股份一举成为全球第二大汽车软饰件产品供应商，完成区域性供应商向全球供应商的转型。

设立全球六大公司，推动业务走向海外。为协同、联动集团业务走向海外，上海纺织集团于 2016 年启动了海外区域公司的建设工作，分别设立了上海纺织美国公司、上海纺织欧洲公司、上海纺织日韩公司、上海纺织香港公司（含东南亚、南亚）、上海纺织非洲公司、上海纺织拉美公司。全球公司将充分发挥国内纺织产业链优势，通过分布国内外的制造基地和营销网点，在做强、做大业务的基础上进一步做广、做深、做透，并进一步将业务推向海外。

建设东南亚和非洲加工基地，降低企业生产成本。纺织行业对成本较

为敏感，随着近年来国内生产成本的增加，上海纺织集团积极寻求海外低成本市场。在“2016上海国资高峰论坛”上，上海纺织集团董事长童继生表示，布局全球不能等，并提到上海纺织集团计划用5年时间，在东南亚的柬埔寨、孟加拉国等国建立5—10个贸易加工基地。东方国际创业股份有限公司在柬埔寨设立了针织服装工厂。2018年以来，该工厂的订单持续增加。

同时，东方国际（集团）在苏丹的棉花加工、埃塞俄比亚的棉纺、厄立特里亚的纺织品服装加工等非洲纺织产业链部署也相继启动。公司将通过努力，从一家以国际贸易为主业的地方国企，成为一家时尚的、全球知名的、大型综合性纺织服装贸易跨国集团。

（三）依托集团优势，建设全球贸易平台

依托优势，打造进出口全产业供应链。东方国际（集团）依托近70年国际贸易资源和近年来国际物流发展的优势，契合中国进一步高水平更大范围改革开放和“一带一路”建设机遇，发展贸科工联动、物贸融联动、外经外贸联动、内外贸联动、纺织类与非纺类贸易联动、货物贸易与服务贸易联动、OEM、ODM及在岸贸易、离岸贸易、转口贸易并举的进出口全产业供应链，形成集团核心业务板块，并具有可持续发展优势。目前已达年进出口总额超过85亿美元，纺织品服装出口额全国排名第一，拥有毛衫、时尚箱包、服装、纺织原辅料、进口食品等五大类核心产品，有较强OEM、ODM和外贸专业服务代理能力。

建立良好销售供应链，重视工贸联动。东方国际（集团）旗下上海市纺织品进出口公司近年来年出口额一直稳定在3.3亿美元，其主要源于以下三方面优势。

一是建立良好销售供应链。自营业务比重在50%左右，公司产品主要向亚非拉等国家出口，但公司对销售供应链把握较好，除本部设有专事进出口和国内贸易的业务部门以外，还有从事进出口贸易的控股子公司及印染厂，并在海外设有贸易机构。公司原料收购网点遍及全国，与国内数千家工厂有常年购销业务，在全球建立了辐射130个国家5000多家客商的销

售网络。

二是重视自主品牌建设。目前公司拥有32个自主品牌，在实际出口业务中具有明显的品牌优势。尤其是“银河”牌商标，已成为著名的棉涤纶商品品牌。

三是工贸联动。公司贸易范围涉及广阔，除了经营各类纺织品及其制成品和其他非纺织品类商品的进出口业务，承接补偿贸易、来料、来件、进料加工业务，进行技术设备引进和技术交流，接受国内委托及进出口代理业务之外，还涉及国内贸易、服务贸易、房产经营、广告宣传、投资实业、技术开发、咨询服务等诸多领域。

三、国内布局概况

（一）通过并购重组，推动企业创新转型

2017年8月，上海市国有资产管理委员会（简称上海市国资委）决定对上海纺织集团与东方国际（集团）有限公司实施联合重组，将其持有的纺织集团27.33%股权、上海国盛（集团）有限公司持有的纺织集团49%股权均以经审计的净资产值划转至东方国际（集团）有限公司。上海市国资委控股的东方国际创业有限公司（以下简称“东方创业”）是全国主要的纺织服装出口商之一和货运代理企业之一。公司主要致力于做精做深贸易业务和物流业务，努力巩固竞争优势，扩大业务市场份额。重组后的东方国际（集团），拥有从国内外接单、各类原材料和成品采购、专业打样设计、自有工厂生产到全球物流配送等服装纺织品进出口的完整产业链。公司主要品种覆盖从各色棉纱坯布到混纺织物、从各式家用纺织用品到棉毛针织服装成衣、从衬衫T恤到西服夹克等各类男女服饰的全品类服装纺织产品。

（二）加强校企合作，增加人才和技术保障

共建智能纺织研究所，推动人才交流。东方国际（集团）通过加强校企合作，深化技术研究，增加技术保障能力。例如2018年4月，上海工程

技术大学领导带团走访东方国际（集团），双方一致认为，在原有合作的基础上，要深化合作、拓展平台、立足本地、放眼全球，在新时代开创新征程、创造新辉煌。东方国际（集团）的定位为全球布局、跨国经营、具有国际竞争力的跨国集团，必须以全球的视野、全球的资源和全球的市场作为思考问题的出发点和落脚点。上海工程技术大学与东方国际（集团）的合作应向纵深发展，按照“项目化管理、目标化实施和信息化管控”推进双方的合作，要用开放的思想搞科研，共建智能纺织研究所；探讨以时尚产业为主，开展学生定向培养，让海外实习生成为未来国际化的栋梁；研究探讨使学生成为新产品测试者，使学校成为测试基地，同时培养时尚买手，使他们成为未来新兴人才。

（三）推动集团“一翼”建设，打造国内供应链强企

东方国际（集团）集聚贸易、物流、金融等方面综合优势，构筑境内外广泛布局、水陆空一体化、物工贸服融深度结合、线上线下有机联动、覆盖“首尾一公里”的供应链服务体系，为客户创造便利、快捷、高效的高品质服务体验和价值，形成集团“一体两翼三支撑”的总体布局。目前公司拥有多种供应链模式深度融合的综合优势，拥有完备的物流体系，物流公司名列中国货代物流综合百强。

（四）建设制造基地，优化国内制造产业布局

东方国际（集团）通过建设制造基地，优化生产制造布局。如 2018 年，其下属上海汽车地毯总厂宁波工厂、张家口工厂、沈阳工厂二期、江苏中联北方工厂实现量产；上海汽车地毯总厂宝鸡工厂、天津工厂、武汉工厂开始筹建。三枪大丰高端面料生产基地建成，累计生产针织面料 3000 吨、实现销售收入 1.6 亿元。裕丰科技色纺达到 20 万锭，被确定为中国差别化纤维色纺纱特色产品生产基地和中国棉纺行业协会检测平台纱线检测中心。申达川岛汽车内饰搬迁项目完成审批，即将开工建设。

（本章由孔腾淇负责编写）

第九章 吉利控股集团全球化发展概况

一、企业概况

吉利控股集团始建于 1986 年，于 1997 年进入汽车行业，是一家全球化企业，总部位于中国杭州。2019 年，吉利控股集团旗下各品牌在全球累计销售汽车超 217.8 万辆，同比增长 1.23%。

目前，吉利控股集团已发展成为一家集汽车整车、动力总成、关键零部件设计和研发、生产、销售及服务于一体，并涵盖出行服务、线上科技创新、金融服务、教育、赛车运动等业务在内的全球型集团。此外，吉利还稳健推进全球创新型科技企业的建设，逐步实现从汽车制造商向移动出行服务商的转变。吉利控股集团旗下拥有吉利汽车、领克汽车、沃尔沃汽车、Polestar（极星）电动汽车、宝腾汽车、路特斯汽车、伦敦电动汽车、远程新能源商用车、太力飞行汽车、曹操专车、荷马、盛宝银行、铭泰等众多国际知名品牌。各品牌均拥有各自独有的特征与市场定位，相对独立又协同发展。

吉利控股集团由吉利汽车集团、沃尔沃汽车集团、吉利科技集团、吉利新能源商用车集团和铭泰集团等五大核心子集团组成。目前，吉利控股集团拥有超过 12 万名员工，其中包括超过 2 万名的研发和设计人员。公司总资产超过 3300 亿元。

二、全球布局概况

吉利坚持走国际化路线。通过在国内、国际新建或收购等方式，迅速建立起一个庞大的全球化企业。吉利汽车集团于 2013 年在瑞典哥德堡建立中欧汽车技术中心，充分发挥吉利和沃尔沃的优势与资源，联合开发全新的中级车基础模块架构和相关部件，满足沃尔沃汽车集团和吉利汽车集团未来的市场需求。

（一）以并购为手段，拓展全球业务

通过并购等方法，积极拓展全球业务。2010 年吉利收购沃尔沃轿车公司（以下简称沃尔沃汽车）。沃尔沃汽车具有 90 年历史传承，是全球著名豪华汽车制造商，2010 年被吉利控股集团成功并购，总部设在瑞典哥德堡，目前在全世界拥有超过 38000 名员工，并在全球 100 多个国家和地区设立了 2400 多个销售和服务网点。2018 年，沃尔沃汽车共销售了 642253 辆汽车，同比增长 12.4%。这是沃尔沃汽车连续第五年创全球销售记录，也是历史上首次突破 60 万辆大关。2018 年，随着美国查尔斯顿工厂落成，沃尔沃汽车实现了跨越欧洲、亚洲和北美洲三大主流市场的全球制造布局，成为一家真正的全球化企业。预计到 2025 年，沃尔沃汽车将发展成为全球汽车行业引领者和消费者出行服务商。其年销量中将有一半是纯电动车，三分之一是自动驾驶汽车，且半数汽车将采用合约购车的新模式。

（二）合资成立领克汽车，全面发力中高端市场

通过合资成立企业全面发力中高端市场。领克汽车是由吉利汽车与沃尔沃汽车合资成立的主要定位新时代的高端品牌，集欧洲技术、欧洲设计、全球制造、全球销售为一体，目前旗下所有车型均由沃尔沃汽车主导，以吉利汽车与沃尔沃汽车联合开发的 CMA 基础模块架构打造。2016 年 10 月 LYNK&CO 品牌在德国柏林发布，2017 年 11 月领克 01 在中国上市，2018 年是领克真正意义上的品牌和产品元年，从 2018 年 6 月底开始，领克汽车快速导入 02、01PHEV、03 三款高品质车型，形成“SUV+轿车”“燃油+新能源”的立体产品布局。随着领克汽车的产品布局迅速完善，市场销量稳定攀升，技术实力不断凸显，品牌价值持续突破，领克汽车将全面发力中高端品牌市场。

（三）输出知识产权和管理经验，协同当地品牌拓展东盟市场

吉利汽车发挥自身在知识产权和管理方面的优势，积极拓展东盟市场。2017 年，吉利控股集团收购了宝腾 49.9%的股份，成为该品牌的战略合作伙伴。宝腾汽车是马来西亚的国家汽车品牌。它是 20 世纪 80 年代初建立的，后来成为全球知名品牌，业务遍及欧洲、东南亚、和拉丁美洲。目前，吉利与宝腾协同效应初显。双方共同打造的首款新车宝腾 X70 于 2018 年 12 月在马来西亚吉隆坡上市后持续热销。吉利对外输出知识产权与管理运营经验的海外并购模式首尝成功，宝腾复兴之路迎来曙光。双方将致力于使宝腾成为马来西亚的第一品牌，并在十年内使其进入东盟前三大品牌行列。

（四）收购高端品牌，进入高端领域

通过收购等方式，逐步向高端领域迈进。2017 年，吉利控股集团收购路特斯汽车 51%股权。路特斯汽车是英国标志性豪华跑车和赛车品牌，与法拉利、保时捷齐名。该车的品牌创始人柯林 • 查普曼（Colin Chapman）

认为，轻量化是伟大跑车发展的关键，于 1948 年推出路特斯第一款汽车。此后路特斯汽车子公司路特斯汽车工程公司开发了一系列世界上最具代表性和知名度的跑车。今天，路特斯汽车凭借小巧的车身与其中蕴含的强大赛车基因，令驾驶者无论在公路或赛道上都能尽享驾驶乐趣。2018 年，路特斯迎来 70 岁生日，继续保持其在高性能跑车研发、制造及轻量化技术领域的领先地位，并在新品研发及生产制造等方面均有突破。截至 2018 年年底，吉利汽车集团已在全球建立起了 1000 多家经销商组成的网络，覆盖 40 个国家的 450 多个国际销售和服务点。吉利汽车集团在中国杭州和宁波、英国考文垂、瑞典哥德堡和德国法兰克福设有五大工程研发中心，在中国上海、瑞典哥德堡、英国考文垂、西班牙巴塞罗那和美国加洛杉矶设有五大设计中心。

通过合作与并购，吉利汽车吸收先进技术，扩展市场，提升全球品牌影响力。

三、国内布局概况

（一）践行共享理念，推动绿色出行

当前共享单车、共享汽车等逐步融入社会，共享理念渐入人心，吉利汽车也在这一领域积极发力。曹操出行是吉利科技集团布局“新能源汽车共享生态”的战略性投资业务，将全球领先的互联网、车联网、自动驾驶技术及新能源等技术，创新应用于共享出行领域，致力于为用户创造和提供一站式的健康、低碳、共享出行生活方式。目前曹操出行旗下涵盖了互联网专车、出租车、顺风车、绿色公务、同城取送、同城电商、曹操碳银行、曹操自游行等业务，是在全国率先以新能源汽车涉入并建立起个人和企业用户核证自愿减排量（CCER）资产交易的低碳出行品牌。2018 年，曹操出行累计服务 1.2 亿人次，累计行驶里程超过 12 亿千米，相当于绕地球 3 万圈，累计碳减排量 17 万吨。截至 2019 年 4 月，曹操出行已在全国 34 座城市上线，累计投放 37000 辆新能源汽车，拥有超 2350 万的注册用

户，日均活跃用户 110 万，日接单量 46 万。曹操出行为用户带来了低碳健康、便捷时尚、优质平价的出行解决方案。

（二）参与高铁 WiFi 平台建设，推动高铁双网融合

吉利汽车还积极参与我国高铁的 WiFi 平台建设，不断推动高铁双网融合。国铁吉讯科技公司由中铁投与吉利、腾讯携手共同组建，2018 年 7 月 5 日正式揭牌成立。公司负责动车组 WiFi 平台建设和经营，向用户提供站车一体化、线上线下协同的出行服务，包括 WiFi 接入、行程服务、订餐、休闲文化娱乐、新闻资讯、特色电商、联程出行、智慧零售等，推动高铁网+互联网“双网融合”。目前，公司首个产品掌上高铁 APP 已从全国所有复兴号动车组列车开始，全面上线运营。

（三）发展高端出行服务，推动服务升级

吉利汽车在国内积极发展高端出行服务，不断推动服务升级。2019 年 5 月，与戴姆勒移动服务有限责任公司在中国组建合资公司，即蔚星科技有限公司，提供豪华网约车出行服务。

（本章由孔腾淇负责编写）

第十章 富士康科技集团产业布局概况

一、企业概况

富士康科技集团（以下简称“富士康”）始建于 1974 年，是专业从事计算机、通信、消费性电子等 3C 产品研发制造，广泛涉足数字内容、汽车零组件、通路、云运算服务及新能源、新材料开发应用的高新科技企业。

富士康科技集团以“两地研发、三区设计制造、全球组装交货”为集团布局策略，并创造出“IIDM-SM”（整合、创新、设计、制造、销售、行销）整体解决方案的 3C 电子商业服务模式。作为科技服务的领先者，近年来集团积极运用“硬软整合、实虚结合”，深度布局“云、移、物、大、智、网 + 机器人”，掌握工业互联网产业的关键技术，投资并充分利用集团在云计算、移动设备、物联网、大数据、人工智能、网络、机器人及自动化方面的专业知识，全力构建“8K+5G”生态系统。

二、全球布局概况

（一）确立“扎根中国，运筹全球”战略，增加海外投资

富士康通过布局，不断增加海外投资，逐步建立起全球性制造企业。迄今在世界各地拥有 800 余家子公司或派驻机构。并持续提升研发设计和工程技术服务能力，和多地研发设计、全球生产组装的能力。

（二）建立全球研发网络，提高核心技术水平

富士康重视技术研发，通过多年高速发展，已建立分布于亚洲、美洲和欧洲的专业研发网络。富士康依托高素质精英研发团队，打造自主创新平台，积累具备广泛竞争优势的核心技术和关键技术。纳米科技、热传技术、纳米级量测技术、无线网络技术、绿色环保科技、CAD/CAE 技术、光学镀膜技术、超精密复合/纳米级加工技术、SMT 技术、网络芯片设计技术、云端科技、e 供应链技术等核心技术的建立，使集团在纳米、金属、塑料、陶瓷、热传导等领域取得巨大技术突破，建立集团在精密机械与模具、半导体、云运算、液晶显示、三网融合、计算机、无线通信与网络等产业领域的领先地位。

2018 年，富士康全球专利申请 3800 余件，其中 70%以上为发明专利。连续 9 年在中国大陆地区专利申请量及发明专利申请量方面排名前列，连续 13 年在美国专利核准量排行榜位居华人企业前列。同时，富士康依托丰富的生产、管理经验，积极开展由工厂制造、技术研发向电子商务领域转型，紧扣知识经济与网络经济脉搏，努力打造科技服务型企业。

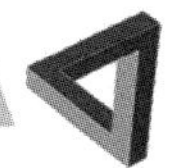

三、国内布局概况

（一）扎根中国，全面布局多个区域

通过几年努力，富士康已在中国多个区域实现布局，主要布局情况如下：

珠三角地区。在珠三角地区，富士康布局深圳、佛山、中山、东莞、惠州、广州等地，深圳园区将打造成专注于科技研发基地和电子商务、电子模块大型贸易、新产品导入、人才培训中心，加速集团产业转型升级。

长三角地区。在长三角地区，富士康布局昆山、上海、南京、淮安、杭州、宁波、嘉善等地，形成以精密连接器、无线通信组件、液晶显示器、网通设备机构件、半导体设备和软件技术开发等产业链及供应链聚合体系。

环渤海地区。在环渤海地区，富士康布局北京、天津、烟台、菏泽、廊坊、秦皇岛、沈阳、营口、长春等地，以无线通信、消费电子、云运算、纳米科技、计算机组件、精密机床、环境科技等为骨干产业。

中西部地区。在中西部地区，富士康布局太原、晋城、郑州、济源、鹤壁、濮阳、兰考、武汉、长沙、衡阳、南宁、重庆、成都、贵阳、凯里、六盘水、兰州等地，重点发展精密模具、自动化设备、镁铝合金、汽车零部件、光机电模组、智能手机、平板电脑、智能电视等。

（二）积极参与合作，不断发展新产业

近年来，富士康根据业务发展需要，加快在国内布局新产业，并与多个地区签订合作协议。如 2017 年，集团关联企业超视堺国际科技（广州）有限公司与广州市政府合作打造的第 10.5 代显示器全生态产业园区于广州增城奠基；2018 年，集团与广西建工集团签订智慧城市战略合作框架协议，致力打造首家具备智能大脑管控、智能家居管控、智能商城近控的高端智慧平安社区。

（三）大力兴建科技园，投资项目遍地开花

富士康积极在各地建立科技园等投资项目，实现了全国多地开花。先后签约、入驻全国多家科技园区，如惠州科技园、郑州科技园、重庆科技园、成都科技园、晋城工业园、衡阳科技园、长沙研发基地、鄂尔多斯科技园、鹤壁科技园、安庆科技园、菏泽科技园、濮阳科技园、兰考科技园、廊坊科技园、南宁科技园等。

（本章由孔腾淇负责编写）

第十一章 三一集团全球化发展概况

一、企业概况

三一集团有限公司始创于 1989 年。自成立以来，三一始终秉持“创建一流企业，造就一流人才，作出一流贡献”的愿景，打造了知名的“三一”品牌。三一集团主业是以“工程”为主题的装备制造业，主导产品为混凝土机械、挖掘机械、起重机械、筑路机械、桩工机械、风电设备、港口机械、石油装备、煤炭设备、精密机床等全系列产品，其中多种设备成为中国主流品牌和全球知名品牌。2019 年 11 月 13 日，三一重工股份有限公司生产的旋挖钻机上榜工业和信息化部、中国工业经济联合会《制造业单项冠军产品（第四批）》名单。2019 年 12 月，三一重工股份有限公司入选《2019 中国品牌强国盛典榜样 100 品牌》名单。2019 年 12 月 18 日，人民日报“中国品牌发展指数 100 榜单”排名第 33 位。

三一集团在国内积极布局，建有北京、长沙、上海、沈阳、昆山、乌鲁木齐等六大产业基地。同时也积极建立海外研发和制造基地，积极开拓国际市场。在海外，三一集团在印度、美国、德国、巴西等建立四大研发和制造基地。目前，集团业务已覆盖全球100多个国家和地区。

二、全球布局概况

近年来，三一集团积极发力，开启了三一集团的全球化布局。

（一）在印度建厂开启海外投资步伐

早在2006年，三一集团在印度浦那（也译作普纳）市投资6000万美元建设工程机械生产基地，这是三一集团第一笔海外投资项目，也是中国工程机械行业到海外建厂的第一例，是当时中资企业在印度最大的一笔直接投资。三一印度有限公司现在有员工700多人，公司功能完善，包括营销、研发、生产、售后服务等部门。目前三一印度有限公司生产和组装的产品有履带起重机、泵车、拖泵、搅拌车、搅拌站、挖机、反铲挖掘机等，公司主要市场和潜在目标市场为印度、南亚、东南亚和中东。

（二）在美国建厂进军北美市场

三一重工美国有限公司于2007年投资建立，投资额6000万美元，位于美国佐治亚州桃树城，总面积3.7万平方米。公司主要业务为生产、销售及物料运输，包括履带式起重机、越野轮胎式起重机、挖掘机、正面吊和堆高机。其公司生产的设备可在美国、加拿大、墨西哥和美国中部等地区进行销售。2018年，三一美国有限公司第2000台挖掘机下线。

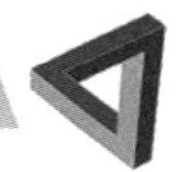

（三）在欧洲建厂，进一步扩大全球布局

三一欧洲有限公司于2009年投资建立，投资额1亿欧元，位于德国北莱茵-威斯特法伦州贝德堡市，总面积25万平方米，包括研发中心、产业基地等一套完整的生产链。2011年，投资1亿欧元的三一贝德堡产业园正式投产，依托这个2万平方米的生产基地，三一欧洲公司实现了快速、稳健发展。欧洲市场是三一集团国际化的重要组成部分，是三一集团国际第一大市场，也是非常专业的市场。三一欧洲有限公司在欧洲的市场主要聚焦三款产品：挖机（欧洲市场是三一挖机发展国际化的桥头堡）、港口机械（中国和欧洲是全球港口机械的两大市场）和起重机（履带起重机和旋挖钻机，三一欧洲有限公司起重机的主要销售区域集中在东欧和土耳其）。过去三年，三一欧洲有限公司工程机械的销售每年都保持着极高的增长率。今后三一将继续加大对欧洲市场的投入力度，提供更多更好的本地化的产品和服务。

（四）在巴西建厂，继续拓展南美地区市场

2010年，三一集团在巴西投资2亿美元，成立三一南美公司。公司位于巴西圣保罗州，总面积55.8万平方米，主要经营挖掘机械、起重机械等产品。据报道，三一起重机曾一直是巴西市场的王牌产品，这一产品在巴西的市场份额已达到40%，并曾多年行业排名第一。在里约热内卢三一重工的起重机广泛参与了奥运村、奥林匹克公园、马拉卡纳球场翻新、地铁4号线等重点项目的建设。

（五）收购普茨迈斯特，建设混凝土机械全球品牌

2012年4月，三一重工完成对德国普茨迈斯特集团公司的收购，普茨迈斯特成为三一混凝土机械国际总部。普茨迈斯特公司成立于1958年，是一家拥有全球销售网络的公司，总部设在德国斯图加特附近。该公司已在世界上十多个国家设立了子公司。普茨迈斯特公司从事开发、生产和销售

各类混凝土输送泵，工业泵及其辅助设备，这些设备主要用于搅拌和输送水泥、砂浆、脱水污泥、固体废物和替代燃料等粘稠性大的物质。公司产品包括：安装于拖车或卡车上的各种混凝土泵、拌浆机、用于隧道建设和煤矿工业的特种泵及新研制的机械手装置等。普茨迈斯特公司在中国建立起了世界销售网络的又一中心——普茨迈斯特机械（上海）有限公司，主要生产各类混凝土泵车和拖式泵。

三、国内布局概况

（一）建设产业园区，实现产业集聚发展

在发展过程中，三一集团重视产业集聚效应，通过打造产业园，实现园区内企业集聚发展。目前，三一集团在全国的产业园区及园区企业分布情况如下：

北京产业园：三一重工股份有限公司总部、北京三一重机有限公司、三一重型能源装备有限公司所在地，位于北京市昌平区，主要生产桩工机械、大型风力发电机组、大型油气田成套开采设备等。

新疆产业园：三一西北重工所在地，位于乌鲁木齐经济技术开发区，主要生产混凝土机械、挖掘机械、汽车起重机械、桩工机械等产品。

沈阳产业基地（沈阳产业园）：三一重装国际控股有限公司所在地，位于沈阳经济开发区，主要生产煤炭机械。2009 年 11 月 25 日，三一重装国际控股有限公司在香港上市。

长沙产业基地（长沙产业园）：三一集团总部、三一汽车金融有限公司所在地，包括长沙、宁乡、益阳、常德、邵阳产业园，主要生产混凝土机械、路面机械、港口机械、汽车起重机械等。

上海产业基地（上海产业园，包括上海川沙、上海临港、以及江苏昆山、江苏常熟、江苏南通、浙江湖州的产业园）：三一重机有限公司、上海三一精机有限公司、三一能源重工有限公司、浙江三一装备有限公司所

在地，主要生产挖掘机械、履带起重机械等。

珠海产业园：三一海洋重工有限公司所在地，位于广东珠海高栏经济区，主要生产港口机械、工程船舶和海洋装备。

（二）以核心产品为基础，不断融入新科技要素

三一集团近年来以核心产品为基础，不断融入新基础，打造新产品。如三一石油智能装备有限公司作为集团公司战略转型的新兴产业，拥抱数字化，运用数字双胞胎、图像识别、数字仿真、钻杆自动步态识别技术等先进技术手段开发智能化石油钻采设备，目前已形成“固压增产、钻（修）井口自动化、一体化智能钻修机、油田钻采环保处理、高压流体元件及压裂泵配”五大系列产品，并通过 TSG、APIQ1 体系、API-4F/API-7K/API-8C/API-6A 系列产品认证，致力于为全球石油勘探和开发提供安全、智能、环保的数字一体化解决方案。三一筑工科技有限公司为建筑新生态提供整体解决方案，用“三大硬智能、筑享云平台、共享产业链”，为建筑生态赋能，跨界创新设计智能、制造智能、施工智能，开发支撑全周期、全要素、全角色在线协同的筑享云平台，打造共享产业链，赋能建筑设计、生产、施工、开发、运营“五环”生态，形成网络协同效应。

（三）积极拓展服务业，形成产业互补

三一集团积极拓展服务业，依托产业优势，发展咨询服务，并利用资金优势，不断拓展金融及地产业务，与原有装备产品形成产业互补。三一集团服务行业发展情况见表 11-1。

表 11-1　三一集团服务行业发展情况

涉及行业	公　司	注册时间	简　介
保险	久隆财产保险有限公司	2016 年	服务于装备与装备制造行业的保险公司
银行	湖南三湘银行	2016 年	致力于发展成为一家产业链金融、科技引导实现普惠金融的创新型民营银行

（续表）

涉及行业	公　司	注册时间	简　介
汽车金融	三一汽车金融有限公司	2010 年	面向工程机械行业提供金融服务，业务品种涵盖贷款、租赁、保险、信托等众多领域
地产	上海竹胜园地产有限公司	2007 年	房地产开发，建筑装饰，绿化工程，房地产技术服务，物业管理
教育	湖南三一工业职业技术学院	2010 年	全国工程机械人才培养基地、全国智能制造人才培养基地、国住宅工业化人才培养基地、新三板上市高职院校

本表作者根据网络公开资料整理

（本章由孔腾淇负责编写）

第四篇

园　区　篇

第十二章 济宁国家高新技术产业开发区

一、园区基本概况

济宁国家高新技术产业开发区（以下简称“济宁高新区”）位于山东省南部、济宁城区东部，创建于 1992 年，2010 年经国务院批准升级为国家级高新技术产业开发区。济宁高新区面积共 255 平方千米，辖 5 个街道，28 万人口，是国家科技创新服务体系、创新型产业集群、战略性新兴产业知识产权集群管理、科技创业孵化链条试点高新区，还是山东省人才管理改革试验区、山东省大数据产业聚集区和山东省科技金融试点区，建有国家级创业服务中心、国家级生产力促进中心、国家级留学生创业园、国家级博士后工作站等诸多国家级创新机构。2018 年，济宁高新区成功获批国家高新技术产业标准化示范区和首批省级外贸转型升级试点县，并成功获批 2018 年度五星级国家新型工业化产业示范基地，是全国唯一一家获此殊荣的工程机械产业基地。

二、园区产业发展

（一）产业整体发展概况

济宁高新区坚持传统产业升级改造和新兴产业培育齐头并进，聚焦新旧动能转换增长极战略目标，集中力量打造高端装备制造、医疗健康、电子信息、新材料（新能源）四大产业集聚区，聚集了多家知名企业集团、世界 500 强企业在此设立分支机构或分公司。

2018 年，全区实现地区生产总值 558.56 亿元，按可比价计算增长 7.5%。其中，第一产业增加值 11.7 亿元，增长 0.9%；第二产业增加值 326.71 亿元，增长 6.7%；第三产业增加值 220.15 亿元，增长 9.2%。一、二、三产业的比例关系达到 2.09∶58.49∶39.42，产业结构持续优化。全区营业总收入首次突破 3000 亿元，工业利润、进出口总额首次突破 100 亿元大关，全区高新技术产值突破 500 亿元，四新经济占投资比例达到 30%，入选“2018 中国产业园区持续发展全国百强榜”（由同济大学发展研究院发布），位居第 48 位。

（二）重点企业

1. 高端装备制造企业

山推工程机械股份有限公司：始建于 1980 年，是研发、生产、销售铲土运输机械、路面及压实机械、混凝土机械、挖掘机、装载机等系列主机产品及关键零部件的国家大型一类骨干企业，山推牌推土机是中国推土机行业第一品牌，荣获全国推土机行业唯一一枚金质奖章，在推土机行业持续保持技术和市场领先优势。山推股份已形成推土机、道路机械、装载机、混凝土机械及其工程机械零部件等五大产业基地，研发能力、制造能力、产品质量均处于国内领先和接近国际先进水平，拥有国家级技术中心、

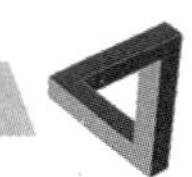

山东省工程技术研究中心和博士后科研工作站等创新平台，建成了全球最大的推土机装配线，是中国工程机械行业绿色工厂、首批中国制造业单项冠军企业。

小松山推工程机械有限公司：成立于 1995 年，是日本小松集团和中国山推工程机械股份有限公司等公司共同出资成立的中外合资企业，公司年产能 15000 台，产品主要用于土木施工、矿山开采、交通建设、农田水利等领域。小松（山东）工程机械有限公司成立于 2004 年，主要生产销售挖掘机等工程机械、重型卡车等矿山机械整机及其零部件，是日本小松集团在中国地区的三大工厂之一。

中国重汽集团济宁商用车有限公司：成立于 2005 年，是中国重汽集团全资子公司，济宁市汽车工业龙头企业。公司主要生产 12～49 吨"豪瀚"系列重型汽车。"豪瀚"是中国重汽集团四大品牌之一，产品分为四大系列、700 多个品种，满足不同工况需求。公司现拥有整车装配、驾驶室焊接及涂装、车架涂装及铆接等自动化生产线，装备达国内外先进水平。自主设计开发的 J5G、J7G 及 N 系列产品出口 27 个国家和地区。

2. 医疗健康企业

山东鲁抗医药股份有限公司：始建于 1966 年，是国有控股大型综合性医药企业，1997 年上海证券交易所上市，员工近 6000 人，隶属于华鲁控股集团有限公司。主要产品有人用原料药和制剂、动植物药，包括抗感染类、心脑血管类、糖尿病类、氨基酸类等 500 余个品种，具有年产各类原料药产品 15000 吨、口服固体制剂 60 亿片/粒/袋，粉针制剂 20 亿支的能力，多个原料药产品获得欧盟 CEP 证书、cGMP 认证和美国 FDA 认证，远销亚洲、欧洲、非洲、美洲 50 多个国家和地区，年出口额 1.5 亿美元。2018 年，公司累计实现营业收入 33 亿元，同比增长 29%；利税 3.6 亿元，同比增长 52%。鲁抗医药有国家高新技术企业 4 个、国家级企业技术中心 1 个、省级企业技术中心 2 个、山东省工程技术研究中心 1 个，建有博士后科研工作站和院士工作站，是国家火炬计划重点高新技术企业，首批"国家综合性新药研发技术大平台（山东）产业化示范企业"。

山东广育堂国药有限公司：前身为始建于 1578 年的广育堂药铺，产品有丸剂、散剂、煎膏剂、口服液等 8 个剂型，122 个品种，共获得 143

个药品批准文号，其中 1 个国家中药保护品种，10 个独家品种，二仙膏制作技艺被列入《国家级非物质文化遗产代表性项目名录》，小儿牛黄清心散古法制作技艺名列《山东省省级非物质文化遗产名录》，有 53 个品种进入《国家基本药物目录》，74 个品种进入国家医保目录。广育堂是国家首批“城市社区、农村基本用药”定点生产企业，国家级高新技术企业，国家传统医药名录保护工程中心，广育堂国药工业园 GMP 生产车间共占地 4.5 万平方米，主要生产设备 320 台套，国内一流装备水平的生产线 12 条，形成年生产能力 20 亿元的规模。

辰欣药业股份有限公司：始建于 1970 年，前身为济宁市第三制药厂，2011 年更名为辰欣药业股份有限公司，2017 年 9 月在上海证券交易所主板挂牌上市，是集研发、生产、销售于一体的综合性制药企业。公司现有现代化工业园区 4 个，员工 3700 人，总资产 50 亿元，年销售额 40 余亿元，是中国制药工业百强企业。在中国和印度多地设有研发中心，已成功开发新药品种 100 多个，其中国家级一类新药 2 个，二类新药 8 个，四类新药 36 项。公司产品涉及大容量注射剂（包括非 PVC 软袋、PP 塑瓶、玻瓶）、冻干粉针剂、小容量注射剂、片剂、膏剂、滴眼剂、胶囊剂和小原料药等多种剂型 300 多个规格。

3. 信息技术企业

山东英特力数据技术有限公司：成立于 2015 年，专业从事我国自主安全高性能服务器、物联网产品设计开发和生产制造，以及配套的系统平台和生态环境建设，是一家集设计开发、生产制造、市场开拓、售后服务于一体的高新技术企业，隶属于山东英特力集团，公司推出的国产化英睿系列服务器已广泛应用于中国市场。公司在济宁高新区英特力工业园内建立了先进智能制造生产基地，每年可完成各种型号电路板焊接 500 万片，可年产自主安全高性能服务器产品 20 万台套。

海富电子科技有限公司：专业从事消费电子功能材料和高端模组研发生产的高科技企业，在上海、东莞、苏州、常州、张家港等地设有研发中心和生产基地；在中国香港设有子公司；在新加坡设有分公司。主要围绕手机、平板、电脑等消费电子产业链上游材料领域，以高分子复合材料、特种合金材料、电子陶瓷材料为核心，开发防水硅胶、OCA 光学胶、电磁

干扰屏蔽等电子功能性材料和防水硅胶结构件、装饰膜、高速充电线、无线充电模块等器件模组类产品，持续为移动终端、VR/AR、无人驾驶汽车、机器人等智能设备提供先进电子材料、元器件及模组的整体解决方案。

4. 新材料与新能源企业

浩珂科技有限公司：始创于2006年，专业从事矿用高强聚酯纤维柔性网、土工合成材料研发、生产、销售及应用工程服务，以矿用阻燃聚酯纤维柔性网和高强重型土工格栅、高性能机织土工布为主营产品，年产各种类型经编土工格栅3000万平方米，土工布1000万平方米，产品广销美国、德国、俄罗斯、澳大利亚等国际市场，其中矿用网在我国市场占有率达65%。

山东如意集团：始创于1972年，主要从事纺织服装产业，目前拥有棉纺、毛纺直至服装品牌的两条完整的纺织服装产业链，旗下企业遍及日本、澳大利亚、新西兰、印度、英国、德国、意大利等国家。集团在全球拥有4家上市公司，在13个国家拥有19个全资和控股子公司，13个高端制造工业园，13个品牌服装企业，30多个国际知名纺织服装品牌，5800家品牌服装零售店；拥有首家国家纺纱工程技术研究中心、国家级工业设计中心、国家级企业技术中心和博士后工作站，2018年实现销售收入576.2亿元，同比增长6.3%，利润总额41.5亿元，同比增长43.2%。

三、园区建设发展经验

（一）构建开放协同的科技创新服务体系

济宁高新区坚持把创新驱动着力点放在平台、人才、资本、新型商业模式等核心创新要素的聚合上，通过构建公共平台体系、产学研合作体系、人才支撑体系、科技金融体系、成果转化体系等体系，实现创新驱动发展。

1. 公共平台体系

济宁高新区将政府引导和企业主体相结合，通过政府引导资金拉动龙头企业投资，搭建开放共享的行业公共技术平台，推动实施各类创新项目，参与制定国家和地方标准，增强龙头企业创新能力，吸引科技人才集聚，同时为中小企业提供公共创新资源服务。

2. 产学研合作体系

济宁高新区以济宁产学研基地、大学园、大学科技园建设为推动，深化与中国科学院、中国工程院、清华大学、同济大学、浙江大学、山东大学、武汉大学、美国代顿大学等国内外120多所高校院所的合作，促成区内大中型企业与其建立合作关系，搭建产学研合作基地，催生转化核心技术，形成校区携手、校企合作、面向市场、协同创新的合作体系。

3. 人才支撑体系

济宁高新区把人才作为创新驱动的核心动力，以满足人才需求、充分发挥人才作用为导向，探索培养开发、评价发现、流动配置、激励保障等个性化的服务机制，建成了集政策发布、信息交流、教育培训、专利交易、招聘服务、人才联谊等功能于一体的人才联盟，吸纳100多家重点企业和金融机构为会员单位，与40多家高校院所和多家世界500强企业建立人才合作关系，集聚了各地的专家人才，使人才成为提高企业竞争力和聚集高新技术企业的第一资源。

4. 科技金融体系

济宁高新区把科技金融作为创新驱动的重要保证，规划建设了济宁资本中心、吴泰闸金融街、杨桥金融组团、财富中心等金融载体，引进银行、证券、担保、保险、基金等各类金融机构120余家，设立济宁市首家科技小贷公司，采取风险投资、发行债券、融资租赁、小额贷款、知识产权授信等模式推动产业与资金、技术成果与风险资本的结合，为种子型、科技型、成长型中小企业的发展提供支撑，推动企业运作上市，形成了多层次、开放型、多元化的科技金融体系。

5. 成果转化体系

济宁高新区把成果转化作为创新驱动的中心任务，先后规划建设了国家级创业服务中心、产学研基地、科技中心、科技大市场、创意设计中心等各类创新载体，探索“综合孵化器+专业孵化器+产业加速器”分阶段、

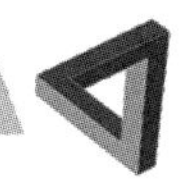

分领域、网络化的服务模式，提升了“研发—孵化—成果产业化”全链条的服务水平。

（二）促进产业价值形态向高端提升

济宁高新区着力推动新兴产业高端化、传统产业高新化、优势产业国际化，努力发展紧密关联的产业集群、创新集群，实现创新驱动、内生增长、集群布局、获利高端。在装备制造产业方面，以自主研发为主，推动主机和关键零部件项目高端化、产业化，在工程机械和汽车零部件领域形成了整机、发动机、变速器、液压件、行走系统、电器线束等完整产业链。在医疗健康产业方面，以生命科学、生物医药、基因药物、医药研发为方向，推动企业利用技术优势控制市场和资源，占领价值链两端。在电子信息产业方面，瞄准高端化、高新化和高质化三个标准，加大新兴产业培育力度，光通信、LED 光电子和印刷电路板三大产业初具规模。在新材料（新能源）产业方面，以纺织新材料、矿用材料、动力电池、复合材料为基础，推动产业向高端化、规模化、集群化发展。

（三）探索创新驱动发展的体制机制优势

济宁高新区把体制机制创新作为高新区成长裂变的基因，在济宁市委市政府赋予高新区市级经济管理和县级行政管理权限，实行“封闭式管理、开放式运营”的基础上，不断深化内部体制机制创新。

济宁高新区把强化资产管理能力建设作为高新区自身发展的动力和培养科技企业的基本依托，注重统筹协调和调动市场化、社会化力量，推进科技创新、产业发展和城市建设各项工作，实现投资促进、城市建设、创新服务体系等经济社会工作的企业化管理，实现经济效益和社会效益的双赢。

济宁高新区实行大部门制、扁平化、综合性管理，把机关部门单位优化整合到 20 个，采取合署办公、垂直管理等措施，减少中间环节和管理层次，提高工作效率。建成了“数字化”市民中心，完善了“首问负责、全程代办、并联审批、绿色通道”等审批制度改革，树立了审批时限最短、投资成本最低、服务能效最高的“高新品牌”。并对非核心业务推行政府“购买服务”，交由专业组织承担，提高服务质量。

四、园区产业转移合作开展情况

（一）产业转移合作情况

济宁高新区坚持对外开放、合作发展，依托雄厚的产业基础和资源优势，承接了小松、IBM、巴斯夫、华为、海尔等知名企业在高新区的落地投资；如意科技、山推股份、英特力光通信、泰丰液压、浩珂矿业、辰欣药业等一批骨干企业也已居国内行业前列；不断加强对外合作与招商引资，参与“一带一路”建设、东西部地区合作交流，积极承接国际国内产业转移，在美国、日本、新加坡、德国等地设立了5个招商机构。

（二）产业转移合作经验

1. 构建全方位、立体式的“大招商”格局

济宁高新区打造专业化的招商队伍，整合投资促进团队，面向国内外选聘优秀行业人才作为招商顾问，围绕主导产业广泛招商，引进优质项目。

2. 借鉴创新招商扶持政策

济宁高新区借鉴武汉东湖新技术开发区招商的经验和做法，对标济南高新技术产业开发区政策，出台有吸引力的招商引资政策、激励社会化招商、人才新政等系列政策，设立招商专项基金，支持招商引资、招才引智和产业升级，鼓励成长性企业发展、奖励行业标杆企业、对重点企业投资的新项目采取个性化重点支持。初步形成了招引高科技、聚集新产业、培育新动能的局面。

3. 加大对外推介力度

济宁高新区通过系列招商活动，聚焦工程机械、汽车零部件、生物医药、纺织新材料、信息技术等优势产业，积极开展专业招商、精准招商、专题招商和小分队招商。紧盯国内经济热点和国际产业发展特点，举办招商活动，提升知名度，引进更多项目进区入园。

4. 建立项目入区审定制度

济宁高新区对项目预审后，联合国土、规划、环保部门召开项目评审会，层层把关，严格限制不符合国家产业政策引导方向、能耗高、污染大、技术含量低的项目入驻，确保项目引进规范有序和科学合理。

五、园区服务保障能力情况

在**人才建设保障**方面，济宁高新区建有人才联盟、大学园、大学科技园等一批人才培养、引进、产学研结合的公共平台，成效显著，主要体现在三个方面。一是规划建设“蓼河国际英才港”，出台《十条人才新政》，加快省级人才改革试验区建设。目前，济宁高新区拥有院士工作站、博士后科研工作站、国家技能大师工作室、齐鲁技能大师特色工作站、众创空间等各类用于人才培养、引进、产学研结合的公共平台，总计 20 余个；二是大力引进国内外一流人才，引入 2 名“诺贝尔”奖获得者开设工作站，合作院士 12 名、国家相关领域知名专家 23 名，省“泰山学者”“泰山产业领军人才” 31 名，其他省市级重点人才工程人选 70 余名，来自世界各地的国际专家和学者 300 余名；三是积极利用国内名校资源，济宁大学园引进山东大学、复旦大学等一批名校资源，每年可培训 3000～10000 名 IT 专业人员。

在**创业创新支撑**方面，形成了涵盖项目发现、团队构建、企业孵化、技术支持、法务商务协作等全价值链的创业创新服务体系。一是立足“双招双引”，强化与大院大所、科研平台、国内外一流创新机构的交流合作力度，引进国内外顶尖创新团队，争取更多国际、国内的创新机构和专家落户；二是积极完善各类科创平台，集中打造“两谷一港一中心”，即蓼河数谷、济宁创新谷、蓼河国际英才港、济宁资本中心，加快形成产业链、创新链、人才链、资金链融通互动的创新生态圈；三是加大科研支持力度，规模以上工业企业研发机构占比、三类专利申请量占比均在全市领先；四是加强科研平台建设，拥有多个国家级和省级企业技术中心、工程技术研究中心、重点实验室、产业技术创新联盟、国家科技企业孵化器，省级以上科技企业孵化器，其中孵化器、加速器总面积突破200万平方米。

在**投融资保障**方面，济宁高新区构建政府资金与社会资金、直接融资与间接融资、金融资本与产业资本相结合的科技金融创新体系，大力引进和建设各类金融服务机构，建设济宁资本中心、吴泰闸金融街、杨桥金融组团、财富中心等金融载体，聚集银行、证券、担保、保险、基金等各类金融机构120余家，设立济宁市首家科技小贷公司；成立海达信基金、碚曦基金、创业天使基金等风险投资基金，总规模突破100亿元；发挥山东省新旧动能转换引导基金的作用，助推产业转型升级，加速新旧动能转换，为科技企业和创新人才提供全方位、专业化、定制化投融资解决方案。

在**生产要素配套**方面，济宁高新区保障项目用地、水电气等基础设施建设配套齐全，提供完善的公共服务保障。一是全力打造百万级标准化智慧园区，聚焦为主导产业提供新的载体空间，即将启动的百万平方米标准化厂房建设，配套“新九通一平”设施，实现园区5G全覆盖；二是全面规划布局蓼河新城、四个专业园区、五个街属园区的“一区十园”格局，实施园区“双带”工程，以创新发展、产城融合为重心，统筹生产、生活、生态三大空间，确定“两轴并两带、三心领三区”空间布局；三是建设15年一贯制孔子国际学校、海达行知学校、三级甲等医院、科技中心、购物中心、蓼河湿地、创意SOHO、企业家园、青年公寓等科研、教育、商务、金融、居住、生活、社交、休闲功能载体，区域整体环境通过ISO 14001认证。

在**营商环境建设**方面，济宁高新区深化体制机制改革，顶层设计“五化一破冰”改革体系，全面推开借鉴性改革、突破性改革、提速性改革，推行“亩均效益”“标准地”改革举措，激发强大发展活力。一是完成“大部制”“聘任制”体制机制改革，改革后机构数量总体缩减60%，全体干部封存档案，实行全员岗位聘任制；二是建立多维度绩效考核体系，人员考核由“主观评价”转变为“量化考评”，实行正负激励薪酬机制，由“铁

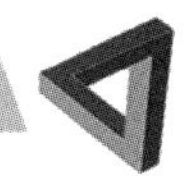

工资”向“活薪酬”转变，打破“铁饭碗”“大锅饭”，激励担当作为、干事创业的新风气；三是与向一流高新技术产业开发区学习，建成全省一流的数字化市民中心，在全省率先开通经济和社会事务服务呼叫中心，是山东省行政审批少、服务效率高、发展环境优、市场活力强的地区之一。

在**项目推进**方面，济宁高新区坚持“项目为王”的发展理念，把项目建设作为助推产业升级、加速新旧动能转换、增强发展后劲、提升综合实力的根本路径。一是聚焦高端装备、医疗健康、新一代信息技术、新材料（新能源）四大产业，全力推进重点项目建设，不断扩大投资规模，形成了“在谈一批、在建一批、投产一批”梯次推进的良性循环格局；二是在项目推进过程中，推行“免费帮办代办”制度，从签约立项、环评、规划到施工许可建设过程中的各项工作，由项目代办员全过程、全天候、全方位进行服务建设，所有手续专人跟进，每个项目成立服务专班，采取一线工作法，及时解决问题；三是按照“一个项目、一名包保责任人、一个责任部门、一张图表、一抓到底”的五个“一”工作机制，实行红黄蓝三色管理，倒排工期，挂图作战，在全区形成集中资源、集中智慧、集中力量突破项目、服务项目的浓厚氛围。

六、园区产业发展规划和产业转移合作需求

（一）产业发展规划

济宁高新区高标准编制产业发展规划，规划了 1.2 万亩的产业集聚新空间，重点发展高端装备制造、医疗健康、新一代信息技术、新材料（新能源）四大千亿级现代化产业集群。

在高端装备制造产业方面，重点培育山推 5G 智能工厂、小松发动机过滤及净化装置等龙头项目，突破重汽集团扩产升级，提速海尔硬创智能制造产业园、山重新能源挖掘机、圣地智能电力产业园等一批项目落地达产，推进中日韩国际合作项目试验区等项目建设。

在医疗健康产业方面，重点启动山东生命健康科技城，建设生命科学

中心二期项目，推动鲁抗二期项目、辰欣高端制剂项目达产见效，启动艾美科健高端制药工程项目。

在新一代信息技术产业方面，建设济宁工业互联网云平台，重点支持华为大数据中心开展政务云、企业云服务，推动宏凯智能终端产业园投产运营，加快众帮来袭项目一期投产、二期启动，推动西门子数字工厂等一批智慧场景应用。

在新材料（新能源）产业方面，加快推进如意新材料产业城，启动建设山东省半导体新材料产业化生产基地，推动中国科学院超高强聚乙烯纤维新材料等重点项目投产达效，加快纬世特碳化硅等龙头企业实现量产。

（二）产业转移合作需求

在高端装备制造产业方面，济宁高新区围绕工程机械、汽车及零部件等领域实施建链、补链、强链计划，规划新能源产业园，着力推进新能源汽车整车生产项目，大力引进动力电池、驱动电机、整车电控系统等核心技术的产业化项目；推进以“国网新能源”为支撑的充电桩、充电站、换电站等新能源汽车基础设施研发和建设应用。

在医疗健康产业方面，济宁高新区以定向点金生命科学园为依托，加速体外诊断产业的孵化、转化，打造国内首家以精准医学为引领的体外诊断产业集聚区。

在新一代信息技术产业方面，以山东省大数据产业集聚区建设为契机，深入拓展与华为的合作领域，加快华为大数据中心建设，引进一批京东、阿里云计算有限公司等大数据应用示范企业，构建云产业生态圈。

在新材料（新能源）产业方面，济宁高新区加快培育集研发设计、生产制造、封装测试、终端应用为一体的完整半导体产业链，大力引进纳米新材料、非金属材料的产业化项目。

（本章由吴洪振负责编写）

第十三章 宁夏石嘴山经济技术开发区

一、园区基本概况

宁夏石嘴山经济技术开发区（以下简称“石嘴山经开区”）原名宁夏石嘴山河滨经济开发区，成立于 1992 年 9 月，位于宁夏回族自治区的最北端，黄河中游上段、石嘴山市北侧。1997 年 5 月石嘴山经开区获批成为宁夏回族自治区区级工业园区，2005 年经国家发展和改革委员会核准并更名为“宁夏石嘴山经济技术开发区”，2011 年 4 月经国务院批准升级为国家级经济技术开发区，核准面积 15 平方千米，是宁夏回族自治区第二家国家级经济技术开发区。2012 年 7 月，石嘴山经开区被国家发展和改革委员会、财政部确定为“国家循环化改造示范试点园区”；2017 年被工业和信息化部确定为首批“绿色园区”，同时入选第三批“国家小型微型企业创业创新示范基地”。石嘴山经开区由石嘴山经济技术开发区实业开发总公司、淄博市鑫润融资担保有限公司、宁夏石嘴山齐宁科技开发有限公司共同投资建设和运营，由石嘴山经济技术开发区管理委员会作为石嘴山市政府的派出机构负责管理。

二、园区产业发展

（一）主导产业

经过一系列的区块优化整合提升，石嘴山经开区目前主要分为河滨、红果子、溜山园三大特色产业区块，重点发展电石化工、多元合金、新材料三大主导产业，明确了“在河滨区块重点发展电石化工产业，在红果子区块重点发展多元合金产业，在溜山园区块重点发展精细化工和新材料产业”的产业布局原则。2018 年，园区共引进招商引资项目 58 个，落地资金 25.7 亿元，恒力生物月桂二酸、彩源科技有机颜料、宏丰工贸冷压球团、顺腾物流等重点项目均按照区块定位进行布局，为构建循环经济产业链，促进产业集群发展奠定基础。2018 年，园区实现规模以上工业总产值 317 亿元，增长 15.3%；实现税收收入 12.7 亿元，增长 29.6%。在国家级经济开发区科学发展综合考核评价中，产业基础类指标排 158 位，较上年上升 9 个位次。截至 2018 年年底，园区进驻企业 265 家，其中规模以上企业 81 家，主导产业企业 115 家，主导产业规模以上企业 49 家，拥有宁夏英力特化工股份有限公司、宁夏新日恒力钢丝绳股份有限公司两家上市公司及国电石嘴山发电公司、宁夏申银特钢股份有限公司、宁夏惠冶镁业集团有限公司、宁夏嘉峰化工有限公司、宁夏煜林化工有限公司、江苏中利集团股份有限公司等几十家大中型企业，形成了以电石化工、精细化工、多元合金、新材料为主导的产业发展体系。其中多元合金产业集群 2018 年实现产值 146.2 亿元，已达百亿元目标，氯碱化工产业集群实现产值 83 亿元。园区规划面积从 85.2 平方千米优化为 50.03 平方千米，土地开发利用率达 79.7%，较上年提升了 22.5%，单位土地产出强度 3.2 亿元/平方千米，是上年的 1.8 倍。

（二）特色产业

石嘴山经开区坚持“人无我有，人有我优”的思路，扎实推进对标提升和转型升级，通过技改升级、新产品开发等，打造特色产业。

一是在重点做大做强煤化工、金属材料加工等传统产业的基础上，积极培育发展光伏产业、新材料和现代物流等新兴产业，先后引进了江苏中利集团股份有限公司、上海万香日化有限公司、夏恒力生物新材料有限责任公司、广州江盐化工有限公司、宁夏世东科技有限公司等企业。二是坚持在不扩大产能的前提下，全力实施宁夏申银特钢股份有限公司的特种钢铁全产业链“填平补齐”工程，努力提高环保、安全和自动化生产水平，优化和丰富钢铁产品种类，形成一条完整的“选煤—焦化—烧结—球团—炼铁—炼钢—轧钢—煤气、余压余热发电”钢铁循环经济产业链。三是宝马兴庆、科通、荣华缘等企业，以炉型置换和工艺技术提升为突破口，积极寻求多元合金新品种的开发，形成了五大类 30 个品种的硅钡、硅钙系多元合金，占全国 65%以上的市场份额。四是日盛高新围绕发泡剂和水合肼逐步延伸延长产业链条，企业不断发展壮大，在国内发泡剂和水合肼市场，占有 80%以上份额。五是规划建设现代物流集聚区，保税物流中心（B 型）封关运行，危化品铁路专用线建成投用，加上西北矿产品交易中心、物流仓储配送、信息网络服务、产品展示交易功能区的建设，港口服务、货物集散、中转服务、物流配送等功能逐步完善，跨境电商、物流大数据、集装箱集散中心等“互联网+”新经济新业态逐步形成，获批成为自治区“现代服务业集聚区”。2018 年发运货物 632 万吨、进出口货值 2 亿元，同比分别增长 2.2%、15.6%；实现外贸进出口额 8119 万美元，同比增长 17.8%；引进外资企业世东科技、美森国际，吸引外资 1400 万美元，实现利用外资“零”的突破。

（三）重点企业

宁夏英力特化工股份有限公司：始建于 19 世纪 70 年代初，于 1996 年在深圳交易所挂牌上市，主要业务为电石及其系列延伸产品的生产和销售，聚氯乙烯、烧碱及其系列延伸产品的生产和销售，特种树脂生产及销售，电力、热力的生产及销售，主要产品有 PVC、E-PVC、烧碱、电石等。2018 年销售收入为 19.57 亿元。

宁夏新日恒力钢丝绳股份有限公司：始建于 1958 年，1998 年在上海证券交易所上市，是国内第一家钢丝绳上市公司，主营钢丝、钢丝绳、钢绞线等钢丝及其制品的生产和销售，控股子公司宁夏华辉活性炭股份有限公司从事煤质活性炭生产和销售，2012 年被认定为国家级高新技术企业，可生产脱硫脱硝炭、溶剂回收炭、触媒载体炭、净水活性炭、空气净化炭、化学防护炭和脱汞炭等七大类上百个品种的活性炭产品，生产能力、工艺及科研能力均居全国前列。2018 年销售收入为 5.52 亿元。

宁夏日盛高新产业股份有限公司：始建于 1994 年，目前是全球最大的水合肼和发泡剂生产厂家，现有年产 60 万吨离子膜烧碱、20 万吨 ADC 发泡剂、12 万吨水合肼、30 万吨纯碱、20 万吨氯化铵和 3×30MW 背压热电生产线，已经实现 ADC 发泡剂、水合肼国内市场份额达到 80%以上，国内市场占有率达到 35%以上，国内同行业领先，另有部分产品出口到亚洲、欧洲、美洲的多个国家和地区。2018 年销售收入 19.39 亿元。

宁夏君丽化工有限公司：成立于 2012 年，主要经营水合肼的生产和销售，国内同行业领先，2018 年销售收入 6.2 亿元。

宁夏科通新材料有限公司：成立于 2004 年，致力于以硅钙合金产品为主、其他多种合金产品为辅的生产及研发，是国内最早从事硅钙合金生产加工的企业之一。公司的“硅钙合金大炉型混合生产法”获得国家技术专利，产品远销多个国家和地区，国内同行业领先，2018 年销售收入 3.4 亿元。

宁夏嘉峰化工有限公司：成立于 2003 年，致力于氰胺类产品的生产和研发，国内同行业领先，2018 年销售收入 3.4 亿元。

三、园区建设发展经验

在**政产学研用协同创新**方面：石嘴山经开区鼓励园区内的企业积极承担各类重大科研项目，嘉峰化工“基于氰胺渣制备轻质碳酸钙项目”列入自治区重大研发项目，截至2018年年末，区内拥有省级名牌产品8项，拥有高新技术企业8家；鼓励园区内的企业与四川大学、上海大学、宁夏大学、中国科学院等高等院校、科研院所开展产学研合作，加快科研成果转化，截至2018年年末，石嘴山经开区区内企业共拥有发明专利36项，2018年度完成技术合同交易额1526.6万元，出售先进生产技术20项。

在**创业创新支撑**方面：石嘴山经开区出台创业贷款、免费培训等16项优惠政策，对新注册入驻创业园区、创业孵化园、创业孵化器的微小企业给予3年房租、物业费和网络接入全额补贴，设立小微企业创业投资基金和科技创新发展引导基金，建立小微企业贷款风险补偿资金，对小微企业和创业者新增贷款进行贴息；充分利用现有资源优势和产业优势，积极从政策、项目和资金上支持企业开展科技创新，对具有一定规模、技术水平先进、扩张愿望强烈的企业，支持企业通过技术改造，提高资源集约化利用水平，实现资源的保值增值，同时积极组织企业参加自治区创业创新大赛；大力实施科技“双倍增”计划，鼓励企业加大投入，引导企业增品种、强品质、创品牌，切实提升创新能力。目前，石嘴山经开区区内拥有高新技术企业8家，自治区科技型中小企业29家，自治区级企业技术中心3家，市级科技创新团队2个。

在**人力资源保障**方面：石嘴山经开区制定优惠政策，对于关键补链项目和废弃物循环利用项目在人才方面给予重点倾斜；坚持市场化和职业化方向，引导企业建立有利于人才选拔任用的新机制，培养造就一批熟悉现代企业经营管理的高素质企业经营管理人才；加强职业技术教育，建设技术工人专业培训基地，培养一批具有一定技能的产业工人，特别是高级技术工人；加强人才资源引进开发力度，鼓励引进高层次专业技术人才；加大知识产权保护力度，努力营造尊重知识、尊重人才的良好氛围。

在**两化融合与公共服务体系建设**方面：石嘴山经开区牢固树立以互联网、物联网、无线宽带等网络组合为基础，以信息技术高度集成、信息资源综合应用为特征的园区发展新理念，结合石嘴山智慧城市建设，不断加快开发区信息基础设施建设；依托石嘴山科技产业园，积极推进以智慧技术、智慧产业、智慧服务、智慧管理为核心内容，集科研网络、生产商贸、仓储配送、生活娱乐为一体的智慧园区建设；积极鼓励企业进行信息化应用及智能化建设，在企业内设立专门的信息化领导机构，推进骨干企业实施智能制造系统和装备采用信息化应用，搭建信息服务平台；积极开展工业自动化、信息化、智能化技术应用和试点示范创建工作，充分发挥政府引导和促进作用，优化“两化”融合发展环境，着力推进信息化与传统产业和新兴产业的融合发展，切实增强产业自主创新能力。2018 年，国电宁夏石嘴山发电有限责任公司、宁夏晟晏实业集团能源循环经济有限公司被认定为国家“两化”融合管理体系贯标试点企业。

在**绿色制造体系建设**方面：石嘴山经开区按照“以点带面，逐步推广”的原则，在企业大力推行生产集约化管理，形成先进管理模式；通过推广绿色设计和绿色采购、开发生产绿色产品、采用先进适用的清洁生产工艺技术和高效末端治理装备、淘汰落后设备等手段，建立资源回收循环利用机制，推动用能结构优化；争取中央财政支持资金帮助，实施个循环化改造项目；全面推进园区绿色制造体系建设，不断壮大绿色经济发展规模，2017 年 8 月获评国家级“绿色园区”称号。

在**循环经济发展**方面：石嘴山经开区以打造国家循环改造示范试点园区为契机，依托现有支柱产业及重点企业之间的关联关系，围绕节能、循环关键补链和“三废”综合利用补链等环节开展绿色招商活动，由招商引资向选商引资转变，以资源循环为手段，努力构建“原料—产品—废物—原料”的模式，重点完善以能源、化工、冶金等主导行业为基础的循环经济产业链，培育和发展资源综合利用产业链，基本形成了化工、煤炭、电力、冶金、机械加工、光伏、物流、资源综合利用等方面的 20 多条产业链，经开区循环经济产业链关联度已达 87%，逐步构建了产品之间内部循环、企业之间互补循环、产业之间链接循环三大循环发展模式，已被自治区确定为“循环经济试点单位”，培育了 50 多家循环经济示范企业。

四、园区产业转移合作开展情况

（一）产业转移合作开展情况

石嘴山经开区自 2010 年起与山东省淄博市合作共建石嘴山淄博工业园（简称“淄山工业园”），双方决定以园区建设为平台，以创建国家倡导的产业转移和东西部地区互动产业合作示范区为目标，以优惠政策和优质服务为抓手，带动双方长远、深度的经济合作。淄博市组织动员其部分产业和企业到园区投资创业，形成产业聚集和规模优势，共同拓展经济发展空间，推动双方经济社会又好又快发展。

此外，自升级为国家级经济技术开发区以来，石嘴山经开区不断扩大与东部发达地区的友好合作，积极承接产业转移，与杭州经济技术开发区、淮安经济技术开发区、芜湖经济技术开发区、吴中经济技术开发区、萧山经济技术开发区等建立产业转移合作关系，双方协定互通政策信息，共同打造各类科技成果转化平台、科技创新服务平台和两地招商引资共享平台，相互密切配合开展招商引资推介活动，积极引导和组织两地企业互动考察和合作洽谈。双方加大对方经开区企业产品在本区域的宣传推介力度，互为开拓南北方市场，互为产业链配套，积极为对方园区引荐项目，引导各自龙头企业跨区洽谈合作。

（二）产业转移合作经验

1. 实施园区优化整合提升行动

从布局合理化、发展集约化、产业特色化、企业高新化、园区绿色化五大方面入手，不断优化园区布局和产业发展模式。一是将园区优化整合为河滨、红果子、淄山园三大特色产业区块，完善园区区域布局；二是围绕主导产业和特色产业制定氯碱化工、高端尼龙基材、多元合金、香精香料和新能源五大“百亿产业集群”发展目标，提升发展合力；三是坚持在不扩大产能的前提下，全力实施全产业链“填平补齐”工程，打造钢铁循环经济产业链，寻求多元合金新品种的开发和市场培育，围绕发泡剂和水合肼逐步延伸延长产业链条，规划建设现代物流集聚区，大力催生新经济新业态；四是实施科技“双倍增”计划，鼓励企业加大投入，引导企业增品种、强品质、创品牌，切实提升创新能力；五是按照“以点带面，逐步推广”的原则，在企业大力推行生产集约化管理，全面推进园区绿色制造体系建设，不断壮大绿色经济发展规模。

2. 推动产业链向高端发展

从延长产业链、补强创新链、提升价值链、营造生态链四大角度着手，逐步推动产业链向高端发展。一是充分依托骨干企业的支撑和辐射带动作用，建立循环经济产业体系，实现产业、企业间的横向耦合、纵向延伸，提高园区循环经济产业链关联度；二是注册成立产业发展基金投资管理公司，大幅提高融资力度，支持企业创新创业，大力推动技术转移合作和应用，搭建技术公共服务平台，实施科技合作项目，切实增强创新链；三是实施两化融合贯标试点企业培育工程和企业培育成长行动计划，提升企业发展价值链；四是建立“生态环保责任挂钩+巡查员”机制，强化污染源日常监管，持续推进“散乱污”企业和“僵尸企业”处置工作，开展“三包一美化”行动，改善园区生态环境面貌。

3. 建立利益共享和风险共担机制

为成功创建国家倡导的产业转移和东西部地区互动产业合作示范区，淄博市和石嘴山市建立和完善了权责明确的利益共享和风险共担机制。一是淄山工业园内基础设施建设及招商引资工作由淄博市承担；二是淄山工业园形成的增值税、企业所得税和城镇土地使用税三种税收地方所得部分实行两地分成，税收分成期限为50年，分成比例为前10年石嘴山市40%、淄博市60%；后40年石嘴山市50%、淄博市50%；三是淄博市税收分成由石嘴山市每年以奖代补方式拨付给工业园区管委会，优先用于完善基础设施、技术研发及管理费用等园区建设；四是淄山工业园税收分成比例不受双方财税体制变化影响。

五、园区服务保障能力情况

石嘴山经开区以新发展理念引领高质量发展，主动融入国家“一带一路”建设，抢抓内陆开放型经济试验区、国家级承接产业转移示范区建设和老工业基地搬迁改造等重大机遇，以提高发展质量和效益为中心，以产业集聚、错位发展、创新驱动、开放带动、绿色集约为导向，统筹空间布局，夯实发展基础，加快产业转型升级，构建循环型特色工业体系，再造发展新优势，努力把开发区打造成为国家级承接产业转移示范区、经济转型升级的先行区、竞争力强的优势产业示范基地。

（一）建立组织管理保障体系

设置政府派出机构，全面负责产业转移合作示范基地建设、开发、运营、管理，协调上下各方关系，积极争取国家、自治区、市相关政策，建立资金筹措、招商引资等配套政策，研究、解决基地建设与发展中的各种问题，保障基地顺畅高效运行。

（二）建立共建的资金保障体系

按照“共建共享”模式，建立政府、企业、项目配套多方共同参与的资金筹措体系，保障基地的顺利发展建设，一是石嘴山市政府通过各种渠道筹措基地建设资金，保证基地基础公共设施的建设；二是积极引导基地企业参与基础设施建设；三是积极争取国家、自治区基地建设的扶持资金等财政贴息贷款或是财政扶持资金；四是积极争取建设银行、工商银行、国家开发银行长期贴息贷款。

（三）建立长效招商引资机制

以产业转移合作基地为载体，按照各产业区的功能定位延伸产业链，加强项目整合包装，制定基地招商引资政策及管理长效机制，通过开展网络平台、中介及石嘴山市的旅游资源为媒介，不拘泥于形式，运用各种方式加大招商引资力度，尽快促使项目早落地、早开工、早建设、早达产达效。

（四）建立市场开发、建设及运行机制

遵循市场规划，开发建设配套相关企业基础设施，提升土地资源价值，以土地为核心要素，灵活机制，运行共建共享，引入好项目、大企业、能带动企业发展的中坚力量。

（五）建立完善的政府支持和服务体系

从加大资金投入、强化用地保障、完善考评体系和加强协调服务四个方面对园区工作进行支持。通过新型工业化发展专项资金等方式支持园区基础设施、生产设施、配套设施、低成本改造、公共服务平台及科技研发建设；鼓励园区和现有企业改造低容积率厂房，将其纳入标准厂房管理范围，对在不改变工业用途的前提下提高土地利用率和增加容积率的，不再增收土地价款；制定并建立工业园区综合考核评价体系，对园区实行动态管理；定期研究并提出解决园区发展的重大问题，督促落实有关政策。

六、园区产业发展规划和产业转移合作需求

（一）园区产业发展规划

按照区块定位和园区整合优化思路，以及石嘴山经开区产业发展规划，石嘴山经开区确定了“一心一轴一港三区”的空间布局，重点打造河滨、淄山、红果子三大特色产业区块，培育氯碱化工、高端尼龙基材、多元合金、香精香料和新能源五大“百亿产业集群”，建设一个现代物流集聚区，

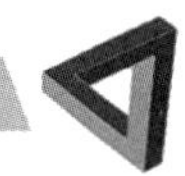

实现 50.03 平方千米区域范围内的规划全覆盖。

质量效益：主要经济指标保持两位数增长，到 2020 年，实现石嘴山经开区经济总量倍增，规模以上工业总产值达到 420 亿元、投资强度达到 200 万元/亩、经济密度达到 67 万元/亩、税收贡献率达到 2 万元/亩、投入产出率达到 54%，经开区发展质量和效益明显提升。

产业结构：到 2020 年，培育发展 1～2 个新产业（新业态、新经济），轻工业占比年均提高 1 个百分点，每年至少引进 2～3 个石嘴山经开区主导产业的下游配套项目或高新技术产业项目，争取 2～3 个特色产业项目进驻经开区，进一步优化经开区产业结构。

竞争实力：到 2020 年，经开区产业创新平台（或企业技术中心）由 8 个增加到 10 个；高新技术企业由 8 家增加到 10 家，高新技术产业增加值比重年均提高 1 个百分点；培育宁夏名牌产品 3 个，新增专利 20 个。

龙头企业：到 2020 年，围绕优势特色产业和接续产业，培育 2～3 家规模大、带动力强的龙头企业（产值 100 亿元企业 1 家、产值 20～50 亿元企业 2 家）；规模企业改股份制上市企业 2～3 家（1 家准主板上市企业、2 家以上中小板或新三板等上市企业）。每年小微企业升级规模以上企业 8 家（小升规企业）。

承载能力：园区基础设施配套基本完善，服务水平进一步提升，低成本化园区优势显现，生产要素种类齐全、配套完善、价格合理。到 2020 年，累计清理僵尸企业 53 家，治理低效用地企业 15 家。

（二）产业转移合作需求

未来，石嘴山经开区将以改造与提升传统产业、限制和淘汰落后产能、大力发展新兴产业、着力构建和完善循环经济产业链为原则，采用高新技术、信息技术和先进适用技术对粗放型、高耗水、高耗能、高污染型企业进行升级改造，严格限制不符合国家产业政策和开发区发展定位的规模小、技术水平低、效益低和污染较为严重的产业；大力引进、发展资源消耗少、污染负荷小、附加值高的新型产业；发展循环经济，积极引进具有关联效应的关键补链项目，鼓励发展具有增环、补链功能的产业。

在**氯碱化工产业集群**方面，依托园区内的骨干企业，充分利用氯气、氢气等副产物，吸引下游或资源综合利用企业向园区集聚。

在**高端尼龙基材产业集群**方面，依托园区内的骨干企业，重点做好 10 万吨月桂二酸项目建设及其产业链扩展延伸工作，力争三年内围绕恒力生物集聚一批高端工程材料企业。

在**多元合金产业集群**方面，依托园区内的骨干企业，以产业链"填平补齐"为重点，逐步向板材、型材、多元合金材料延伸。

在**香精香料产业集群**方面，依托园区内的骨干企业，重点发展香精香料、聚醚等高端精细化工产品，吸引产业高端、管理规范、绿色环保的精细化工产业向园区转移。

在**新能源产业集群**方面，依托园区内的骨干企业，大力发展以单、多晶硅深加工、切片、组件及生物质发电、风光互补等产业。

在**现代物流产业**方面，培育发展跨境电商、物流大数据、集装箱集散中心等"互联网+"新经济新业态，深化与天津港、曹妃甸港及乌力吉口岸等合作，集聚各类商贸物流企业，培育壮大一批出口型企业。

（本章由吴洪振负责编写）

第十四章 四川南部县经济技术开发区

一、园区基本概况

四川南部经济技术开发区（以下简称“南部经开区”）位于川陕革命老区振兴开发区域，是工业和信息化部“定点帮扶”经济开发区、中国铸造协会产业帮扶基地。园区规划面积28平方千米，建成面积12平方千米，中小企业孵化园区17万平方米，基础设施全面覆盖，配套有技术研发中心、产品检测中心、汽车商贸中心及现代物流、信息网络等公共服务平台。先后获评四川省成长型特色园区、四川省“51025”重点产业园区等，并于2012年被认定为四川省新型工业化重点培育基地（机械农产品加工——中小企业示范方向），2018年纳入《中国开发区目录》，同年升级为省级经济技术开发区。

二、园区产业发展

（一）产业整体发展概况

经过多年的招商引资和本地培育，南部县建立了以“**机械制造、电子信息、食品医药和新能源新材料**”为主导的产业体系。其中，机械制造产业以四川南环实业（集团）有限公司、四川三鑫南蕾气门座制造有限公司等企业为龙头，重点发展汽车和摩托车零部件、水泵等，主要为成都、重庆等地的汽车、摩托车零部件配套和出口；电子信息产业以四川恒诺电子有限公司、四川邦森电子科技有限公司为龙头，依托南部县电子信息产业园，重点招引科技型、成长型、潜力型“三型”企业，产业集聚效应渐显；食品医药产业以四川元安药业股份有限公司、四川劲椹食品科技有限公司为龙头，通过大力建设果桑、中药材等基地，构建了“龙头企业+专合组织+原料基地”的发展模式；新能源新材料产业以国能生物发电集团有限公司、四川英联达电子科技有限公司、四川省南部新龙源管业有限公司为龙头，重点建设生物质发电项目和软磁材料生产线。2018 年，南部经开区汽车零部件及配件制造产品销售收入 169 亿元，出口 41.2 亿元；电子元器件与机电组件设备销售收入 30.2 亿元，国内市场占有率 1.5%，排名全国前 10 位；保健食品产量达到 4600 万吨，产值 27.4 亿元，国内市场占有率达到 5.3%，排名全国前 10 位。

南部经开区现有企业 203 家，其中规模以上企业 121 家。2018 年，南部经开区实现销售收入 389.8 亿元，其中规模以上企业销售收入 377.5 亿元，主导产业销售收入 280.6 亿元，工业增加值 125.7 亿元，工业增加值增速 11.2%。承接产业转移 3 年来，工业增加值增速达 16.3%，工业投资增速达 12.3%，年度新增企业 55 家，新开工项目总投资 22.4 亿元，新增从业人员 1721 人。截至 2018 年年末，开发区从业总人数达到 25335 人。

在机械制造产业方面，通过国家东西部扶贫协作承接浙江省温州市的产业转移项目，南部经开区还形成了以汽车零部件铸造为主要产品的上下游全产业链。从上游的电子磁性材料、铝锭等产品为制造企业提供原材料。

到飞轮、座圈、缸套、车桥、车架、内燃机气门座、气门摇臂轴、汽车冷却泵等近 400 个关键零部件机械制造产品主要向国内多家汽车制造企业定点配套，并出口 130 多个国家和地区；到下游的零部件供应商销售平台仓储物流中心、国家级电子商务服务中心等提供线上线下营销服务；整体形成了“电子+汽车零部件生产+整车组装+汽车展销”为主导的产业发展格局。

（二）重点企业

四川恒诺电子有限公司：集电子线圈生产加工及销售为一体的企业，其自动化设备绕线设备市场份额占全国的 60%，2018 年公司销售收入达到 6.8 亿元。

四川劲椹食品科技有限公司：专精于桑葚选育、种植、观光、科研、生产、销售及技术服务为一体的全产业链农业高科技产业化企业，以约 30000 亩农业产业化果桑种植基地为依托，以“药食同源”的桑葚、桑叶为原料，配套有大型冷库及酒窖，拥有国内领先的全自动生产线，年可处理各类水果万余吨，年产果汁饮料 5000 余吨，果酒 2000 余吨、其他桑产品 100 余吨，获得中国自主创新产品、中国绿色健康食品、四川省著名商标、四川省地方特产等荣誉称号。

四川省南部新龙源管业有限公司：专业生产塑料管道制品的民营企业，2018 年销售收入达 9.24 亿元，主要从事 HDPE、PP-R、PVC、玻璃钢纤维增强塑料夹砂管、高效节水灌溉成套设备、PERT 地暖管等各类管材、管件的研发、生产与销售，拥有各管材生产线 36 条，高效节水灌溉成套设备生产线 8 条及辅助设备 96 余台，公司生产能力达 10 万吨。

四川省嘉陵泵业制造有限公司：集研发、制造、检测、营销、服务于一体的泵业制造企业，2018 年销售收入 8.9 亿元。现拥有三个工业园区，年产值过 10 亿元，产销各型水泵 30000 余台套，主要产品有各种泵类三十余个系列，四百多种型号，上千个规格，以及变频控制系列、软启动柜、阀门、成套供水设备系列；“嘉陵”品牌在全国泵行业质量水平处于领先，被评为“四川省名牌产品”。

四川南环实业（集团）有限公司：专业从事汽车零部件的研发、设计和制造，是多家国际知名品牌汽车的零部件供应商，下属企业共有55家。

三、园区建设发展经验

在**政产学研用协同创新**方面，一是出台奖励政策支持。县政府每年安排2亿元工业发展资金，其中一部分用于奖励创新发明，定期开展“双创”活动，2018年奖励发明专利资金近百万元，对创新项目政府在土地等方面还给予一定支持。二是加大校企产学研合作。通过“借梯登高”“借力发展”的方式，走出一条“以我为主、为我所用、持续创新”的产学研合作之路，多家制造企业与四川大学、电子科技大学、四川省机械研究设计院等一批大学和科研机构建立合作关系。三是建好科技创新平台。目前大部分企业成立了技术研发中心，县政府成立科学技术协会，并引领企业创办企业科学技术协会。开发区拥有国家级企业研究开发中心1个、国家级高新技术企业3家、省级企业技术中心2个、市级企业技术中心6个。开发区成立了博士工作站，主要任务是转化电子科技大学成果，并提供研发人才支持。

在**创业创新支撑**方面，组织双创大赛、科研成果对接活动等。南部经开区为南充市小型微型企业创新创业示范基地，中小企业孵化园为省级小型微型企业创业创新示范基地，设立南部县经开投资开发有限公司作为其运营机构，配置专业双创人员和创业辅导师，组织创业咨询、开业指导等活动和专业培训班。

在**人才政策支持**方面，一是推进人才发展体制改革和政策创新，推动人才结构战略调整，连续出台新型智库建设、人才发展体制机制改革、优秀拔尖人才评选等方面的一系列文件，明确开发区人才培养及选拔方式；二是在高端人才支持方面，在股权激励、贡献奖励、住房补贴、创业资助、创业场地、医疗服务、子女教育等方面提供积极的激励保障措施，并由县工业集中区管理委员会负责申报设立“博士工作站”，为博士研究人员提供优良的科研条件和必要的生活环境，鼓励高素质优秀人才到开发区创业发展；三是在创新人才支持方面，鼓励工业企业与各类科研院校开展产学研

结合，注重引进懂工业、爱工业、抓工业的人才。

在**绿色制造体系建设**方面，一是创新驱动，标准引领。引导企业绿色发展科技创新、管理创新和商业模式创新，研发推广核心关键绿色工艺技术及装备，建立引进专业创新服务机构和博士工作站，提高企业绿色发展智力支持；二是政策引导，市场推动。建立有效的激励约束机制，强化企业在推进工业绿色发展中的主体地位，激发企业活力和创造力，为企业技术创新和改造进行提供奖金；三是改造存量，优化增量。鼓励企业使用绿色低碳能源，淘汰落后设备工艺，同时招引新兴产业高起点绿色发展，强化绿色设计，加快开发绿色产品，大力发展节能环保产业；四是全面推进，重点突破。着力解决电子新材料发展中的资源环境问题，充分发挥试点示范的带动作用，积极推进新兴产业和中小企业的绿色发展，加快工业绿色发展整体水平提升。

四、园区产业转移合作开展情况

为加快产业转移合作，促进南部县工业高质量发展，南部县在南部经开区设立产业转移合作示范区，规划建设面积 11 平方千米，基本形成“一区两片”发展格局，其中河西片区 3 平方千米，河东片区 8 平方千米。目前，基地入驻企业 187 家，其中规模以上企业 63 家，产业领域涉及机械制造、电子信息、新型材料、食品医药等。2018 年，示范区工业总产值 282.8 亿元，增速达 16.1%，占开发区工业总产值比重 72.4%。

（一）合作背景

过去，南部县是国家级贫困县、革命老区县、工业和信息化部定点帮扶县，浙江省温州市洞头区的扶贫协作县（2017 年 10 月南部县经国家批准退出贫困县）。2018 年，南部县和浙江省温州市洞头区建立了东西部扶贫协作对接帮扶协作机制，南部经开区通过合作建设东西部扶贫工业园，承接了以机械制造为主的产业转移项目。在工业和信息化部和洞头区的帮扶下，东部地区部分生产企业纷纷抱团向南部转移，主要发展汽车摩托车、高端装备制造及新材料、新技术、新能源“三新产业”，现已成为成都、重庆等地承接产业转移、促进产业积聚的主要阵地。

（二）合作模式

一是为承接东部制造产业转移，解决贫困人口就近就业，巩固脱贫成效，南部县与洞头区签订产业转移合作协议，约定在南部经开区共建产业转移合作示范区；二是双方互派人员成立管理机构，成立由南部县县委书记、县长为组长，分管工业县委常委和温州市洞头区到南部挂职常委副县长为副组长的东西部扶贫协助领导小组，领导小组下设办公室，具体负责示范区企业服务日常工作，成立专门的扶贫协助考核领导小组，负责扶贫协助考核工作；三是洞头区经信局和南部县工业集中区管委会签订产业转移合作协议，共同促进两地产业的全面合作，推进特色优势产业的转移合作。

（三）合作机制

一是建立定点帮扶机制。工业和信息化部把南部经开区确定为定点帮扶产业园，南部县与洞头区建立东西部扶贫协作结对关系。二是建立产业转移推进机制，明确工业和信息化部、洞头区、南部县、转移各级政府和企业的职责。明确示范区建设帮扶单位帮助转移产业的招引，南部县委县政府全力支持产业转移，出台产业转移相关优惠政策，开发区具体协调处理兑现政策奖励、企业入驻、要素保障等服务工作，并处理产业转移日常事务。三是建立市场化运营机制。投资企业负责示范产业园基础设施及配套设施建设，并按市场化原则经营。产业转移企业入驻后负责产业升级改造、产品研发、市场拓展，做强做优产业链。转移到合作示范区的企业，县财政局、税务局对企业上缴税金进行单独核算，从上缴税金中按不低于 10%标准计提供扶贫济困基金，由县财政局专户储存，定向使用。四是建立管理机制、体制改革、资金投入、人才支撑、生产要素、安全环保六大保障机制。

（四）园区运营模式

一是开发区以委托代建方式招标确定南部县经开公司建设并运营东西部协作产业园；二是南部县政府招引四川南环实业有限公司建设运营新能源汽车及配套零部件产业园；三是南部县政府招引四川谷氏汽车零配件公司，建设运营“总部产业园”；四是南部县政府招引亿工厂，为园区企业提供金融和担保服务。

（五）合作经验

坚持全产业链整体引进，按照“前端补链、中端壮链、后端续链”的思路，开展延链招商，优先招引汽配产业链上的总承企业、龙头企业，从而带动产业链上下游产业同步转移，实现产业集聚。入园企业共同抱团成立南环集团，集团下属企业均位于统一产业链上下游，资源共享，分工明晰，既避免同质竞争，又增强企业竞争力。同时，积极推动新招引企业与本地企业合作，与南部县的本地企业开展业务合作。加快龙头品牌企业的招商引资力度，积极承接沿海机械制造企业内迁，不断提升传统产业，充分利用传统企业优势和沿海技术、市场优势，抱团融合发展。

五、园区服务保障能力情况

在**管理机制保障**方面，一是成立工业发展领导小组和东西部扶贫协作工作领导小组、扶贫协作考核领导小组等，明确各部门、各人员职责，及时出台产业转移扶持政策和措施，定期召开工业经济工作大会，及时研究解决工作推进过程中的问题；二是建立县级领导和县级部门“一对一”联系企业制度，每月至少深入联系企业走访调研一次，及时了解企业生产经营情况，解决问题；三是建立一站式服务中心，在经开区下设公安、国土、规划、环保等服务中心，涉及企业行政审批事项全部下放权限到经开区企业服务中心，优化亲商、爱商、护商环境；四是建立和完善相对独立的经开区财政和金融体制，设立工资专户，负责供养人员工资及津补贴；五是增加工业经济主管部门的领导职数和人员编制，增设总经济师或总工程师，增设工业经济运行科，负责全县工业经济运行情况的监测、分析、预警，为领导提供决策依据。

在**资金投入保障**方面，一是优先安排财政专项资金用于经开区项目，支持经开区加快发展；二是县财政每年安排 2 亿元的工业发展资金，专项用于招商引资企业优惠政策兑现、企业转型升级等；三是依托四川省“园保贷”试点，由县经开投资公司出资，设立 1 亿元工业发展担保基金，重点支持业发展、技术改造、技术创新等项目。

在**人力支撑保障**方面，一是每年有计划、有重点地开展中小企业负责人、专业技术人员和高级技工培训，重点提高企业管理人员专业知识和信息化知识水平；二是引导企业和职业院校开展“订单式”培训，帮助企业输送合格产业工人，并对培训职工给予一定资金补助，已累计培训熟练机械技术工人 10 万余人、管理人员近万人，每年为企业输送管理人员和产业工人 2000 余名；三是建立健全鼓励人才创新创造的分配制度和激励制度，吸引高层次人才入园工作，开展技术指导、智力服务和共商管理，打造人才“新高地”，全力铸就一支懂经营、善管理的企业家队伍，紧扣产业链打造人才链；四是加强产业技术人才需求预测，加快培养生产、建设、服务一线的高级技能型人才。

在**创业创新保障**方面，成立专门的创新创业服务机构，配置专职工作人员和创业辅导师，为企业提供信息服务，组织企业参加展销会、投融资对接会、管理咨询培训活动、外出考察学习调研等。目前为止，开发区已成功引进电子科技大学和四川达创建的磁电材料与集成器件联合创新中心。

在**生产要素保障**方面，一是采取“增减挂钩”、土地复垦等方式保障每年新增用地指标 1500 亩以上；二是建成日供气达 50 万立方米（万方）和 30 万方的配气站各一座，供气管网与道路建设同步实施，实现供气管网全覆盖座；三是通信广电网络 4G 信号覆盖率达到 100%；四是配售电改革稳步推进，增量配电网 10kV 线路已建成，正在建设 35kV 变电站。

六、园区产业发展规划和产业转移合作需求

（一）产业发展规划

南部经开区产业转移合作区计划用四年（2019—2022 年）时间，吸引汽配、电子等企业 200 家，形成以汽车零部件制造和与之相配套的电子新材料产业链为主的产业格局，建成国内以新能源汽车零部件和电子为主导的产业转移示范区，建成布局合理、功能完善、环境优美、服务一流的现代产业新城，进而把南部经开区示范基地建设成规模壮大、主业突出、核心竞争能力强劲、绿色环保、资源节约、产城一体的西部重要的制造业基地、西部汽车零部件出口基地、跨省合作（东西部扶贫协作）的重要载体、南充经济发展的核心增长极，助力南充跨入省经济副中心。做优**机械制造**产业，重点生产以汽车零部件、现代泵业、高端装备零部件为主的机制制造产品；做强**电子信息**产业，重点生产以核心芯片、新型电子元器件、汽车电子、智能终端为主的电子产品；增强**食品医药**产业影响力，重点生产以食品饮料、中药饮品为主的健康产品；做大**新能源新材料**产业，重点生产以磁芯材料、生物质循环利用为主的新型环保产品。

规模壮大。到 2022 年，示范区总产值达到 500 亿元，税收达到 6 亿元，规模以上企业达到 200 家以上。

主业突出。到 2022 年，形成以机械制造和电子信息为主导的产业发展格局，达到主导产业突出、优势明显，传统产业特色鲜明，新兴产业蓄势待发的良好局面。

实力强劲。到 2022 年，研发经费占销售收入比重达到 1.5%，国家实验室新增 1 个，省级重点实验室新增 2 个，省级以上企业技术中心新增 3 个，其他科技创新平台达到 55 个，专利授权总量达到 700 件以上，新增国家级名牌产品 1 个，现有省级名牌产品 10 个，四川省著名商标 10 个。

绿色环保。持续提高净化处理能力，减少污染物排放，实施园区循环化改造，提升资源回收和再利用体系，提高资源和“三废”的循环利用水平。到 2022 年，新增污水处理能力 1.5 万吨/日，工业固体废物综合利用率保持在 95%的水平。

资源节约。加大低效用地的整治力度，不断提高土地利用率。督促和帮助企业进行节能技术改造。单位工业增加值能耗下降等指标控制在省、市下达的目标以内。

产城融合。产业示范区与满福坝新区一体化发展，在基础设施、产业发展、公共服务、社区建设、生态环境等方面实现深度融合。

（二）产业转移合作需求

在**机械制造**产业方面，面向国内外大中型汽车集团和汽车零部件百强企业，寻求在军民用航空、航天、轨道交通、高档机床等领域的配套合作，招引一批有影响力的零部件制造企业。

在**食品医药**产业方面，围绕南部县食品医药产业链缺失、薄弱环节，如功能饮料、固体饮料、药品研发生产等环节，瞄准国内外食品医药百强企业，吸引一批优质品牌企业，增强南部县食品医药产业的影响力。

在**新能源新材料**产业方面，在磁性材料行业领域，重点面向中游电感磁性元件的设计研发行业及下游电磁元器件应用行业开展“招大引强”活动，推动产业链向中高端迈进。在生物质发电领域，重点面向上游发电设备研发设计及生产行业，下游电网建设及电力输送行业，以及发电废料再回收利用等领域，开展招商引资活动，构建南部县循环经济产业模式。

（本章由吴洪振负责编写）

附录 A 相关地名全称与简称一览表

在本书叙述中，对我国各省区市及一些城市、国家的名称的表述，根据语义以全称和简称一为主；在图表中，为节约空间，以简称一为主；对于一些以简称二为主的固定用法，尊重已有的使用习惯和搭配，沿用简称二，如京津冀、粤港澳大湾区、浙商、营满欧，等等，文中不做一一注释。

表 A-1 为本书涉及的各省区市全称与简称一览表，表 A-2 为本书涉及的主要城市全称与简称一览表。

表 A-1　全国各省区市全称与简称一览表

全　　称	简称一	简称二	组合简称
北京市	北京	京	京津冀
天津市	天津	津	京津冀
河北省	河北	冀	京津冀
山西省	山西	晋	
内蒙古自治区	内蒙古		

（续表）

全　　称	简称一	简称二	组合简称
辽宁省	辽宁	辽	
吉林省	吉林	吉	
黑龙江省	黑龙江	黑	
上海市	上海	沪	沪深
江苏省	江苏	苏	
浙江省	浙江	浙	浙商
安徽省	安徽	皖	
福建省	福建	闽	闽粤
江西省	江西	赣	
山东省	山东	鲁	
河南省	河南	豫	
湖北省	湖北	鄂	
湖南省	湖南	湘	湘粤桂
广东省	广东	粤	湘粤桂
广西壮族自治区	广西	桂	湘粤桂
海南省	海南	琼	
重庆市	重庆	渝	川渝
四川省	四川	川	
贵州省	贵州	黔	粤桂黔滇
云南省	云南	滇	粤桂黔滇
西藏自治区	西藏	藏	
陕西省	陕西	陕	
甘肃省	甘肃	甘	
青海省	青海	青	
宁夏回族自治区	宁夏	宁	
新疆维吾尔自治区	新疆	新	
台湾省	台湾	台	港澳台
香港特别行政区	香港	港	粤港澳
澳门特别行政区	澳门	澳	粤港澳

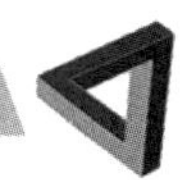

表 A-2　本书涉及主要城市全称与简称一览表

全称	简称一	简称二	示例
广州市	广州	穗	穗莞深
深圳市	深圳	深	深莞惠
东莞市	东莞	莞	深莞惠
惠州市	惠州	惠	深莞惠
武汉市	武汉	汉	汉十高铁
沈阳市	沈阳	沈	
哈尔滨市	哈尔滨	哈	哈绥俄亚
绥芬河市	绥芬河	绥	哈绥俄亚
贵阳市	贵阳	贵	

主要参考文献

[1] United Nations. World Economic Situation and Prospects 2020.

[2] WTO. World Trade Statistical Review 2020.

[3] IMF. World Economic Outlook.

[4] UNCTAD. World Investment Report 2020.

[5] World Bank. Doing Business 2020:Comparing Business Regulation in 190 Economies.

[6] 博鳌亚洲论坛，新兴经济体发展报告，2019.

[7] 冯媛，张鲁生，王绍军等. 中国产业转移年度报告（2017—2018）[M]. 北京：电子工业出版社，2018.

[8] 魏后凯，白玫，王业强等. 中国区域经济的微观透析——企业迁移的视角[M]. 北京：经济管理出版社，2010.

[9] 张景全，贸易保护主义新态势与中国的策略选择，人民智库，2020-01-07，https://baijiahao.baidu.com/s?id=1655006360529494793&wfr=spider&for=pc.

[10] 中国对外贸易杂志，中企赴欧投资创新高 仍面临日趋收紧外资审查挑战，2019-05-22，https://baijiahao.baidu.com/s?id=1634202657174839805&wfr=spider&for=pc.

[11] 国家产业转移信息服务平台，http://cyzy.miit.gov.cn/.

[12] 国家统计局. 《第四次全国经济普查系列报告之九》. http://www.stats.gov.cn/tjsj/zxfb/201912/t20191213_1717382.html,2019-12-13.

[13] 北京市统计局.《京津冀地区经济运行总体平稳 协同发展成效显现》. http://www.beijing.gov.cn/gongkai/shuju/sjjd/t1606180.htm,2019-11-12.

[14] 李佩恩. 优化长江经济带产业布局的制度安排研究[J]. 农村经济与科技. 2019(30).

[15] 吴传清，周西一敏，李姝凡. 长江经济带产业发展研究新进展(2017~2018)[J]. 长江大学学报（社会科学版）. 2019(5).

[16] 黄庆华，时培豪，胡江峰. 产业集聚与经济高质量发展：长江经济带 107 个地级市例证[J]. 改革，2020(01):87-99.

[17] 蔡建娜，徐徐，林俐. 长江经济带上游区域经济发展演进与结构分析[J]. 上海经济研究，2019(07):36-44.

[18] 罗良文，赵凡. 工业布局优化与长江经济带高质量发展:基于区域间产业转移视角[J]. 改革，2019(02):27-36.

[19] 刘佳骏. 长江经济带产业转移承接与空间布局优化策略研究——基于长江经济带 11 省市产业发展梯度系数与承接能力指数测算[J]. 重庆理工大学学报（社会科学），2017,31(10):60-70.

[20] 孙威，李文会，林晓娜，王志强. 长江经济带分地市承接产业转移能力研究[J]. 地理科学进展，2015,34(11):1470-1478.

[21] 西部论坛. “新常态”下长江经济带发展略论——“长江经济带高峰论坛”主旨演讲摘要[J]. 西部论坛，2015,25(01):23-41.

[22] 程艳. 长江经济带物流产业联动发展研究[D]. 华东师范大学，2013.

[23] 李伟. 习近平为何如此重视长江经济带，求是网，http://www.qstheory.cn/zhuanqu/bkjx/2019-09/10/c_1124982148.htm.

[24] 何立峰. 扎实推动长江经济带高质量发展[J]. 求是. 2019(18).

[25] 领导小组办公室经验交流之四：湖北省宜昌市推进化工产业转型升级破解“化工围江”难题，推动长江经济带发展网，http://cjjjd.ndrc.gov.cn/gongzuodongtai/bangongshi/201911/t20191118_1203776.htm.

[26] 湖南：着力打造中西部地区承接产业转移高地　探索走出洞庭湖区高质量发展的新路子，湖南日报，http://cjjjd.ndrc.gov.cn/gongzuodongtai/yanjiangyaowen/hunan/202002/t20200228_1222090.htm.

[27] 湖北黄石推进沿江化工园区整治带动产业转型升级　长江增

“绿”企业增“值”. 中国环境报，http://cjjjd.ndrc.gov.cn/gongzuodongtai/yanjiangyaowen/hubei/201912/t20191213_1213492.htm.

[28] 推动长江经济带发展网，http://cjjjd.ndrc.gov.cn/.

[29] 王金国. 参与“一带一路”建设风险及防控[J]. 建筑，2020(06):37-40.

[30] 高焓迅. 中亚国家高质量共建“一带一路”的认知与思考[J]. 北方论丛，2020(02):30-38.

[31] 陈立生. “一带一路”视域下文化“走出去”的逻辑理路——基于广西文化“走东盟”的实践思考[J]. 学术论坛，2019,42(06):1-7.

[32] 陈姝宁，杨丽. “一带一路”与经济发展[J]. 中国集体经济. 2020(07):15-16.

[33] 张文锋，翟姝影，裴兆斌. 新时代辽宁与东北亚区域经济合作研究[J]. 财经问题研究. 2020(02):97-103.

[34] 潘家华. “一带一路”倡议的战略再思考[J]. 海南大学学报（人文社会科学版），2020,38(01):1-10+180.

[35] 高国力. 如何优化区域协调发展战略布局[N]. 学习时报，2020-02-24.

[36] 张茉楠. “一带一路”:迈向全球互联互通伙伴关系[J/OL]. 开发性金融研究:1-7[2020-03-24].https://doi.org/10.16556/j.cnki.kfxjr.20191212.001.

[37] 陈继勇. 中国与发展中国家贸易竞争与互补性研究的新进展——基于“一带一路”沿线国家的分析[J/OL].

[38] 中国一带一路网. https://www.yidaiyilu.gov.cn/.

[39] 2018 年，济宁高新区这样布局发展[N]. 齐鲁壹点. http://news.ifeng.com/a/20180323/56993041_0.shtml，2018-03-23.

[40] 济宁高新区构建“两谷一港一中心”大创新格局[N]. 齐鲁壹点，https://baijiahao.baidu.com/s?id=1632756371948324032&wfr=spider&for=pc，2019-05-06.

[41] 下半年园区咋发展？济宁高新区决定这么干[N]. 济宁发布，

https://www.sohu.com/a/325243357_120206402，2019-07-06.

[42] 陈阳. 东北地区制造业空间集聚时空特征研究[J]. 区域经济评论，2017 (3).

[43] 王建康. 创新驱动视角下东北地区经济增长方式转变研究[D]. 长春：东北师范大学，2016.

[44] 盛光华，葛万达，王丽童. 新一轮东北振兴视角下京津冀产业转移与东北地区产业对接问题研究[J]. 当代经济管理，2017(6).

[45] 闰星宇. FDI 对东北地区产业升级的作用研究[J]. 东北师范大学，2018.

[46] 绥芬河“哈绥俄亚”班列实现常态化运营. 牡丹江政府，http://www.mdj.gov.cn/shizheng/xsqdt/201912/t20191227_294218.html.

[47] 深度融入“一带一路”建设开放合作高地——东北三省扩大对外开放推动全方位振兴观察. 新华网. http://www.xinhuanet.com/politics/2019-11/25/c_1125273059.html.

[48] 辽宁启动乡村振兴人才培育行动计划，人民网，http://ln.people.com.cn/n2/2019/0817/c378317-33259504.html.

[49] 黑龙江省起草 28 项措施创新人才政策，新浪网，http://k.sina.com.cn/article_2415302355_8ff696d300100f751.html.

[50] 吉林省药品监督管理局营商环境优化提升工作实施方案. 吉林省药品监督管理局，http://mpa.jl.gov.cn/zxfw_84842/tzwj/201912/t20191224_6355082.html.

[51] 8 个重点产业项目落户哈尔滨市道外区. 东北网，https://xw.qq.com/cmsid/20200122A0EH1A00.

[52] 万达再投资沈阳 800 亿元拟建大型文旅项目、医院学校和万达广场. 中国经济网，https://baijiahao.baidu.com/s?id=1633589856780375199&wfr=spider&for=pc.

[53] 总投资超 100 亿美元的华锦阿美石油化工有限公司正式揭牌. 搜狐网，https://www.sohu.com/a/303438620_100273878.

[54] 2017 年全球纺织行业市场格局及未来发展趋势分析. http://www.

chyxx.com/ industry/201801/598995.html.

[55] 上海纺织集团2018年营收843亿元，卫冕年度中国纺织出口“领头羊”. https://www.tnc.com.cn/info/c-001006-d-3678073.html.

[56] 国企全球布局上海纺织迈步千亿级国际化集团. http://m.sohu.com/a/129769165_481760.

[57] 上海纺织设立六大海外公司从外贸龙头迈向千亿级国际化集团. http://news.ifeng.com/a/20160807/49731070_0.shtml.

[58] 国企全球布局：上海纺织看好东南亚，5年建5到10个厂. https://www.yicai.com/news/5192571.html.

[59] 上海纺织与东方国际联合重组坐拥73家子公司上半年营收近400亿元. http://www.sohu.com/a/169045153_481760.

[60] 一家跨国集团的新跨越！徐迎新、李陵申带队调研东方国际集团. http://www.taweekly.com/xhdt/201803/t20180322_3691146.html.

[61] 集团进一步推进科技创新各项工作. http://dangjian.shangtex.biz/news/newsDetail/M3388952/I8766.shtml.

[62] 海尔集团公司官网 https://www.haier.com/about_haier/jtjj/.

[63] “全球化”是一个漫长过程，海尔智家用了20年. https://baijiahao.baidu.com/s?id=1656168092701679263&wfr=spider&for=pc.

[64] 一周全球十大并购(4.23-4.29)：青岛海尔宣布收购新西兰电器品牌. https://www.sohu.com/a/230100583_618572.

[65] 仓促国际化拖累公司业绩增长“家电之王”青岛海尔的老去. https://baijiahao.baidu.com/s?id=1614571140749880571&wfr=spider&for=pc.

[66] 青岛海尔拟近20亿元收购新西兰国宝级电器品牌斐雪派克 http://www.morningwhistle.com/info/42142.html.

[67] 富士康. http://www.foxconn.com.cn/.

[68] TechWeb. 新浪科技. 鸿海将在巴西投资5亿美元建设生产基地. http://people.techweb.com.cn/2012-09-19/1238554.shtml.

[69] 电子产品世界. 富士康将在印度尼西亚再投10亿美元建厂.

http://www.eepw.com.cn/article/135012.htm.

[70] 三一官网. https://www.sanygroup.com/.

[71] 工业和信息化部. 两部门关于公布第四批制造业单项冠军企业（产品）及通过复核的第一批制造业单项冠军企业名单的通告. http://www.miit.gov.cn/ n1146295/n1652858/n1652930/n4509627/c7544217/content.html.

[72] 新浪科技. 刚刚，这 100 个品牌上红榜了！有你爱的那个它吗？https://tech.sina.com.cn/roll/2019-12-15/doc-iihnzhfz6074679.shtml.

[73] 中国工程机械商贸网. 三一印度：三一国际化排头兵. http://news.21-sun.com/detail/2015/10/2015101613104511.shtml.

[74] 搜狐网. 三一美国第 2000 台挖掘机下线，湖南省委书记杜家毫现场见证. https://www.sohu.com/a/254736443_207841.

[75] 水泥网. 三一德国更名为三一欧洲. http://www.ccement.com/news/content/7865502276668.html.

[76] 中国路面机械网. 三一欧洲业绩蓄势猛增，挖机销售增长超 200%. https://news.lmjx.net/2017/201706/2017060609170131.shtml.

[77] 中国路面机械网. 邓海君：三一欧洲每年都保持着极高的市场增长率. https://news.lmjx.net/2019/201904/2019041118414109.shtml.

[78] 中国路面机械网. 看完这波美图你就知道三一起重机在巴西到底有多牛. https://news.lmjx.net/2016/201608/2016081109534075.shtml.

[79] 吉利汽车官网.https://www.geely.com/.